KB195441

조선의 교방과
권번 기생 콘텐츠

교방문화연구총서 01

조선의 교방과 권번 기생 콘텐츠

신현규 지음

보고사
BOGOSA

발간사

한국교방문화학회는 '교방문화(敎坊文化)'가 간직하고 있는 문화예술적 가치에 대한 전승과 보전이라는 시대적인 요청에 부응하기 위해 2021년에 창립되었다.

우리나라에서 교방(敎坊)은 고려시대 이후 조선시대 말까지 기생들을 중심으로 가무를 관장하던 기관으로 주로 향악(鄕樂)과 당악(唐樂)을 맡았다.

본래 교방(敎坊)은 중국의 당나라 때 설치되었고, 송나라가 이어받았는데 고려는 송으로부터 교방을 도입되어 조선시대까지 유지되었다. 고려시대는 속악이 아악보다 유행했는데, 그러한 흐름의 중심에 교방이 중심이다. 속악인 당악과 향악은 조회, 조하(朝賀), 각종 경축 행사, 왕의 행차, 왕의 환궁, 각종 연회에서 활발하게 연주되었다. 조선시대 교방은 우리나라 속악의 보존과 발전에 지대한 공헌을 했다. 물론 일제강점기에는 교방의 역할을 '권번(券番)'에서 변화된 모습으로 담당했다.

여기서 '교방문화'는 다양한 연구 분야를 가진 학문 영역이다. 교방에서 가르치고 배웠던 악가무 및 시서화, 예절, 교양 등은 현재의 학문 분과와 연계되었다.

악가무(樂歌舞) 분야는 아악, 당악, 속악 등과 교방춤을 비롯한 한국무용, 그리고 국악, 민요, 판소리 등을 들 수 있다.

시(詩) 분야는 고전시가, 한시(漢詩), 근대시이며, 서(書) 분야는 서예(書藝), 화(畵) 분야는 사군자(四君子)를 포함한 한국화, 조각, 그리고 서양화 등을 들 수 있다.

교방문화의 기생에 본격적인 연구는 2005년 단행본을 발간하면서 시작되었다. EBS-TV 평생대학 신현규의 조선 기생이야기 3부작을 촬영한 것이 방송되면서, 외부 특강은 많아졌다. 그 강의안은 매번 보태고 덜어내면서 자연스럽게 책으로 만들어졌다. 이러한 선순환 구조 때문에 이제 거의 수십 권이나 발간하였다.

해마다 사계절 중에 봄은 조선의 기생에 대한 외부 특강 의뢰가 쏟아지는 계절이기도 하다. 봄철의 빛, 즉 '춘색'이 가득한 봄은 청춘의 정욕, 즉 '춘정'의 계절이 아닌가. 특강을 하면서 매번 받는 질문이 있다. "왜 하필이면, 기생의 연구를 시작했는가?" 인문학의 연구는 대부분 관심 분야의 확대를 통해서 논의가 확장된다. 따라서 처음 출발한 지점에서 멀어질수록 뒤를 돌아볼 기회도 점점 줄어든다. 인터뷰나 특강을 할 때마다 매번 반복된 질문에 기억을 더듬어본다. 감수성이 예민했던 고교 시절에 대학생 누이의 책상 위에 아무렇지 않게 던져져 있던 시화집 한 권이 떠오른다. 혜원의 기생 그림이 선명한 시조시화집이었다. 그날 이후 그 시화집은 자연스럽게 내 책꽂이에 자리를 잡았다. 학부 졸업 논문 제목도 '황진이'의 시조 연구였던 것도 우연은 아니었다.

조선의 기생은 누구나 잘 아는 것 같지만, 자세히 들여다보면 그리 쉽게 인지할 수 있는 대상은 아니다. 기생의 삶은 다소 과장되거나 미화하는 경향이 흔하기 때문이다. 한정된 상류 기생들의 이야기로 일반화된 오해를 부르기도 한다. 참, 당황스럽다. 사회적 멸시를 받는 천민으로 기생의 삶은 이루 말할 수 없는 굴레였다. 나라에서 관리한 기생,

즉 우리나라의 관기는 중국이나 일본의 경우에 비하여, 봉건 조선의 500년만큼 오랜 기간 유지되었다. 일제강점기 1927년에 발간된 『장한』이라는 기생 잡지에서도 "이왕 기생 노릇을 할 바에는 옛 기생을 본받자"고 강변한다. 황진이와 같은 고상한 지조를 가지고 기생의 고유한 특색을 발휘하려는 당찬 걸음이었다.

사실 우리나라 역사인물과 근대인물에서 여성의 평전은 수십 편에 불과하다. 그중에서도 돋보이는 인물은 단연 황진이다. 그녀만큼 대중의 사랑을 듬뿍 받은 인물도 흔치 않아서 소설, 연극, 영화, 드라마, 뮤지컬 등으로 널리 사랑받은 여인이었다. 허균의 '홍길동'과 쌍벽을 이룰 만큼 남·북한에서도 대중들의 인기를 한 몸에 받은 여성은 일찍이 황진이만한 이가 없었다. 본명은 '진랑'이고 기명은 '명월'이기에, '개성기생 황명월'로 불러야 맞다. 문헌 기록을 검토해보면, 1511년(중종 6)에 태어나 1541년(중종 36) 30세의 나이에 세상을 등져 단명한 것으로 추정된다. 올해가 황진이 탄생 513주년이 되는 셈이다. 16세기 초기를 살았던 황진이는 약 300년이 지나서 19세기 화풍으로 풍속화를 그린 혜원 신윤복에 의해 회화 속의 기생 이미지로 치장한다.

황진이의 평전에 대하여 상고할 수 있는 사료는 야담집에 의존할 수밖에 없다. 다양한 이야기가 전하고 있지만, 진위를 확인하기는 어렵다. 특히 출생에 관하여는 황진사의 서녀로 태어났다고도 하고, 맹인의 딸이었다고도 전한다. 기생 황진이는 용모가 출중하며 뛰어난 총명과 뛰어난 예술적 재능을 갖추어 그에 대한 일화가 많았다. 또한 미모와 가창뿐만 아니라 음률과 서예에도 정통하고 시가에도 능하였다.

황진이의 시조 작품은 일찍이 가람 이병기 선생도 '나의 스승은 황진이'라 일컬을 정도였다. 기생의 작품은 주로 연회석이나 풍류장에서 지어졌기에 주변 인물을 통해 회자되어 전해졌다. 문집을 남기지 못했기에 시화집, 시선집, 야담, 소총 등으로 정착된 작품들이 오늘날까지 일부 남았다. 후세에 많이 전해지지 못하고 인멸된 것이 많을 것으로 추측된다. 현전하는 작품은 사대부의 문집에 의해 남겨진 것으로 몇 수에 지나지 않으나 기발한 이미지와 알맞은 형식과 세련된 언어구사를 남김없이 표현하고 있는 점에서 높이 평가된다.

또한 1909년 기생조합에서 일제강점기의 권번 기생으로 이어지는 '전통예악의 기생 이미지' 역시 오늘의 입장에서도 황진이에게는 여전히 유효하다. 우리에게 황진이의 기생 이미지는 '16세기에 태어나 19세기 옷으로 치장하고 21세기 언어로 의사소통하는 퓨전형 기생'이다. 근대에 들어와서도 기생에 대해서는 호감과 배척이라는 이율배반적인 감정을 함께 가져왔다. 한쪽에서 보면 기생들은 봉건적인 유물로서 배척해야 할 대상이었으나, 실상은 현대적인 대중문화의 스타였다.

기생 황진이는 아무리 다른 기생을 비추려 해도 항상 '황진이'만 보이는 거울과 같은 존재다. 나는 지금도 그녀만을 보고 있다.

이러한 교방문화가 간직하고 있는 문화 예술적 가치에 대한 재평가가 이루어져야 함은 물론 교방문화의 전승과 보전이라는 시대적인 요청이 필요한 시점이다. 아울러 앞으로 연구는 교방문화가 지닌 미래가치에 대한 창조적 계승을 연구하되, 그 주장과 이유, 근거를 제시하는 역할을 담당할 것이다. 끝으로 〈교방문화연구총서〉를 발간해주신 보고사 김흥국 대표님과 임직원분들에게 감사드린다.

2024. 11.

흑석골에서 신현규

차 례

한국 교방에 대한 개념

권번 기생의 조선박람회 콘텐츠

권번 기생에 대한 콘텐츠

머리말

한국에서 교방(教坊)은 고려시대 이후 조선시대 말까지 기생들을 중심으로 가무를 관장하던 기관으로 주로 향악(鄕樂)과 당악(唐樂)을 맡았다.

교방은 고려 및 조선, 그리고 중국 당송시대부터 관에서 운영하였고, 반면에 일본에서는 교방의 형태가 없다. 다만 나라(奈良) 및 헤이안(平安) 시대에 궁중에서 무희에게 여악과 답가(踏歌) 등을 교습하던 민간의 조합 형태만 있었다.

우리나라에서 '기(妓)'는 가무와 풍류로써 나라와 궁중의 여러 연회에 흥을 돋우는 일을 한 여성으로 기녀·기생·여기·여악이라 불렀다. 이미 고대로부터 가무를 하는 유녀(遊女)는 있었던 것으로 보인다. 고려 초기부터 중국을 본떠 교방이 설치되고 여악을 두었다. 조선시대에 들어와 이러한 여성들은 제도적으로 관청에 소속되어 있었으며, 신분상으로는 천민에 속했다.

문헌을 검토해보면, 고려시대 기녀들은 당악·향악의 노래와 춤으로써 국왕의 사사로운 즐거움이나 궁중 연회, 외교사절의 접대 연희에 참석하였다. 문종 때에는 팔관·연등회 같은 국가적인 의식과 그 외에 왕의 거둥이나 궁중의 여러 의식에도 정제하였다. 고려의 기녀는 여악과 관기라는 형태로 나타나는데, 이는 교방 및 지방관청에 속한 관기로서 주로 관료만 상대할 수 있었음을 알려준다.

조선시대의 교방은 관아에 소속된 예술 교육 기관이자, 여성 예술가인 기녀(妓女)들을 교육하고 관리하던 곳이었다. 교방은 주로 궁중 및 지방 관아에서 필요한 연회, 행사, 의식 등을 위해 음악, 무용, 시를 전문적으로 연마한 예인들을 배출하고 관리하던 역할을 했다.

특히 일제강점기와 근대화 과정에서 잊혀져 가던 우리 전통 음악과 춤을 복원하여 문화적 다양성을 확보하고, 소중한 문화유산을 후세에 전달하기 위한 '교방문화(敎坊文化)'의 복원이 필요하다. 이를 통해 현대 사회에서 잊혀져 가는 우리 고유의 문화적 정체성을 되찾고, 자긍심을 고취해야 한다. 전통 음악과 춤을 현대적으로 재해석하여 새로운 문화 콘텐츠를 개발하는 등, 문화 산업 발전에의 '교방문화'가 기여할 수 있기 때문이다.

조선시대 궁중 음악과 예술의 중심지였던 교방을 현대에 복원하려는 노력은 단순한 과거 복원을 넘어, 우리 문화의 정체성을 확립하고 미래를 향한 새로운 가능성을 모색하려는 의미를 지닌다.

교방의 주요 역할과 기능 및 특징은 아래와 같이 정리할 수 있다.

첫째, 예술 교육과 예인 양성을 하였다. 교방은 기녀들에게 춤, 음악, 악기 연주, 노래 등 전통 예술을 체계적으로 가르쳤다. 특히 시조, 한시, 서예 같은 문학적인 부분도 가르쳐서 예술성과 지식을 두루 겸비한 예인을 양성했다. 교방에서 배우는 무용은 궁중과 민속춤을 포함하여 여러 종류가 있었으며, 악기도 가야금, 거문고 등 다양한 악기를 다뤘다. 이를 통해 여성들은 고도의 예술적 기량을 닦았고, 문화와 예술을 후대에 전달하는 역할을 했다. 교방은 단순히 음악을 연주하는 곳을 넘어 새로운 음악을 창작하고 전승하는 역할을 수행하며 우리 음악 문화의 발전에 기여했다. 특히 교방은 고려시대부터 전해 내려오는 향악과 당악을 계승하고 발전시켜, 여성 음악인을 양성하여 남성 중심의 음악 세계에 여성의 역할을 확대했다.

둘째, 궁중 문화와의 연결하는 역할을 하였다. 교방은 궁중 음악의 표준을 정하고, 다양한 악기 연주법과 음악 이론을 체계화하여, 정교한 음악 시스템 구축하였다. 교방에서 배운 기녀의 기예는 궁중에서 열리는 연회나 행사, 왕족과 귀족의 특별 행사에서 공연되었다. 궁중 행사에서는 이들의 노래와 춤이 중요한 부분을 차지했으며, 궁중 의례와 연회의 격식을 높여주는 중요한 역할을 했다. 이들은 고관대작이나 왕실 연회에서 노래와 춤으로 화려함을 더했고, 조선 후기에는 민간 행사에도 참여하게 되었다. 궁중 음악을 중심으로 다양한 문화 예술을 대중에게 알리고 향유하게 했다. 왕실의 경사나 국가적인 의식에서는 품격 있는 예술 공연이 중요했기 때문에 교방은 왕과 귀족들이 예술을 즐기고 문화적 품위를 유지하는 데 중요한 역할을 했다.

셋째, 지역마다 특색이 있는 예술 스타일이 있었다. 교방은 전국 각지에 위치해 있었고, 각 지방의 문화적 특색에 맞춰 다양한 예술 양식을 계승하였다. 교방은 서울을 포함해 진주, 전주, 남원 등 여러 지역에 설치되었으며, 각 지역마다 특유의 예술 형식이 있다. 예컨대 진주 교방의 검무(劍舞)는 무예와 예술을 결합한 춤으로, 장식용 칼을 들고 추는 독특한 춤이었고, 전주 교방은 남도 음악을 바탕으로 한 연주와 가창으로 유명하다. 이러한 지역의 문화적 자원을 활용하여 지역 경제를 활성화하고, 지역 주민들의 문화적 삶의 질을 향상에 교방문화의 복원이 필요하다. 왜냐하면 문화관광 상품 개발을 통해 지역 경제 활성화에 기여하고, 국내외 관광객 유치를 통해 국가 경쟁력을 강화할 수 있기 때문이다. 전통과 현대를 융합하여 새로운 문화를 창조하고, 미래 문화를 선도하는 것이기도 하다.

넷째, 문화 예술의 계승하는 중요한 역할을 하였다. 조선 후기로 들어서면서 교방은 점차 예술 교육보다는 연회나 유흥 목적에 치중하게 되었고, 일부 기녀는 신분 제약과 생계의 어려움으로 인해 사대부들과의 접대나 사교적 활동에도 참여하게 되었다. 교방은 1894년 갑오개혁 이후 폐지되었으나, 근대 이후 전통 예술을 계승하고 발전시키기 위한 노력으로 재조명되어, 교방에서 전해진 무용과 음악뿐만 아니라 춤, 시, 그림 등 다양한 예술 분야의 교류가 현대에 이르러 전통 예술로 계승되고 있다.

다섯째, 전통 음악의 근간 및 정체성 확립하게 하여 현대 음악에 영향을 끼쳤다. 교방은 현대 국악의 기반이 되는 다양한 음악 형식과 연주 기법을 제공했다. 우리 음악의 독자성과 정체성을 확립하는 데 기여했다. 조선 교방은 우리나라 음악 문화의 뿌리와 같은 존재이다. 궁중음악을 중심으로 다양한 음악을 발전시키고 전승하며, 우리 음악의 다양성을 확보하고, 문화 예술의 꽃을 피우는 데 기여했다. 비록 조선 후기 쇠퇴기를 맞이했지만, 교방이 남긴 유산은 오늘날까지 이어져 우리 음악 문화의 중요한 부분을 차지한다.

조선시대 교방과 기생의 관계는 단순히 교육과 수업생의 관계를 넘어, 조선 사회의 문화 예술 발전에 함께 기여하는 공동체적인 성격을 지니고 있었다. 교방은 기생들에게 예술적 재능을 발휘할 수 있는 기회를 제공했고, 기생들은 교방에서 배운 것을 바탕으로 조선 문화 예술의 꽃을 피웠다. 이처럼 기생은 천민 신분이었지만, 교방에서 예술적 재능을 인정받고 사회적으로 존경받는 경우도 많았다.

따라서 한국의 교방문화는 현대 전통 예술계에서도 그 영향이 이어져 오고 있으며, 지금도 전통 무용이나 가야금 병창 등의 공연 예술로 남아 한국 문화의 중요한 유산으로 평가받고 있다. 교방문화의 일부 춤과 음악은 현대에 들어와 무형문화재로 지정되었으며, 전통 예술로 계승되었다. 특히 교방 무용과 음악은 전통 예술 교육과 공연으로 이어지고 있으며, 교방춤은 한국 전통 무용 중 하나로 큰 가치를 인정받는다.

앞으로 교방 복원은 단순한 과거 복원이 아니라 우리 문화의 미래를 위한 투자이다. 전통과 현대를 연결하고, 다양한 분야와 융합하여 새로운 가치를 창출하는 것이 교방 복원의 궁극적인 목표이다. 현대 사회에서 교방 복원의 의미를 다시 한번 되새기며, 우리 문화의 소중함을 깨닫고 이를 보존하고 발전시키기 위한 노력이 필요하다.

한국 교방에 대한 개념

1. 교방의 개념

1) 조선의 교방 개념

중국에서 '교방(敎坊)'은 궁중을 중심으로 연행한 속악(俗樂)을 교습하던 전문 악무 기구였다. 특히 동아시아 지역에서 속악을 전문적으로 교습하고 연행하던 악무 기구를 가리키는 의미로 주로 사용되었다. 즉 중국에서는 당나라 이래로 청나라에 이르기까지 궁중의 속악을 담당하는 부서를 가리켰고, 우리나라에서는 고려시대와 조선시대에 여악(女樂)이나 여기(女妓)를 관장하던 기구를 가리키거나 장악원(掌樂院)의 좌방(左坊)과 우방(右坊)을 아울러 일컫던 말로 사용되었다.[1] 일본의 경우는 전혀 다른 양상이다. 나라(奈良, 710~794)와 헤이안(平安, 794~1185) 시대 무희에게 여악과 답가 등을 교습하였던 '민간의 조합' 형태만 있었다. 이에 비해 중국 및 한국의 교방은 여악을 중심으로 이루어졌기 때문에 관기(官妓), 기방(妓房), 기원(妓院)을 달리 일컫는 말로 그 의미가

---

1 송방송(2012), 『한겨레음악대학사전』 참조.

확대되어 사용되기도 하였다.

교방(敎坊)은 고려시대부터 창기(倡妓)가 소속되어 속악을 익히고 가무(歌舞)를 관장하던 음악 기관이기에 『고려사악지(高麗史樂誌)』에 기록이 남아 있다.

『고려사악지』는 『고려사(高麗史)』 가운데 권70과 권71에 해당하는 악지(樂志)를 말한다. 이는 고려시대의 역사를 기술한 『고려사』 가운데 권70과 권71에 수록된 음악에 관한 기록이다.[2] 그중 『고려사악지』는 지의 24, 25권에 해당하는 것으로 예(禮)와 악(樂)을 하나로 묶어 예악지(禮樂志)로 하지 않고 악지를 따로 분리한 것이 특징이다.

「지(志)」 권24의 악1(樂一)에는 아악(雅樂)[3], 권25의 악2(樂二)에는 당악(唐樂)·속악(俗樂)·삼국속악(三國俗樂)·용속악절도(用俗樂節度) 등에 대한 내용이 실려 있다.

> 일반적으로 악(樂)이란 풍화(風化)[4]를 수립하고 공덕(功德)[5]을 상징하는 데 필요한 것이다. 고려 태조가 국가를 창건하였으며 성종이 교사(郊社)[6]를

---

2 1451년(문종 1)에 완성된 『고려사』는 목록 2권을 포함해 세가(世家) 46권, 지(志) 39권, 표(表) 2권, 열전(列傳) 50권 등 139권으로 이루어져 있다. 1451년(문종 1)에 완성된 『고려사』는 목록 2권을 포함해 세가(世家) 46권, 지(志) 39권, 표(表) 2권, 열전(列傳) 50권 등 139권으로 이루어져 있다.

3 협의로는 문묘제례악(文廟祭禮樂), 광의로는 궁중 밖의 민속악(民俗樂)에 대하여 궁중 안의 의식에 쓰던 당악·향악·아악 등을 총칭하는 말이다. '아악(雅樂)'은 '정아(正雅)한 음악'이란 뜻에서 나온 말로, 중국 주(周)나라 때부터 궁중의 제사음악으로 발전하여 변개(變改)를 거듭하다가 1105년 송나라의 대성부(大晟府)에서 『대성아악』으로 편곡 반포함으로써 제도적으로 확립되었다.

4 교양(敎養)과 같다.

5 업적(業績)이나 덕행(德行)을 말한다.

6 하늘과 땅을 대상으로 삼은 제사(祭祀)를 말한다.

세웠고 친히 체협(禘祫)[7]을 지낸 후로부터 나라의 문물(文物) 제도가 비로소 갖추어졌다. 그러나 여기에 관한 문헌들이 보존되어 있지 않으므로 고증할 수 없게 되었다. 예종 때에 송나라에서 신악(新樂)을 선물로 보내 왔고 대성악(大晟樂)[8]도 선물로 보내 왔으며 공민왕 때에는 명 태조가 특별히 아악(雅樂)[9]을 선사하였으므로 조정과 태묘에서 사용하였다. 또한 당악(唐樂)[10]과 삼국시대의 음악 및 당시의 속악(俗樂)[11]도 섞어서 썼다. 그러나 병란으로 인하여 종(鍾)[12], 경(磬)[13]은 흩어져 없어졌으며 속악은 가사가 비속한 것이 많다. 그러므로 그중에 심한 것은 다만 노래 이름과 가사의 대의만 기록한다. 이것들을 아악(雅樂), 당악(唐樂), 속악(俗樂)으로 분류

---

7 봉건 군주들이 자기 조상들을 합쳐서 제향(祭享)하는 의식이다.

8 송나라 아악부(雅樂部)에서 제작한 악기류를 말한다.

9 한국에는 1116년(고려 예종 11) 송나라 휘종(徽宗)이 『대성아악』과 여기에 쓰일 등가(登歌)·헌가(軒架)에 딸린 아악기 일습 및 아악에 수반되는 문무(文舞)·무무(武舞) 등의 일무(佾舞)에 쓰이는 약·적(翟)·간(干)·과(戈) 36벌과 이러한 의식에 쓰이는 의관(衣冠)·무의(舞衣)·악복(樂服)·의물(儀物) 등 모든 것을 갖추어 보냄으로써 아악의 역사가 시작되었다.

10 원래부터 있었던 향악과 구분하기 위해 붙인 이름으로, 오늘날 한국 음악에서 당악이라고 할 때, 당나라 음악에서 유래된 것은 없고 거의가 송나라 사악(詞樂)에서 유래된 것들이다. 고려 때 향악을 우방악(右坊樂)이라 하고 당악을 좌방악(左坊樂)이라고 하였다.

11 삼국시대 이후 조선조까지 사용되던 궁중음악의 한 갈래로, 당악이 유입된 뒤 외래의 당악과 토착음악인 향악을 구분하기 위하여 명명되었다. 속악, 즉 향악(鄕樂) 연주의 악기편성은 통일신라로부터 전승된 삼현(三絃)과 삼죽(三竹)에 장구·해금·피리 등 외래악기가 추가되었다.

12 편종(編鍾)을 말한다. 국악기 중 금부(金部)에 속하는 유율타악기(有律打樂器)이다. 이 악기는 본래 중국 고대의 대표적인 악기로, 음역은 12율4청성(十二律四淸聲)에 이르며 음색은 웅장하고 날카로운 금속성을 낸다.

13 경(磬)은 보통 편경을 가리킨다. 편경은 음정이 다른 16개의 경석을 깎아 틀에 매단 악기이고, 특경은 1개의 경석을 틀에 매단 악기이다. 편경(編磬)은 유율타악기(有律打樂器)로 본래 중국 고대의 대표적인 악기이다. 1116년(예종 11) 송나라의 대성아악(大晟雅樂)과 함께 들어왔다.

하여 악지를 만들었다.[14]

『고려사악지』는 악장(樂章)·악기(樂器)·악무(樂舞)·창사(唱詞)·곡명(曲名)·유래(由來) 등이 기술되어 있어서 삼국시대를 비롯하여 고려시대의 음악과 무용을 이해하는 데 귀중한 문헌이다.

이처럼 교방은 고려시대 이후 조선시대 관제 개혁 때까지 존재했을 뿐 아니라 조선시대에도 대부분의 지방 관아에 부속되어 궁중의 장악원과 같은 역할을 하였다. 조선 후기 교방에서 노래, 춤, 악기 등을 익힌 기생들은 관변의 행사는 물론 시정 유흥공간에도 참여하면서 악가무(樂歌舞)에서 중요한 전승주체가 되었음은 주지의 사실이다. 조선시대 초기에는 관습도감(慣習都監)에서 교방 여기들을 관장하였다. 1897년의 관제개혁(官制改革) 때에는 장악원을 한때 교방사로 부르기도 하였다. 좌방(左坊)에서는 아악을, 우방(右坊)에서는 향악을 담당했으며, 보통은 기녀를 중심으로 한 향악의 담당 기관을 말한다.[15]

---

14 구체적인 항목을 살펴보면, 아악부 앞에 〈신사등가헌가(神祠登歌軒架)〉·〈유가섭사등가헌가(有可攝事登歌軒架)〉·〈등가악기(登歌樂器)〉·〈등가헌가악송주절도(登歌軒架樂送奏節度)〉·〈헌가악독주절도(軒架渥獨奏節度)〉 등이 기록되어 있고, 그 다음에 예종 11년에 새로 제작된 〈태묘악장(太廟樂章)〉이 실려 있다. 당악부는 당악정재(唐樂呈才) 5곡과 송악(宋樂) 43편이 실려 있는데, 당악정재는 헌선도(獻仙桃)·수연장(壽延長)·오양선(五洋仙)·포구락(抛毬樂)·연화대(蓮花臺)를 일컫는다. 그리고 43편의 악곡은 모두 송악의 면모를 추측하는 좋은 방편이 될 뿐만 아니라 중국의 사문학 연구에도 귀중한 자료로 평가되고 있다. 속악부는 맨 앞에 〈악기(樂器)〉를 적은 다음 〈무고(舞鼓)〉·〈동동(動動)〉·〈무애〉 등 3편의 향악정재(鄕樂呈才)를 수록하고 이어서 〈서경(西京)〉 등 30편(〈동동〉 포함)의 향악곡을 실었는데, 서문에 밝힌 바와 같이 한문가사인 〈풍입송(風入松)〉 등 6곡을 제외하고는 모두 작가의 뜻만 적었을 뿐 가사내용은 싣지 않고 있다. 그리고 고려악 다음에는 백제의 〈정읍(井邑)〉 등 삼국의 속악을 수록하였다.

조선시대 기악(妓樂)을 교습하던 교방은 객사(客舍)와 누정(樓亭)의 근처에 설치되어 사신 접대에 기생을 효율적으로 운용할 수 있도록 하였다. 이는 국가적 능률주의의 일면으로 파악할 수 있으며, 관둔전(官屯田)의 하나로 기답(妓畓)을 두어 교방의 운영에 필요한 재정을 충당하도록 하였던 것도 같은 맥락에서 이해할 수 있다. 또한 평양 감영이나 전라 좌수영과 같이 많은 수의 기생이 속해 있던 곳에는 교방 이외에 기생청(妓生聽) 혹은 기생방(妓生房)이라는 별도의 관사가 설치되었다.

국역체계 아래에서 기녀에게는 봉족(奉足)을 배당하여, 봉족이 지급하는 보포(保布)로서 기역(妓役)을 행하는데 필요한 경비를 보조하도록 하였다. 관아에서는 기역의 대가로 관기에게 돈이나 곡식 등의 형태로 일정한 세료(歲料)를 지급하였다. 또한 세시(歲時)나 절기마다 식료품을 나눠주기도 하였으며, 관기가 죽거나 부모상을 당하였을 경우 부의(賻儀)를 표하기도 하는 등의 경제적 처우를 베풀었다.[16]

특히 조선 후기를 거쳐 말기에 이르러 관기 제도가 폐지되면서 기생들의 연행 공간은 권번으로 이어져 내려왔고 그 도도한 전승의 물결은 오늘 전통 예술의 큰 영역으로 자리 잡게 한 원동력이 되었다. 따라서 일제강점기에 전통 예술의 중심부에는 기생이 존재한다고 할 수 있다.

조선시대의 교방은 기생을 관장하고 교육을 맡아보던 기관으로 가무 등 기생이 갖추어야 할 기본 기예는 물론, 행의(行儀)·시·서화 등을 가르쳐, 상류 고관이나 유생들의 접대에 부족함이 없도록 하였다.

---

15 황미연(2008), 「조선후기 전라도 교방의 현황과 특징」, 『한국음악사학보』 40, 한국음악사학회, 184-185쪽.

16 이규리(2005), 「《邑誌》로 본 朝鮮時代 官婢運用의 實狀」, 『한국사연구』 130, 한국사연구회.

8, 9살이 된 기생은 동기(童妓)라 하는데, 교방에서는 12세부터 교육을 시켰다. 춤을 잘 추는 기생은 무기(舞妓), 노래를 잘 하는 기생은 성기(聲妓) 또는 가기(歌妓)라 불렀다. 또한 악기를 잘 다루는 기생은 현기(弦妓) 또는 예기라 하였다. 외모가 뛰어난 기생은 미기(美妓), 가기(佳妓), 염기(艶妓) 등으로 불리웠다. 특히 사랑하는 기생은 애기(愛妓), 귀엽게 어기어 돌아보아 주는 기생은 압기(狎妓)라 하였다. 나이가 지긋한 기생 나이로 보아 장성한 기생은 장기(壯妓)라 하는데, 의로운 일을 한 기생들이 많아 의기(義妓)로 칭송받기도 하였다. 물론 기생의 우두머리는 행수 기생으로 도기(都妓)이다.[17]

조선 후기에 두드러지는 기부(妓夫), 즉 액례(-별감)·승정원 사령·의금부 나장·포교·궁가·외척의 겸인 청지기·무사 등의 등장은 후대에 오랫동안 지속된다.

조선의 기적(妓籍)에 올라있는 관기, 즉 기생은 그 부역(賦役), 즉 기역(妓役)에서 벗어날 수가 없었다. 더구나 관기의 정년(停年)은 50세이기에 더욱 그랬다. 1894년 갑오개혁의 노비 해방과 관기의 해방은 별개였다. 조선의 관기를 관장하던 궁중악은 1895년 예조에 소속되어 있던 장악원이 궁내부 장례원으로 소속이 바뀌었다. 1897년 관제 개혁 때에는 장악원이 교방사로, 1907년에 교방사는 장악과로 개칭되면서 궁내부의 예식과에 소속되었다.

그런데 1895년 이후 궁중 관기는 장악원 직제에 있는 것이 아니라 태의원(太醫院)과 상의사(尙衣司)로 소속되면서 관기 해방 기록에 혼동이

17 어두운 호칭으로는 천한 기생은 천기(賤妓), 기생퇴물이라는 뜻으로 퇴기(退妓) 등을 든다.

일어났다. 내의원(內醫院)의 의녀(醫女)는 1907년에, 상의사의 침선비(針線婢)도 1907년에 폐지되었다. 따라서 직제상 기가 폐지된 것은 1907년이다.

1910년 합방이 되면서 장악과를 이왕직아악대로, 1913년에는 이왕직아악부로 교체했으며, 교방사 설치시 772명의 악원 수가 1917년 57명으로 줄어들었다. 이 또한 일제에 의해 치밀하게 계산된 조선 궁중 아악의 말살 정책으로 볼 수 있다.

2) 기녀의 개념 및 기원

학계에서는 고려시대에 주로 '기녀(妓女)'로 표현하는 경향이 있고, 조선시대 경우에는 '기생(妓生)'으로 구분되며, 유일하게 한중일(韓中日), 동아시아에서 우리나라에서만 '기생' 용례를 찾아볼 수 있다.

'기녀'의 어휘는 동아시아 문헌에 출전을 찾기 어렵지 않다. 통시적 표기의 변화도 없이 지금도 동아시아에서도 자료 검색으로도 가능하다. '기녀'는 가장 보편적인 어휘로 판단된다.

'기생'의 어휘는 우리나라에만 용례가 있다. 동아시아 문헌에서도 유일하게 조선시대 와서야 비로소 출전을 찾을 수 있다. '창기(娼妓)'의 경우는 동아시아 문헌에서 용례가 많고, 우리나라 고문헌에서는 '창기(倡妓)'의 용례도 혼용한 것을 찾을 수 있다.[18] '기생'은 접미사 '-생(生)'으로 조선 중기부터 용례가 두드러진다. 여기서 '생'은 '어떤 생업으로 생계를

---

18 '娼妓'의 어휘는 동아시아 문헌에 보편적으로 널리 쓰였다. '倡妓'의 경우는 고문헌에 위주로 사용하되, 주로 우리나라 문헌에서 보인다.

삼고 있는 것'을 뜻한다. 바로 '기업(妓業)으로 생계를 삼고 있는 기녀'가 바로 '기생'이라 할 수 있다. 예컨대 '유생(儒生)', '서생(書生)', '학생(學生)' 등의 경우를 들 수 있다. 언제부터 정확하게 기생의 어휘가 쓰였는지는 알 수 없다. 하지만 성리학이 통치이념으로 자리 잡은 조선 중기 16세기부터라고 추측할 수 있다.[19] 학술적 개념은 어떤 사물이나 현상에 대한 일반적인 지식을 말한다. 따라서 '妓生', '妓女', '官妓', '娼妓', '倡妓' 등의 총칭은 당시 시대적 사회의 반영한 총칭(總稱)인 셈이다.[20]

'기생(妓生)'의 어휘는 우리나라 문헌에서 조선시대 와서야 비로소 출전을 찾을 수 있다. 여기서 '생(生)'[21]은 '어떤 생업(生業)으로 생계를 삼고 있는 것'을 뜻한다.[22] 바로 '기업(妓業)으로 생계를 삼고 있는 기녀'가 바로 '기생'이라 할 수 있다. 언제부터 정확하게 기생의 어휘가 쓰였는지는 알 수 없다. 하지만 성리학이 통치이념으로 자리 잡은 조선 중기부터라고 추측할 수 있다. 왜냐하면 성리학의 학통은 김숙자(金叔滋)·김종직(金宗直)·김굉필(金宏弼) 그리고 조광조(趙光祖)로 이어지면서 전성기를 맞

---

19 '서생(書生)'은 '글을 써서 생계를 삼아 공부하는 사람'이고, '유생(儒生)'은 '유학을 공부하는 것으로 생계를 삼은 선비'라 지적할 수 있다. '학생(學生)'은 '배움을 직업으로 삼은 사람'인 셈이다.

20 동아시아 공동문어: 기(妓), 기녀(妓女) / 한국 – 기생(妓生) / 중국 – 창기(娼妓) / 일본 – 예기(藝妓)

21 生의 甲骨文字는 [glyph] 자형으로, 『설문해자』에서는 "進也 象艸木生 出土上."이라 하였다. 즉, 풀(屮)과 흙(土)의 결합으로 초목의 새싹이 자라 땅위로 솟아나온 모양으로 보았다. 바로 이처럼 싹이 나와 생장한다는 것으로 다른 문헌에서 보더라도 같은 의미이다. 金文의 자형은 [glyph] 이고 小篆의 자형은 [glyph] 이다. 그 밖에 '–生'은 일부 명사 뒤에 붙어 '학생'의 뜻을 더하는 접미사처럼 사용된다. 그리고 성씨 뒤에 붙어 '젊은이' 또는 '홀하게 대할 수 있는 사람'임을 나타낸다. 예컨대 敎生, 先生, 學生, 李生, 許生 등과 같은 경우이다.

22 "以織薄曲爲生."『漢書』.

이한 것은 16세기에 들어서였으며, 사대부와 기녀의 관계는 밀접했기에 유사한 방식의 어휘와 소통되고 있다. 예컨대 '서생(書生)'은 '글을 써서 생계를 삼아 공부하는 사람'이고, '유생(儒生)'은 '유학을 공부하는 것으로 생계를 삼은 선비'라 지적할 수 있다. 또한 조선시대 기생의 유기체적 변천도 '조선 사회의 겉과 속'처럼 성리학과 함께 같은 궤도로 맞물려 있다고 본다. 지금까지 남아 있는 조선기생의 문학 작품도 사대부와의 소통한 산물이고 유학자들의 문집에 남아 있는 시와 산문에서 등장하는 주변인물로 기생을 빼놓을 수 없다. 최근 발굴된 평양기생 67명을 묘사한 『녹파잡기(綠波雜記)』[23]도 사대부의 소품문(小品文)이다.

'기(妓)'를 『설문해자(說文解字)』에서 살펴보면 "婦人小物也"라 하고 "今俗用爲女伎者"로 설명한다.[24] 『훈몽자회(訓蒙字會)』에서는 '기'를 '여계기', '여기 기'라 하여, 즉 '여기(女伎)'라 볼 수 있다.[25] 바로 '기(妓)'는 형성문자로 '계집 녀(女)'의 뜻과 '가를 지(支)'에서 바뀐 음이 합하여 이루어졌다.[26]

'기녀(伎女)'는 '古代指女歌舞藝人'이지만 반면에 '기녀(妓女)'의 경우는 '女歌舞藝人'와 '以賣淫爲業的女子'이다.[27] 이를 보면 '기(伎)'는 '기(妓)'보

---

23 최근 발굴된 평양기생 67명을 묘사한 『綠波雜記』도 사대부 韓在洛의 小品文으로 근대의 기생문화와 조선 후기 기생문화의 중간 단계에 위치한 주요 자료이다. 안대희(2006), 「평양기생의 인생을 묘사한 小品書 綠波雜記 연구」, 『한문학보』 14, 273-308쪽.

24 "從女支聲讀若岐"라 하여 형성문자이다.

25 『훈몽자회』, 국어국문학 총림 6(원본), 대제각, 1988, 502쪽.

26 妓의 음훈은 기생 기, 갈보 기, 창녀 기, 음란한 여자 기 등이고, 伎의 음훈은 재주 기, 기생 기, 기술 기, 광대 기, 배우 기, 천천히 걸을 기, 등을 들 수 있다.

27 기(妓)는 '歌舞藝術人'와 '娼妓 賣淫的 女子'로 기록되어 있는데 '기(伎)'의 경우는 다르다. 기(伎)는 '音樂, 樂舞'와 '古代指百戲雜技藝人'이라 하여 이른 시기의 호칭으로 파악된다.

다도 시간적으로는 '고대(古代)', 즉 앞선 시기의 호칭이며 그 후 분화되어 매음 직업의 역할을 한 문자로 '기(妓)'를 '女'와 '亻'의 차이만큼 변별성을 가진다. 이것은 '기(妓)'의 합체 자형은 '女'와 '伎'로 보여주는데 이를 토대로 유추하면 '기악(妓樂)'은 '여기악(女伎樂)', '기녀(妓女)'는 '여기녀(女伎女)', '기생(妓生)'은 '여기생(女伎生)' 등을 들 수 있지 않을까 한다.

이처럼 '기'의 기원에 대해 이능화의 『조선해어화사』에서도 그 단서를 제공하고 있다.

> "우리나라 옛 풍속에 기학(妓學)은 의약술이었다. 가무의 재주[伎]가 있다고 하여 이름을 기생이라고 하였는데, 지나(支那)의 기(妓)를 고쳐서 쓴 것과 같은 류(類)이다."

이경복은 '기'가 민족적 양식이기도 하지만 전 세계를 통틀어 범칭으로도 사용되고 한자의 '기(妓)'는 그 뜻이 다기하여, ① 가기(歌妓)·예기(藝妓)들의 여악(女樂) ② 무녀(舞女) ③ 창기(倡妓) 등의 뜻이 있다고 보았다.[28] 이능화의 '가무의 재주[伎]가 있다고 하여 이름을 기생'라 한 것을 현존 '기(妓)'의 호칭에서 여전히 남아 있다. 춤을 잘 추는 기생은 무기(舞妓), 노래를 잘 하는 기생은 성기(聲妓) 또는 가기(歌妓)라 불렀다. 또한 악기를 잘 다루는 기생은 현기(弦妓) 또는 예기(藝妓)라 하였다. 외모가 뛰어난 기생은 미기(美妓), 가기(佳妓), 염기(艶妓) 등으로 불렀다. 특히 '성기(聲妓)'는 '성기(聲伎)'와 혼용해서 사용한 예가 고려시대 문헌에서 빈번하다.

---

28 이경복(1986), 『고려시대 기녀연구』, 민족문화문고간행회, 11쪽.

"밤에 다시 여러 왕 씨에게 잔치를 베풀고, 이로 인하여 위에 아뢰어 책명사와 부사를 유숙하게 하였는데, 그 장구·화과·사죽·성기(聲伎)의 성대함이 삼한이 생긴 이후로 신하의 집에서는 없었던 것이었다. 이후로는 최충헌이 궁궐에 드나들면서 편복을 입고 일산을 쓰고 다니며, 시종하는 문객이 거의 3천여 명이나 되었다."[29]

또한 '기악(妓樂)'과 '기악(伎樂)', 그리고 '기녀(妓女)'와 '기녀(伎女)'의 혼용한 문헌도 어렵지 않게 찾아 낼 수 있다.[30] 여기서 오주 이규영의 『산고』에서는 『삼국사기』의 중요한 기록을 지적한다.

"송나라 사신 유규 등이 우리나라에 와서, 화려하게 단장한 **창녀(娼女)[倡女]**들의 넓은 소매의 상의(上衣)와 색깔이 있는 헝겊으로 연(緣)을 댄 띠와 큰 치마의 옷차림을 보고는 '이는 모두 삼대(三代) 시대의 옷차림인데, 뜻밖에 아직도 이곳에 유행한다'고 했다."[31]

위에서 설명한 옷은 곧 지금의 신부복이라고 언급[32]하면서 큰 의미를

---

29 "夜, 更宴諸王, 因奏留使, 副, 其帳具花果絲竹聲伎之盛, 自三韓以來, 人臣之家, 所未有也, 自後, 忠獻出入宮禁, 便服張蓋, 侍從門客, 殆三千餘人"『高麗史節要』卷之十四 熙宗成孝大王 丙寅二年(1206).

30 "기악(伎樂)과 온갖 잡희를 베풀고, 팔방상(八坊廂)의 공인(工人) 1천3백 50여 명이 모두 호화롭게 단장하고 뜰에 들어와 풍악을 연주하니, 거문고와 노래와 북과 피리의 소리들이 천지를 진동하였다. 팔방상에게는 각각 백은 3근씩을 주고, 영관과 양부의 기녀(伎女)와 광대에게도 각각 금과 비단을 주니, 그 비용이 거만(鉅萬)에 달하였다.(陳伎樂百戲, 八坊廂工人, 一千三百五十餘人, 皆盛飾, 入庭奏樂, 絃歌館鼓, 轟震天地, 八坊廂, 各給白銀三斤, 伶官, 兩部伎女, 才人, 皆給金帛, 其費鉅萬)"『高麗史節要』卷之十六 高宗安孝大王[三] 乙巳三十二年(1245).

31 "宋使劉逵等。來見鄕粧娼女。闊袖衣色緣帶大裙。此皆三代之服。不意尙行於此。妓樂之名於中原者."『三國史記』:『산고』 재인용.

두었다. 삼대는 고대 중국의 하·은·주(夏殷周) 세 왕조로 천 년 전의 지난 옷차림을 중국이 아닌 신라에 아직도 유행한다고 지적한다. 더구나 그 옷차림이 지금 고려의 신부복이라고 한다.

그러나 이본에 차이가 있지만 이 기사 내용을 확인하면 창녀(娼女)가 아닌 창녀(倡女)로 표기되어 있다.[33] 이처럼 『산고』는 참고한 문헌 자료에서 다소 미흡하게 인용되는 부분을 발견하게 된다. 원선의 원문 확인이 필요하다. 『산고』는 편차의 정리가 완벽하지 못할 뿐더러 많은 부분이 다시 원초적으로 원전 상에서 고증, 정정되어야 할 정도로 불완전하다.

또한 『삼국유사』에서도 '妓樂'과 '伎樂'이 혼용된 출전을 확인할 수 있다.

> "가산(假山)에는 높은 바위와 괴이한 돌과 동혈(洞穴)이 각 구역으로 나누어져 있었는데 각 구역 안에는 가무 기악(伎樂)의 모습과 온갖 나라의 산천의 형상이 있었다."[34]

바로 '기(妓)'와 '기(伎)'를 사용한 좋은 예이다. 그리고 『산고』의 방식처럼 후대에 문답식 대표적 저술로 최남선의 『조선상식문답』이 여기에 해당된다. 최남선도 고려의 음악에서 기악(伎樂)을 설명하면서 이것이 일본에 전래된 '기악무(伎樂舞)'를 말한다[35]고 지적한다.

---

32 "卽今新婦服也."

33 "又宋使臣劉逵 吳拭來聘在館 宴次見鄕粧倡女 召來上階 指闊袖衣·色絲帶·大裙 嘆曰 '此皆三代之服 不擬尙行' 於此 知今之婦人禮服 蓋亦唐之舊歟 新羅年代綿遠 文史缺落 其制不可" 『三國史記』 卷 第三十三 雜志 第二 色服 新羅.

34 "爲假山 高丈餘 置氍毹之上 山有巉嵓怪石澗穴 區隔每一區內 有歌舞伎樂列國山川之狀" 『三國遺事』 제3권 四佛山 掘佛山 萬佛山.

이처럼 새로운 '기(妓)' 기원 연구 방향은 '기(伎)'에 대한 문헌 색인 자료에서 찾을 수 있다. 바로 '기(伎)'는 '기(妓)'보다도 시간적으로는 앞선 시기의 호칭이다. 이에 『삼국사기』, 『삼국유사』의 기록, 그리고 조선 시대 문집에서도 '기녀(伎女)'의 용례가 두드러진다고 보인다. 앞서 언급한 『점필재집』 시집에서도 다른 적절한 예를 찾을 수 있다.

"건원릉[36]의 전사청에서 선원에게 보이다(健元陵典祀廳示善源)"

개경사에선 둥둥둥 타고 소리 울리고	鼉鼓籠銅開慶寺[37]
건원릉에는 석양이 마모되어 떨어졌네.	石羊剝落健元陵
한 지방 밝은 달 아래 재려는 고요하고	一方明月齋廬靜
천척의 푸른 등나무엔 개인 경치 맑구나.	千尺蒼藤霽景澄
가무로 은총 입은 기녀는 하나도 없고	歌舞承恩無伎女
시문 고치려고 글자 묻는 호승만 있도다.	敲推問字有胡僧
시정과 조정은 소란한데 산은 매우 조용하니	市朝擾擾山潛寂
읊으며 막걸리 마시매 흥을 감당 못 하겠네.	吟把松醪意不勝[38]

'가무로 은총 입은 기녀는 하나도 없고' 시구처럼 '기녀(伎女)'는 예능적 측면으로 더욱 강조되고 있는 좋은 예이다. 중국의 한자를 중세 공동문어 시대의 관점에서 보면 '기(伎)'와 '기(妓)'의 단순한 통용자는 아

35 최남선(1947), 『朝鮮常識問答續編』, 삼성문화재단(1972 재발간), 160쪽.

36 경기도 九里市 東九陵 경내에 있는 조선 太祖의 능이다. 1408년(태종 8) 5월에 죽고 그해 9월에 묻혔다. 당시에는 令[종5품]·參奉[종9품] 각 1명을 두어 관리하게 하였다.

37 開慶寺는 경기 구리시 檢巖山 顯陵 동쪽에 있던 절로 본래 조선 초기 태조 능인 健元陵의 齋宮이었다. 1408년(태종 8)에 개경사라 하고, 조계종에 속하게 하였다.

38 『佔畢齋集』 詩集 11卷 詩.

니다. 이것은 이른 시기의 호칭 흔적으로 재확인된다. 이와 같은 용례는 기(妓)의 기원에도 연관되어 새로운 연구 방향을 잡는 데 주요한 근거가 된다.

이러한 '기(妓)'의 기원설에서도 1930년 일본인 학자 나카야마 타로(中山太郎)에 의해 주장된 '무녀기원설(巫女起源說)'[39]은 김동욱[40]에 의해 받아들이져 이어졌다. 기녀 발생은 무녀의 분화 과정에서 무녀가 지방의 토호와 결부되면서 발생 될 수 있으며, 전쟁의 여자 부로(俘虜)에서 발생한 노비가 사치 노예로 정립할 수 있는 가능성을 열어 두었다.

사실 기녀가 무녀에게서 기원하였다는 설은 인류 문명에서 일반화할 수 있는 주장이다. 원래 무녀는 신을 즐겁게 하기 위해서 가무는 물론 성적인 면에서도 신에게 봉사한 여인이다. 즉, 무녀는 신과 결혼한 여인으로 신전에서 밤을 새우고 나오는 제신(祭神) 행위는 바로 신과의 성적 결합을 의미한다.[41]

무녀(巫女)의 역할은 제천의식에서도 여실히 알 수 있다. 고대 우리나라의 하늘을 숭배하고 제사하는 의식인 제천의식의 기록은 중국의 후한서 「동이전」과 삼국지 「위서 동이전」 등에서 찾아볼 수 있다. 이

---

39 中山太郎(1930), 『日本巫女史』, 東京, 大岡山書店, p.20. / 中山太郎(1927), 『賣笑三千年史』, 東京, 春陽堂, p.18.

40 김동욱(1966), 「이조 기녀사 서설(사대부와 기녀) – 이조 사대부와 기녀에 대한 풍속사적 접근」, 『아세아여성연구』 5, 숙명여대 아세아여성연구소.

41 "이런 행위는 인신 공양과 性器를 제물로 드리는 風俗으로 변하여졌다고 믿어진다. 무녀의 대상이 신과 인간으로 바뀜에 따라, 인간을 대상으로 하는 遊女가 발생될 요소가 짙어졌다. 이러한 妓女를 무녀에게 기원하였다는 설은 연대를 무시한 민속학 상에서 말하여 질 수 있으나, 때·장소·국민의 제약상의 역사학 상에서는 도저히 인정하기 힘들다는 비판의 소리도 있다." 瀧川政次郎(1967), 『遊女の歴史』, 日本歴史新書, 東京, 至文堂, pp.88-112.[이경복(1985), 12쪽 재인용]

기록에서 종교의식들은 농경과 정착 생활이 본격화하면서 나타난 공동체적인 질서 속에서 등장하였으며, 집단행위인 추수감사제인 성격을 띤 것으로 보인다.

또한 이러한 행사들은 모두 주술행위를 통한 집단 의식적인 축제의 의미를 가지기도 한다. 부여의 영고(迎鼓), 예(濊)의 무천(儛天), 고구려의 동맹(東盟) 등의 제천의식에서 '連日 群聚歌舞'의 기록에 근거한 것이다. 이 가무는 원시적 제의와 예술이 분리되지 않은 단계의 것이다. 이런 제천의식은 민속학이나 인류학적 견지에서 보아도 분명 타당하다. 그러나 문헌학적 방법으로는 제천의식에서 무녀의 역할을 추론할 뿐, 제의의 노래와 신화의 관계에 대해서는 해명할 도리가 없다.[42]

> "사치노예로서의 기녀가 문헌에 나타나는 것은 고구려에서 비롯된다. 북방계인 고구려에 이미 유녀가 존재하였다는 「후주서(後周書)」와 「수서(隋書)」의 기록은 고구려가 지방에서 일어나 수개 부족이 타 부락과 부족을 정벌하여 전제왕국으로서 체제가 잡히고 「통구」에 이르러 치자와 피치자의 분한(分限)이 명확히 구분되고 피정복 부락의 부녀자가 유녀로 전락된 증좌일 것이다. 현재 고구려 벽화에 남아있는 무용도는 바로 이런 유녀 창우의 직업화된 사치노예의 존재를 암시하는 것이라 보아진다. 「위지」에 나와 있는 바와 같이 고구려의 인민들이 가무를 좋아하고 국중읍락에서 모야(暮夜)에 남녀군취하여 상취가희하는 모습으로 볼 수 있겠으나, 뒤에 고구려악이 당의 십부기에도 편입된 것으로나 또 무용총의 벽화의 무인남녀가 손에 한삼을 하고 있는 것은 바로 이런 직업적인 무척·유녀의 존재를 명시하는 것이라고 나는 해석하고 싶다. 더욱이 고구려는 尙武의 나라이고

---

42 김동욱, 앞의 논문.

군대가 주둔하면 여기에 여자가 따르기 마련이므로, 李朝時代에 북방변경의 군사를 위로하기 위하여 娼妓를 배치했다는 것과 같은 뜻에서 고구려의 유녀는 이미 직업화되었다고 추측할 수 있을 것이다."

조선시대 공시적으로 볼 때 전국의 약 2만이라는 기생이 존재하게 된다고 추정된다. 이는 당시 전국 인구의 0.5%에 해당하는 것이라고 언급되어 있다. 그 근거로는 현(縣)에 20명(汲水婢 포함), 군(郡)에 40명, 목(牧)·부(府)에 6~80명, 감영(監營)에 1~200명 등으로 추산되어, 읍지(邑誌)를 상고하여 실지 숫자를 평균하여 본 결과로 얻어진 것으로 보았다.[43]

조선시대의 기생을 이어 계급적 차별을 받아온 일제강점기 기생은 이제 자유와 평등을 위하여 일어나자는 주장이 생긴다. 이처럼 단순히 넋두리로는 이것이 해결되지 않기에 더욱 사회의 관계를 개선하고자 하는 힘이 필요했다. 조선 전체에는 이미 수천 여 명의 기생이 웃음을 팔고 있었다. 그들이 생활고에 쫓겨 그 길을 택하기도 하였고 넘치는 개개인의 '끼'를 분출할 방법을 찾기 위해 선택하였다. 시간이 흐르면서 기생들은 그들만의 문화적인 고유 영역을 확보하고 싶어 했고, 거기에 뜻을 함께한 기생들이 적극적인 사업을 펼치기 시작했다.

3) 나손 김동욱의 기녀 정의

(1) 나손 김동욱의 기녀사 연구

나손 김동욱 선생의 1966년에 발표된 「이조 기녀사 서설(사대부와 기

---

43 김동욱, 앞의 논문.

녀)-이조 사대부와 기녀에 대한 풍속사적 접근」[44] 논문에서 중심 개념, 즉 '기녀/기생/창기'의 정의를 규명하고자 한다. 추가로 1968년에 발표된 「허균과 여성-이조관원의 일생에 관한 연구 중에서」[45] '허균과 기녀' 및 '허균에 있어서의 기녀의 이상형'도 연구 대상에 포함하고자 한다.

우리나라의 기생사 연구에 있어서 이능화의 『조선해어화사』(1927년)[46] 이후에, 조선시대 풍속사적 연구의 첫 시도[47]를 한 연구자는 나손 선생이라고 볼 수 있다.[48] 왜냐하면 1966년 이전에 발표된 연구는 문학에서 언급된 기녀의 작품 위주로 발표되었다. 특히 『조선해어화사』는 문헌에 나타난 풍속 중에 주로 기생의 역사를 종합적으로 다루고 있다. 그러나 풍속에 나타난 기녀의 문헌 관련 자료를 통시적으로 집대성한 것이라고 보인다.

나손의 기녀사 논문, 이후 연구는 고려시대를 중심으로 기녀 연구를

---

44 김동욱, 앞의 논문.

45 김동욱(1968), 「허균과 여성: 이조관원의 一生에 관한 연구 중에서」, 『아세아여성연구』 6, 숙명여대 아세아여성연구소.

46 『조선해어화사』는 삼국시대부터 조선시대 말기에 이르기까지 천민층으로 취급받은 기생들의 자료를 모았는데, 『삼국사기』와 『삼국유사』·『고려사』·『조선왕조실록』 등의 역사서와 각종 문집까지 참고하였다. 기생의 기원과 각 시대별 제도, 기생의 생활, 유명한 기생들, 기생의 역할과 사회적인 성격 등을 다루고 있다. 또 각종 일화와 시조 및 시가 등을 소개한다. 이를 통해 기생이 비록 천민층이었으나 매우 활동적인 여성들이었음을 보여주었다.

47 金一根(1958), 「기녀와 문학」, 『政大』 5, 건국대; 金瑛淑(1960), 「閨中문학과 기녀作品의 位置」, 『文湖』 1, 건국대; 全在玉(1961), 「기녀와 국문학」, 『명지어문학』 2, 명지어문학회; 김창현(1964), 「기녀 작품 소고」, 『어문논집』 8, 안암어문학회 등은 문학에서 언급된 기녀의 작품 위주로 연구되었다.

48 1966년 이후에 현문자(1967), 「기녀考」, 동아대학교 대학원 석사논문; 이신복(1976), 「한국기류문학연구」, 檀國大學校 大學院, 석사논문 등이 발표되었다.

한 1985년 이경복의 「고려기녀 풍속과 문학의 연구」 박사논문[49]이 나왔다. 당시 기녀에 관한 연구가 희귀했고, 그나마 기녀 연구가 문학 중심이었고 조선시대 중심이었기에 풍속的인 면과 관련된 연구가 진전을 이루지 못했기에 '한국기녀사'의 발전기에 속하는 고려시대의 연구가 선행되기 위해 중요한 논의를 발표되었다.[50] 특히 박사논문에는 '기녀'의 정의에 맞게 '기생'의 어휘는 일체 표기하지 않고, 고려시대에 알맞게 '기녀'로 일관성 있게 표기하였다.

이후에 기녀의 문학을 중심으로 논의가 현재까지 진행되고 있다.[51] 그러나 통시적 연구의 연구서는 나오지 않았고, 다만 이방인이 외부의 관점에서 우리의 기생 역사를 다루었을 뿐이다.[52]

특히 단행본으로 2002년 다소 수준 이하로 비추어지지만 일본 학자

49 이경복(1985), 「고려기녀 풍속과 문학의 연구」, 중앙대학교 대학원 박사논문.

50 "한국 기녀연구는 통시적 연구로써 한국풍속사와 여성사 그리고 문학사로 이어져 논하게 될 것이다. 이러한 논지가 확대되고 심화되기 위한 부분적 연구로써 고려시대의 기녀만으로도 충분한 연구과제가 된다." 이경복, 앞의 논문, 11쪽.

51 조광국(2000), 「기녀담·기녀등장소설의 기녀 자의식 구현 양상에 관한 연구」, 서울대학교 대학원 박사논문; 이려추(2009), 「한·중 기녀시인 金雲楚와 柳如是 비교연구」, 서울대학교 대학원 박사논문; 조성옥(2013), 「조선시대 기녀 트레머리 고찰과 재현에 관한 연구」, 서울벤처대학원대학교 박사논문; 조선희(2015), 「근세 한·일 기녀복식의 조형특성 비교연구: 풍속화와 문학작품을 중심으로」, 경성대학교 대학원 박사논문; 리양(2016), 「한·중 기녀시문학의 비교연구: 조선조와 명·청시기의 기녀시문학을 중심으로」, 대구대학교 대학원 박사논문; 류자(2018), 「한·중 고전소설에 나타난 기녀 양상 비교 연구: 조선 기녀 등장 소설과 중국 『삼언(三言)』을 중심으로」, 경성대학교 대학원 박사논문.

52 1997년 이탈리아 나폴리대학교에서 유학을 온 여성학자 빈센자 두르소(Vincenza D'Urso)의 「조선기녀」를 연구하였지만, 연구성과는 찾을 수 없었다. 2009년 이탈리아어역 황석영의 『무기의 그늘』(L'ombra delle armi) 이탈리아 Baldini Castoldi Dalai editore 한국문학번역원에서 번역대상을 받았다.

가와무라 미나토의『말하는 꽃 기생』[53]을 비판하기 위해 일제강점기 기생 사진엽서 연구, 기생 인물생활사 연구 등이 나왔다.[54]

나손 선생의「이조 기녀사 서설(사대부와 기녀)-이조사대부와 기녀에 대한 풍속사적 접근」논문은 인간의 본능적 약점에 속하는 매음의 봉건적 형태인 관기에 대한 사대부들의 교섭이 어떠하였던가를 논의하고자 하였다. 분량도 대략 원고지 350매 내외이며, 이처럼 매번 게재된 논문들은 분량이 남달랐다.[55]

이 논문 서설에서는 조선시대 중심의 기생을 연구 대상으로 삼았다는 것을 밝혀두었다.

---

53 2002년 가와무라 미나토의 기생에 대한 관점을 반발로 이를 비판하는 기생 관련 연구서가 쏟아졌다. 가와무라 미나토(2002),『말하는 꽃 기생』, 유재순 역, 소담출판사.

54 신현규(2005),『일제강점기 기생인물·생활사: 꽃을 잡고』, 경덕출판사; 이경민(2005),『기생은 어떻게 만들어졌는가: 근대 기생의 탄생과 표상공간』, 아카이브연구소; 신현규(2006),『평양기생 왕수복: 10대가수 여왕되다』, 경덕출판사; 신현규(2006),「기생에 대한 오해와 진실」,『신동아』통권 566호(11월호); 신현규(2007),『기생이야기』, 살림; 신현규(2010),『기생, 조선을 사로잡다』, 어문학사; 신현규(2014),『기생, 푸르디푸른 꿈을 꾸다』, 북페리타; 신현규(2016),『일제강점기 권번기생연구』, 북페리타; 신현규(2017),『조선기생 선연동연구』, 보고사; 신현규(2022),『기생-문화콘텐츠 관점에 본 권번기생 연구』, 연경문화사.

55 "나는 6.25 후에 온양에서 완판본 춘향전 방각본을 하나 구했다. 동학 김삼불이 완판본 판본을 수백 장 가지고 있던 것을 부러워했던 차라, 그것은 84장의 한지책에 불과하였지만, 6.25로 책을 분실한 나에게는 가뭄에 단비를 만난 격이 되었다. 그러다가 부산에서 일사 방종현 선생이 돌아가시매, 그 책 정리를 하고 있던 중에 춘향전의 이본을 19종 발견하고 나의 가슴은 뛰었다. 그러나 그 책을 볼 수 있는 처지는 아니어서 전기 완판본을 가지고 부산에서 한 겨울방학 씨름한 결과 200매의 논문을 쓸 수 있었다. 이것을 가지고 부산 대청동 의대 강당에서 발표회를 가졌다. 비오는 날이었지만 70명의 청중을 모아놓고 장장 3시간의 긴 발표회를 가졌다. 이것이 6.25 후의 최초 최장의 발표회가 아니었던가 생각된다." 김동욱(1984),「나의 학구생활과 논문집필」,『大學敎育』9, 한국대학교육협의회.

"관기는 이미 고려 이전부터 制度化되어 내려오던 것이다. 그러므로 이조의 기녀制度도 이의 延長에 不過하다. 가장 賤人으로 다루어지면서 奢侈奴隸로서 가장 貴族層에 가까워질 수 있는 存在, 기생은 巫女史·기녀사·賣淫史로서의 연구의 대상이 되겠지만 여기서는 이조시대에 관기와 더불어 얽혀진 여러 풍속적 事實을 提示함으로써 여성사에 一面의 資料를 보태고자 하는 바이다. 이는 원래 經濟史·社會史的 면에서도 다루어야 하겠지만 다만 풍속지의 한 토막에 그치게 됨을 미리 사과해 둔다."[56]

이는 이능화의 『조선해어화사』[57]에서처럼 풍속지 문헌 조사를 통한 기녀사를 연구한 것으로 판단된다.

학계에서 고려시대에 주로 '기녀'로 표현하는 경향이 있고, 조선시대 경우에는 '기생'으로 구분되며, 유일하게 한중일, 즉 동아시아에서 우리나라에서만 '기생' 용례를 찾아 볼 수 있다. '창기'의 경우는 동아시아 문헌에서 용례가 많고, 우리나라 고문헌에서는 '창기'의 용례도 혼용한 것을 찾을 수 있다. '기생'은 접미사 '-생(生)'으로 조선 후기부터 용례가 두드러진다. 여기서 '生'은 '어떤 생업으로 생계를 삼고 있는 것'을 뜻한다. 바로 '기업(妓業)으로 생계를 삼고 있는 기녀'가 바로 '기생'이라

---

56 김동욱, 앞의 글.

57 水谷清佳(Mizutani Sayaka)(2020), 「이능화의 『조선해어화사』에 의한 기생사 및 기생像의 왜곡에 관한 연구 I : 이능화의 친일 반민족 행적과 新羅時代의 왜곡을 중심으로」, 『문화와융합』 42(2), 한국문화융합학회, 565-597쪽 논문에서 新羅時代의 源花가 기생이라는 이능화의 주장은 史實에 反하며, 구체적인 논증도 없는 이능화의 추상적이고 개인적인 견해일 뿐이다. 天官女의 사회적 속성은 女隷이었으며, 최초 기록자인 이인로는 천관녀의 사회적 기능을 기생과 같은 존재로 간주하였다. 하지만 이능화는 天官女를 '매음을 주업으로 하는 娼女'로 왜곡시켰고, 구체적인 근거나 논리적 타당성이 결여된 채로 "新羅時代에 賣春풍속이 있었다"고 주장하면서 식민지시기의 공창제도(매춘제도)의 기원을 新羅時代까지 끌어올렸다고 비판하는 논의가 있다.

할 수 있다. 예컨대 '유생(儒生)', '서생(書生)', '학생(學生) 등의 경우를 들 수 있다.[58] '기생'의 총칭은 성리학이 통치이념으로 자리 잡은 조선 중기 15~16세기부터라고 추측할 수 있다.

학술적 개념에서 정의는 중요하다. 정의(definition)[59]는 어떤 말이나 사물의 뜻을 명백히 밝혀 규정하기에 '기녀/기생/창기'의 총칭을 시대적 반영(反映)의 관점으로 연구하고자 한다.[60] 나손 선생의 기녀사 논문에서는 '기녀', '창기', '기생', '가기', '수청기', '관기', '창기(倡妓)' 등의 총칭을 혼용하고 있다.

(2) 기녀의 발생 논의에 대하여

앞서 언급한 바와 같이 나손 선생의 기녀사를 관련 논문 중에 「이조 기녀사 서설」은 1966년에 발표되었다. 나손 선생의 이 논문[61]에서 차례는 다음과 같다.

---

58 '서생(書生)'은 '글을 써서 생계를 삼아 공부하는 사람'이고, '유생(儒生)'은 '유학을 공부하는 것으로 생계를 삼은 선비'라 지적할 수 있다. '학생(學生)'은 '배움을 직업으로 삼은 사람'인 셈이다.

59 "모든 정의는 과학이론의 성립에 있어서 본질적 부분을 이루는 중요한 역할을 하며, 이것을 통하여 새로운 개념이 도입되어 연구 성과가 기록되고 또한 복잡한 기술(記述)이 간명화되기도 한다. 그러나 정의는 일면적으로 제한된 것이기 때문에 대상 전체를 완전히 포착할 수도 없고 이것에 고정시켜 버릴 수도 없다." 임석진 외(2009), 『철학사전』, 중원문화.

60 "특정한 사물, 사건이나 상징적인 대상들의 공통된 속성을 추상화하여 종합화한 보편적 관념. 개념은 구체적 개념과 추상적 개념으로 구분되는데, 구체적 개념은 대상의 물리적 속성에 따라 구별하는 개념이고, 추상적 개념은 관찰될 수 없는 현상을 나타내는 공통적인 속성을 정의함으로써 구별하는 개념이다." 곽호완 외(2008), 『실험심리학용어사전』, 시그마프레스.

61 김동욱, 앞의 논문.

Ⅰ. 서설
기녀의 發生
Ⅱ. 기생의 生活(기녀의 生活)
慰安妓－奢侈奴隸－數－身分－隨母法－창기(倡妓)革罷논의
Ⅲ. 기녀와 사대부
王室과 後宮－사대부와 기녀－聲妓－여악－이에 대한 反省－女體渴望－妓禍－妓妾子孫－朝官·관원과 기녀－기녀와 悖倫－기녀의 貞節－妖妓－기녀 쪽에서 본 男性－野談·小說과 기녀
Ⅳ. 結語

이 차례를 살펴보면 '기생의 생활'과 '기녀와 사대부' 등으로 기생과 기녀를 구분 없이 혼용하고 있다. 논문의 서설 부분에 아래와 같이 기녀의 개념을 규정하고 있다.

"기녀의 本質은 奢侈奴隸라고 말한다. 어느 民族에 있어서나 階級的 分化가 이루어지거나 戰爭의 俘虜의 處遇에서 妓種은 발생한다. 그러나 그 始原은 巫女에 있었다고 보아야 할 것이다. 원래 巫女는 神 그 자체였다. 이 巫女가 神格과 政治權力의 分化 과정에서 점점 退行해서 神에 奉仕하고 神의 神聖 家族으로서의 巫女가 地方의 土豪와 결부될 때에 그 巫女는 賣春婦가 되는 것이다. 이리하여 그들은 「노는 계집」으로서 巫樂의 藝能的 면에서 익힌 「놀음」 「노릇」으로 權力機構에 여악의 歌尺·巫尺으로 奉仕하여 기녀가 되는 것이다.[62]"

62 "奢侈奴隸로서의 기녀가 문헌에 나타나는 것은 高句麗에서 비롯하다. 북방계인 고구려에 이미 遊女가 존재하였다는 『後漢書와 『隋書』의 기록은 고구려가 지방에서 일어나 수개 부족이 他部落과 부족을 정벌하여 專制王國으로서 體裁가 잡히고 '通溝'에 이르러 治者와 被治者의 分限이 명확히 구분되고 피정복 부락의 부녀자가 유녀로

본문에서처럼 나손 선생은 무녀 기원설을 내세우고 있다. 인류 문명사에서 무녀는 이른 시기에 매음 기원의 모태로 인정하기 일쑤다. '기(妓)'의 기원설에서도 1930년 일본인 학자 나카야마 다로[中山太郎]에 의해 주장된 '무녀기원설(巫女起源說)'[63]은 나손 선생에 의해 받아들어져 이어졌다. 기녀 발생은 무녀의 분화 과정에서 무녀가 지방의 토호와 결부되면서 발생될 수 있으며, 전쟁의 여자 부로(俘虜)에서 발생한 노비가 사치 노예로 정립할 수 있는 가능성을 열어 두었다.

사실 기녀가 무녀에게서 기원하였다는 설은 인류 문명에서 일반화할 수 있는 주장이다. 원래 무녀는 신을 즐겁게 하기 위해서 가무는 물론 성적인 면에서도 신에게 봉사한 여인이다. 즉, 무녀는 신과 결혼한 여인으로 신전에서 밤을 새우고 나오는 제신(祭神) 행위는 바로 신과의 성적 결합을 의미한다. 이런 행위는 인신 공양과 성기(性器)를 제물로 드리는 풍속으로 변하여졌다고 믿어진다.[64]

또한 나손 선생은 아래와 같이 부연 설명을 하고 있다.

"奢侈奴隸로서의 기녀가 文獻에 나타나는 것은 高句麗에서 비롯된다. 北方系인 高句麗에 이미 遊女가 존재하였다는 『後周書』와 『隋書』의 기록

전락된 證左일 것이다. 현재 고구려 壁畵에 남아 있는 舞踊圖는, 遊女 倡優의 직업화된 사치 노예의 존재를 암시하는 것이라 보아진다." 김동욱, 앞의 논문, 75-76쪽.

63 中山太郎(1930), 『日本巫女史』, 東京, 大岡山書店, p.20.; 中山太郎(1927), 『賣笑三千年史』, 東京, 春陽堂, p.18.

64 "무녀의 대상이 신과 인간으로 바뀜에 따라, 인간을 대상으로 하는 遊女가 발생될 요소가 짙어졌다. 이러한 기녀를 무녀에게 기원하였다는 설은 연대를 무시한 민속학 상에서 말하여 질 수 있으나, 때·장소·국민의 제약 상의 역사학 상에서는 도저히 인정하기 힘들다는 비판의 소리도 있다." 瀧川政次郎(1967), 『遊女の歷史』, 日本歷史新書, 東京, 至文堂, pp.88-112.[이경복, 앞의 논문, 12쪽 재인용]

은 高句麗가 지방에서 일어나 數個 部族이 他部落과 部族을 정벌하여 專制王國으로서 體制가 잡히고 「通溝」에 이르러 治者와 被治者의 分限이 명확히 구분되고 被征服 部落의 婦女子가 遊女로 轉落된 證左일 것이다. 현재 高句麗 壁畫에 남아있는 舞踊圖는 바로 이런 遊女 倡優의 職業化된 奢侈奴隷의 존재를 암시하는 것이라 보아진다. 「魏志」에 나와 있는 바와 같이 高句麗의 人民들이 歌舞를 좋아하고 國中邑落에서 暮夜에 男女群聚하여 相就歌戱하는 모습으로 볼 수 있겠으나, 뒤에 高句麗樂이 唐의 十部伎에도 편입된 것으로나 또 舞踊塚의 壁畫의 舞人男女가 손에 汗衫을 하고 있는 것은 바로 이런 職業的인 舞尺·遊女의 존재를 명시하는 것이라고 나는 해석하고 싶다. 더욱이 高句麗는 尙武의 나라이고 군대가 주둔하면 여기에 여자가 따르기 마련이므로, 이조時代에 北方邊境의 軍士를 위로하기 위하여 창기를 배치했다는 것과 같은 뜻에서 高句麗의 遊女는 이미 직업화되었다고 추측할 수 있을 것이다."[65]

무녀의 역할은 제천의식에서도 여실히 알 수 있다. 고대 우리나라의 하늘을 숭배하고 제사하는 의식인 제천의식의 기록은 중국의 후한서 「동이전」과 삼국지 「위서 동이전」 등에서 찾아볼 수 있다. 이 기록에서 종교의식들은 농경과 정착 생활이 본격화하면서 나타난 공동체적인 질서 속에서 등장하였으며, 집단행위인 추수감사제인 성격을 띤 것으로 보인다.

또한 이러한 행사들은 모두 주술행위를 통한 집단 의식적인 축제의 의미를 가지기도 한다. 부여의 '영고', 예의 '무천', 고구려의 '동맹' 등의 제천의식에서 '연일 군취가무'의 기록에 근거한 것이다. 이 가무는

---

65 김동욱, 앞의 논문.

원시적 제의와 예술이 분리되지 않은 단계의 것이다. 이런 제천의식은 민속학이나 인류학적 견지에서 보아도 분명 타당하다. 그러나 문헌학적 방법으로는 제천의식에서 무녀의 역할을 추론할 뿐, 제의의 노래와 신화의 관계에 대해서는 해명할 도리가 없다.

(3) '기생의 生活' 및 '기녀와 사대부'에 대한 논의

나손 선생은 '기생의 生活' 목차의 하위 차례에 "慰安妓－奢侈奴隷－數－身分－隨母法－창기(倡妓)革罷논의" 등으로 나누어 논의하고 있다. 예컨대 본문에서 표기된 '기생', '기녀' 및 '창기' 등의 용례는 다양하게 표현되었다. 이를 보면 '기생', '기녀', '가기', '수청기', '관기', '창기' 등의 용례가 나타나고, 본문에서는 '창기(倡妓)'와 '창기'를 혼용하고 있다.

목차에서는 '기생의 生活'로 되어있지만, 본문에서 '기녀의 生活'로 표기되어 혼용되어 있다. 또한 '기생의 生活' 목차의 하위 차례도 "위안기–사치노예–수" 내용만 이어서 서술되어 있지만, 앞서 목차 표시의 구분 없이 서술되어 있다. 비로소 아래의 같이 "(위안기–사치노예–수)" 생략되고, 네 번째 '신분'만 목차에 표기의 누락 없이 제대로 되어 있다.

> 慰安妓(표기 누락)
>
> 이조時代에 妓를 둔 것은 『世宗實錄』에 "邊鎭에 置妓함은 軍士의 無妻者를 위한 것"이라고 하였고 이 유래가 오래라 하였으니 이것은 邊鎭 置妓를 합리화하기 위한 하나의 傳說이라고 보아야 할 것이다. 그것은 관기의 설치가 고려시대는 勿論이고 高句麗의 '遊女'까지 올라갈 수 있으므로 문제가 되지 않는 전설일 것이다. 그러나 관기가 邊境에서는 軍士들의 慰安妓로, 官衙에서는 여악의 가기로, 또 관원들의 수청기로, 一面 賣淫, 一面 歌舞로

서 兩班 軍士들에게 구실(기생 用語)을 든 것이다. 그러므로 관기가 奢侈奴隸로서 존재하였다는 전제에 서는 것은 부인 못 할 것이다. 그러므로 일반 사대부들에게 기녀는 우선 공식으로는 官婢인 奴隸였고 또 道學者에게는 '尤物[66]'이었고 보통 명사가 '娼(女)'이었다.[67]

위안기는 중국 한나라 때의 '영기'를 말한다. 영기 제도는 각 군영에 관기를 배치하였고 군영에 봉사하는 기녀의 명칭이 되었는데, 영기는 관기의 또 다른 이름이다.[68]

奢侈奴隸(표기 누락)

"'倡妓'가 奢侈奴隸로서 兩班들이 宴享의 參與할 때 그들에게도 特典은 있었다. 첫째는 遊食하고서도 생활을 할 수 있다는 특전이다. 둘째는 妓夫를 얻어 부부의 생활을 하고 또 때로 관원에 侍寢하고 성적인 생활에 있어서도 오히려 閨中 婦女보다도 자유로울 수 있다는 점이라고 보아진다. 셋째로 그는 여성 본래의 본능적 충동인 사치를 천인이면서도 양반 부녀자와 같이 할 수 있다는 점이다. 넷째로 그들이 요행 양반의 副室로 들어가면 일생 호화로운 생활을 할 뿐 아니라 田莊을 分與받을 수도 있고 顯官이 되면 규중에서 정치적 발언은 물론이요, 천인으로서는 가위 神仙과 같은 생활을 할 수 있는 것이었다."[69]

동아시아의 노예는 일반적으로 노(남)·비(녀)로 통칭되었으며, 양민

---

66 尤物은 '얼굴이 잘생겨서 남자에게 매력이 있는 여자를 비하하여 표현한 것'을 말한다.

67 김동욱, 앞의 논문.

68 신현규 편역(2012), 『중국창기사』, 어문학사.

69 김동욱, 앞의 논문.

과 구별되는 천민을 뜻하였다. 노비는 통상 반인반물로 생각되어 매매 대상이 되었으나, 한편 노비가 재산과 가족을 갖는 것을 인정받는 경우도 많았으며, 이들은 주로 가족 노동의 보조자 또는 일종의 사치노예로서 이용되었다.

數(표기 누락)

"공시적으로 볼 때 이조 때 전국의 약 2만이라는 창기가 존재하게 된다. 이는 전국 인구의 0.5%에 해당하는 것이다고 언급되어 있다. 그 근거로는 懸에 20명(汲水婢 포함), 郡에 40명, 牧·府에 6~80명, 監營에 1~200명 등으로 추산되어, 邑誌를 상고하여 실지 숫자를 平分하여 본 결과로 얻어진 것으로 보았다."[70]

이러한 추산된 수치는 당시 조선의 인구를 100만 명으로 본 기준이다. 조선왕조가 파악한 인구는 1393년 30만여 명, 1519년 374만여 명, 1861년 674만여 명에 불과하였지만 조선왕조의 호구 총수로부터 추정한 실제 인구수는 조선왕조 건국 초에 550만 명, 19세기 1,800만 명 정도였다.[71]

妓의 身分

"妓의 身分은 관기로서 屬公된 奴隷다. 天刑과도 같이 다같이 人間世에 生을 享有했건만 身分的 紐帶 밑에서 일생 官婢로서 자유를 얻지 못하는

---

70 김동욱, 앞의 논문.

71 〈[경제학자가 본 한국사] (13) 조선시대의 인구-장기 변동〉『한국경제신문』, 2014. 5.16. https://sgsg.hankyung.com/article/2014051670741 (검색일: 2022.10.22.)

것이 그들의 비애였다. 일반 妓籍에 매이면 그들의 所出은 천자從母法에 의하여 官노비가 되는 것이다."[72]

천자수모법은 고려시대의 노비 세전법으로, 천자(賤子)는 노비를 말한다. 노비 상호간의 혼인으로 생긴 소생의 소유권을 비(婢)의 소유주[婢主]에게 귀속시킨다는 법규이다. 또한 양인 남자와 여자 종이 혼인하는 비가양부의 경우에도 적용되어, 소생은 어머니의 신분과 같이 노비로 하고, 비주가 이를 소유할 수 있도록 하였다. 그것은 노비를 소유하고 있던 지배층들의 지속적인 노비 증식의 방편으로 활용되었다.

기녀와 隨母法

태종 13년 8월에 '干尺白冠等人女孫立役'의 법을 정하고, 태종 14년 정월에 이르러 '婢妾所産限品贖身'의 법을 정하였다고 하듯이 『조선왕조실록』을 근거로 나열하였다. 특히 목차에도 없는 "附: 春香의 身分"[73]

---

72 김동욱, 앞의 논문.

73 "춘향의 신분적 문제의 파생은 월매와 월매의 기부문제이다. 그러나 춘향전에 있어서도 월매의 신분에 그대로 기녀로 되어 있는 것도 있고(경판. 신학균본) 퇴기로 되어 있는 것도 있다. 이 퇴기도 두 종류로 다룰 수 있다. 하나는 60이상이 되어 퇴기로 되는 경우다. 사실 이 경우는 낙적이다. 후자의 경우도 기첩이 되는 경우와 그대로 기적에서 빼어 양인이 되는 경우가 있겠지만 그대로 양인이 되는 경우는 예정하기 어려울 것이다. 우선은 기첩이 되는 경우다. 이때 성천총이나 성참판의 기첩이 되는 것은 있을 수 있는 일이지만 이는 후기 춘향전의 일이고 전기 춘향전에는 내비쳐지지 않고 있으니 이것도 원춘향전 고찰에는 원인적으로 대상이 될 수 없다. 그러니 춘향이 기생이 됐다고 하면 수모법에 따라 월매가 기녀로 있어야만 한다. 그래서 기생 월매의 딸 춘향은 수모법에 따라 기생이 되어야만 한다. 월매의 기부가 성천총·성참판이라 하더라도 월매의 낙적이 이루어지지 않았다면 원칙적으로 기생이다. 이러므로 이런 신분적인 문제를 시류에 영합하여 여염처자로 형상한 완판에 있어서도 춘향을 삼일점

이라는 부록을 이어서 서술되었다.

창기혁파논의

목차에서는 '창기(倡妓)혁파논의'되어 있지만, 본문에는 '창기혁파논의'으로 사용하여 '창기(倡妓)'와 '창기'를 혼용하고 있다. 본문의 내용은 "이조 초기부터 양심적인 사대부에 의하여 창기를 혁파하자는 논의가 계속되어 있어 왔다. 이것이 여악폐지로 나온 경우도 있다. 관기가 양반계급의 완롱물로서 존재하는 한에 있어서는 그 결과는 자명한 일이었다."[74]고 언급하는 근거를 『조선왕조실록』에서 인용하였다.

이 논문에서 본론에 해당하는 '기녀와 사대부' 목차의 하위 차례는 "王室과 後宮–사대부와 기녀–聲妓–여악–이에 대한 反省", "女體渴望–妓禍–妓妾子孫–朝官·관원과 기녀–기녀와 悖倫–기녀의 貞節–妖妓–기녀쪽에서 본 男性–野談·小說과 기녀" 등으로 나누어 논의하고 있다.

王室과 後宮

> "蓄妾과 宿娼은 그 대상은 다를지라도 여성의 人權을 蹂躪하고 정도에 어긋남은 매일반이다. 이조 封建制度의 정점에 위치하는 王室은 중국의 天子의 수에는 못 미치더라도 一妃 외에 數嬪을 거두고 있고, 이조의 궁궐 가운데는 약 600명 정도의 宮人을 가두고 있으니 왕은 자기 마음이 있으면 縱情하기는 아주 자유로운 입장에 있었다. 一國의 君王이 이런 立場에 있으

고에 참가하도록 한 것은 전후 모순당착이 되는 것이다. 그러니 완판에 있어서도 춘향은 어디까지나 기생으로 형상되어 있다고 보아야 할 것이다." 김동욱, 앞의 논문.

74 김동욱, 앞의 논문.

니 만큼 사대부측에 있어서도 이런 習俗의 패턴에서 蓄妾은 오히려 자유로울 수 있었다. 더욱이 고려의 近親婚과 麗末 李初의 二妻婚의 뒤를 이었으니 만큼 李初에 「家禮」의 遵行을 申筋하고 道學的인 기풍이 진작된 뒤에도 이러한 관습은 쉽사리 없어지지 아니한 것 같다. 그들의 金科玉條인 소위 先王의 道에도 一妻一妾은 사대부 이상에게는 용인된 습속이었다."

일처일첩의 기원은 고려시대 박유가 1275년(충렬왕 1)에 대부경(大府卿)으로 있으면서 당시 고려의 처녀들이 공녀로서 원나라에 보내지는데 반발하여 첩제의 수용을 건의한 기록이 있다.[75] 즉, 동방은 오행으로 목에 속하여 그 이수에 따라 남자가 적고 여자가 많으므로, 관리들이 처 이외에 첩을 두는 것을 허락하고 관품에 따라 첩의 수효를 줄여나가 서인에 이르러서는 일처일첩을 두도록 하며, 첩의 소생도 적자와 마찬가지로 벼슬할 수 있게 하여 공녀의 수를 줄일 것을 주장하였다. 그러나 이러한 주장은 곧 첩제의 수용으로 인식되어 부녀자들의 원망을 사게 되었고, 재상 가운데 아내를 무서워하는 사람이 있어 논의가 중지되었다고 한다.

---

75 "우리나라는 본래 남자는 적고 여자가 많은데, 지금 높은 사람과 낮은 사람이 모두 처를 한 명만 두고 자식이 없는 자도 역시 감히 첩을 두지 못하나 다른 나라에서 온 자들은 처를 취함에 정해진 한도가 없으니, 인물이 앞으로 모두 북으로 흘러 들어갈까 두렵습니다. 청컨대 모든 관리에게 여러 처[庶妻]를 취하게 하되 그 品에 따라 처의 수를 줄여 나가게 하여 서인에 이르러서는 처 하나에 첩 하나를 취할 수 있도록 하고, 그 서처가 낳은 자식들도 적자와 마찬가지로 벼슬을 할 수 있게 하소서. 이와 같이 한다면 원망이 해소되고 호구가 날로 증가하게 될 것입니다."『고려사』 권106, 열전 박유.

사대부와 기녀

나손 선생은 「허균과 여성」에서 언급한 바와 같이 "조선시대에 있어서 유일한 연애문화가 사대부와 기녀 사이에 있어서의 사랑이었다"고 지적한다.[76]

"기녀는 원칙적으로 관기이기 때문에 관원에 매어 사는 寄生的 존재로 되어 있다. 그녀가 妓夫와 더불어 생활을 하고 있다고 하더라도 기부 자체는 기녀에 매이는 기생的 존재가 되는 것이므로 기녀의 관원 사대부에 대한 守廳은 거절 못 하게 되어 있다. 그러니 그 근원에 있어 기생과 사대부와는 가장 밀접한 상관관계에 있는 것이다. 그러나 관원의 경우, 기생은 방기·수청기로 봉사하는 것이지만 이를 妓夫로 다룰 수는 없을 것이다. 妓夫는 대개 기녀와 친등한 하천계급에서 나온다. 즉 그들은 私奴가 대부분이었다. 물론 妓를 率畜하고 있으면 사대부로 妓夫가 되는 것이다."[77]

聲婢

목차에서는 '성기(聲妓)'되어 있지만, 본문에는 '성비(聲婢)'으로 사용하여 '성기'와 '성비'를 혼용하고 있다.

"관기는 아니지만 사대부와 직접 관계를 가지고 있는 것이 소위 '聲婢'다. 이 성비는 사가에서 가무를 익히어 기르는 방법도 있겠지만 대개의 경우 전에 관기였던 기녀를 거두어 성비로서 기첩 이하로 대우한 것 같다. 고려에서 이조에 걸쳐 사대부는 이렇게 집에 시첩과 더불어 「聲妓」를 거느

---

76 김동욱, 앞의 논문.

77 김동욱, 앞의 논문.

리고 있었다. 이는 최충헌, 최이 專權時代에 자기의 畇妓를 부하들에게 나누어 주면서 울타리를 삼았으니 『翰林別曲』이 「玉肌香」은 崔竩[78] 畇妓이기도 하였다."[79]

이러한 성기의 풍습이 임진 전까지 수백 년 동안 사대부 사이에 상당히 유행한 듯하다고 언급하였다. 특히 고려시대부터 노래를 잘 하는 기생은 '성기' 또는 '가기'로 총칭하여 널리 사용된 용례가 많다,

여악

"여악은 宮中. 官衙에서 여기에 의하여 이루어지는 歌舞 등을 이름한다. 이에 相反되는 것이 男樂이지만 宮中에서는 常例的으로 여악으로 이루어지는 것이 보통이다. 특히 大妃를 위한 進饌이나 進宴에는 여악이 主가 되고 男樂의 一部인 管絃은 帳外에서 演奏되는 것을 進饌. 進宴圖에서 볼 수 있다. 여악이 問題되는 것은 國家的 體面에 관계되는 外國使臣 迎接에서이다. 이에 대한 논의는 이조 全期를 通하여 數없이 있었고 이를 廢하기도 하고 復舊하기도 하였다."

조선시대에 여악은 창기, 창기(倡妓)·여기·관기·기악·기생·여령·여공인·기 등으로 다양하게 불렸다. 창기·여기·관기 등이 여악과 같은 의미로 쓰인 것은 이들이 바로 여악의 구성원이기 때문이다. 여악의 신분은 공천으로 50세가 되어야 기역에서 벗어날 수 있었고, 그들의 자손

---

78 최의는 崔忠獻, 崔瑀, 崔沆에 이은 최씨무신정권기 제4대 執政이었다. 본관은 牛峯이고, 아버지는 최항이며, 어머니는 宋情의 婢였다.

79 김동욱, 앞의 논문.

은 여기나 악공 또는 무동이 되어 그 업을 세습하였다.

기예가 뛰어난 여악은 종친이나 재상의 첩이 되더라도 기역을 완전히 면제받지 못하고 내연에는 참여해야 했다. 그만큼 악가무의 예능은 쉽게 그 역할을 대체할 수 없는 전문 분야였다. 그러나 공연을 마친 뒤 포상으로 천인 신분을 면제해 주기도 했다.

이에 대한 반성

> "사대부의 기녀와 더불어 이루어지는 事象에 대하여 一部 良心的인 사대부에 의하여 批判이 가해진 것은 事實이고 이에 대한 記錄도 實錄 기타 문헌에 散見된다."[80]

예를 들어 세종 17년 6월 판승문원사 최치운의 상서로 '畜妓妾者를 逐出하자는 極言했다'는 기록을 제시하였다. 이러한 내용에 대해 "기녀를 요물시하고 기녀를 尤物視하는 도덕군자의 입장에서는 이런 상념이 꽃필 리 없다. 여기에는 보다 넓은 상념의 개화가 필요하다. 그것은 기녀를 인간적 위치에서 볼 수 있는 진보적인 이해가 앞서야 한다."는 내용도 다른 논문[81]에서 밝히고 있다.

(사대부들의) 女體渴望

목차에서는 '女體渴望'되어 있지만, 본문에는 '사대부들의 女體渴望'으로 사용하여 '사대부' 표현이 삭제되어 있다.

---

80 김동욱, 앞의 논문.

81 김동욱, 앞의 논문.

"司憲府의 硬骨漢의 朝士들의 기녀 禁壓에 대응해서 이조의 사대부는 또 그들대로 軟柔한 女體에 渴望하고 있으니 이는 人間의 本能에 淵由한 것이다. 이는 道學者로 自處하는 權陽村[82]의 述懷에 그대로 나타나 있다." (그러나 이하 인용은 野談 들이므로 特定人에 관한 것이라기보다 士流間의 해학으로 보는 것이 좋겠다.)[83]

이러한 예시로 들어 야담의 내용을 근거한 것은 다음과 같다.

인생의 지락 미인(『태평한화』「골계전」[84]), 봉사 휴기악(『용재총화』[85]), 억연기(『명엽지해』[86]낭관승지), 애기(『태평한화』「골계전」), 연기(『태평한화』「골계전」), 질기(『태평한화』「골계전」), 혹기(『명엽지해』 낭관승지), 원인기(『기문총화』[87]), 동가식서가숙(『기문총화』), 기의 심판(『파수록』[88])

---

82 權近은 1352년(공민왕 1)~1409년(태종 9), 고려 말·조선 초의 문신·학자로 호는 양촌이다. 친명정책을 주장하였다. 조선 개국 후, 사병 폐지를 주장하여 왕권확립에 큰 공을 세웠다. 길창부원군에 봉해졌으며, 대사성·세자좌빈객 등을 역임하였다. 문장에 뛰어났고, 경학에 밝아 사서오경의 구결을 정하였다. 저서에는 『입학도설』, 『양촌집』, 『사서오경구결』, 『동현사략』이 있다.

83 김동욱, 앞의 논문.

84 『태평한화』「골계전」은 조선 전기 문신·학자 서거정이 해학적 일화를 수록하여 편찬한 설화집을 말한다.

85 『용재총화』는 조선전기 학자 성현이 고려로부터 조선 성종 대에 이르기까지의 민간 풍속·문물 제도·문화·역사·지리 등 문화 전반을 다룬 잡록을 말한다.

86 『명엽지해』는 조선후기 문신·학자 홍만종이 인물들의 해학적인 일화와 외설스러운 이야기 등을 수록한 한문 소담집을 말한다.

87 『기문총화』는 주로 명사들의 일화가 수록된 편자 미상의 설화집을 말한다.

88 『파수록』은 부묵자(추정)가 저술한 한문 소담집을 말한다.

妓禍

“妓로 말미암아 사대부들의 쟁단이 열려진 例도 많았다. 그 대표적인 예로는 穆祖가 府妓로 말미암아 北關으로 移住한 것은 有名한 이야기이고, 實錄에도 到處에 妓로 인하여 사대부들이 서로 猜忌를 하여 反目한다고 창기(倡妓)革罷의 論을 펴고 있다. 乙巳의 士禍도 근본적 원인은 따로 있겠지만 妓로 말미암은 些少한 일로부터 나온 것이다.”[89]

이러한 예시로 들어 야담의 내용을 근거한 것은 다음과 같다.

탈기(『지양만록』[90], 『대동야승』 「매옹한록」), 혹기(『지양만록』), 간기(『연려실기술』[91]), 처·기(『태평한화』 「골계전」), 상중 협기(『어면순』[92]), 기일간기(『어면순』), 국변간기(『추관지』[93])

妓妾子孫

“이조에 있어서 經國大典에서부터 大典通編에 이르기까지 또는 많은 受敎를 통하여 기녀를 贖良하는 것을 원칙적으로 禁하고 있다. 또 기녀에게서 낳은 자녀를 賤妾所生이라 하여 良妾所生보다도 더 가혹한 制裁를 가하고 있다. 그러니 일시적 縱情에 의하여 기녀를 所畜하였다고 하더라도 그

89 김동욱, 앞의 논문.

90 『지양만록』은 조선시대 제1대 왕 태조부터 제22대 왕 정조까지의 역사적 사실을 편년체로 엮은 역사서를 말한다.

91 『연려실기술』은 조선 후기 실학자 이긍익이 조선시대의 정치·사회·문화를 기사본말체로 서술한 역사서를 말한다.

92 『어면순』은 조선전기 문신 송세림이 편찬한 한문 소담집을 말한다.

93 『추관지』는 조선후기 문신·학자 박일원이 형조의 소관 사례를 모아 엮은 형조등록을 말한다.

累는 소위 子孫萬代에게까지 미치는 것이다. 이 封建的 構造 속에서 新羅 이래의 奢侈奴隸로서의 기녀를 사대부들이 宴享의 '꽃'으로 助興을 시켜왔고 여항에 있어서는 '路柳墻花'의 花柳로 보아왔으니 여기에 兩者의 社會的 座標에서 갖가지 에피소드가 派生하였을 것이다. 그것은 다만 에피소드로서 그치는 것이 아니라 兩者의 人間關係에 따라 悲喜劇의 主人公들로서 登場하게 되는 것이다. 이조 이래 民庶가 畜妾하는 것은 國法으로 認定되어 온 것이다."[94]

"妾에 良妾·賤妾이 있어 良家의 女子를 聘하여 妾을 삼으면 良妾이고, 私婢·官婢·관기를 妾을 삼으면 賤妾이다. 이때 관기率畜한 妾은 妓妾이다. 이 妓妾은 이에 妓의 身分을 벗어나는 것이나 그 餘孽子는 子子孫孫 「庶孼禁錮法」에 따라 아무리 才操가 있어도 恨을 머금고 淸宦·顯職에도 나아갈 수 없고 그나마 文科도 못하고 武科·鄕士로 轉落하는 것이다."[95]

서섭금고법은 서얼금고법과 같은 뜻으로, 조선시대 양반의 자손이라도 첩의 소생은 관직에 나가는 데 일정한 제한을 두었던 신분 차별제도이다. 유교적 관념과 양반 중심의 신분사회에서 양반의 특권을 독점적으로 강화 유지하려는 자기 도태적 제도로 볼 수 있다. 정치적으로는 첩 소생이 일정한 현직에 진출하지 못하도록 하는 제재 수단에서 출발하기도 하였다. 즉, 서얼차대를 통해 사족의 지위 권한을 고수하려는 지배자 집단 중심의 신분 질서 유지가 강조됨으로써 서얼차대정책이 성립되었다. 19세기 중엽에 이르기까지 서얼금고 조항은 법제상으로는 많이 완화

---

94 김동욱, 앞의 논문.
95 김동욱, 앞의 논문.

되었지만 서얼차대의 사회적 통념은 쉽사리 해소되지 않았다.

朝官, 관원과 기녀

"사대부 중에서 朝官大夫들은 특히 政治的 관련으로 인하여 持身을 淸廉潔白하게 가져야 함에도 불구하고 창기로 말미암아 誤身하는 수가 많고 기녀가 이조의 官僚封建治下에서 관기인 고로 기녀와 관원은 不可分의 相關관계를 가지는 것이다, 奢侈奴隸인 관기는 당시 貴族계급이었던 兩班들의 侍女들이라고 할 수 있었다. 여악의 存在이유도 이들 官僚에게 있었다. 그러니 관원은 特權階級으로서 기녀와 任意로 縱情할 수 있었다."[96]

기녀와 悖倫

"기녀의 相對는 남성이다. 상대방의 남성을 기점으로 벌어지는 人間關係에 남성의 가족관계가 있다. 하나는 父子關係이고 하나는 妻妾관계다. 妻妾관계에 있어 妓妾으로서의 기녀가 저지르는 同性間의 悖倫은 오히려 自己의 권리를 옹호하기 위한 수단이니 三角關係에 있어 妻妾의 分限이 있는 옛날이라고 하더라도 용인할 수 있을 것이다. 그러나 父子同妓奸에 있어서는 문제가 다르다. 父子와 夫婦가 人倫의 道에 있어 次元을 달리하고 있던 당시에 있어 사이에 妓妾이 介在함으로써 父子同妓奸도 있을 수 있었으니 이는 悖倫으로서 다루어도 당연하다."[97]

기녀의 貞節

"기녀가 人格的으로 다루어질 때 그녀에게 身分的 箝制가 있다 하더라도 可能의 限度에서 烈女的 行實을 할 수 있었다. 個中에는 壬亂·丙亂의 國家

---

96 김동욱, 앞의 논문.

97 김동욱, 앞의 논문.

危急할 때에 凜烈하게 죽은 기생도 있어 論介나 桂月香은 그 代表的인 例이다. 그래서 野談에서는 이를 다투어 美談으로 記錄하였다. 그리고 기녀側으로 해서는 당시 社會를 支配한 三綱五倫의 倫理를 主張함으로써 自己들의 階級的 覺醒을 意圖한 것이다. 이를 野史에서 추려보면 다음과 같은 烈妓貞妓들이 있었음을 알 수 있다."[98]

이러한 예시로 들어 기생의 정절한 내용을 근거하였다.[99]

妖妓

각국의 문학작품을 보아도 기는 대개 요염하게 형상되어 있다. 이조 사대부들에게도 기는 '우물'이고 고혈을 빠는 '창녀'로서 인식되어 온 것을 여러 야담을 볼 수 있다.[100]

기녀 쪽에서 본 男性

"이제까지는 男性 便에서 기녀를 보아 온 것이나, 기녀 쪽에서 男性을 보는 것도 그들의 生活을 여어보는데 重要한 과제이겠지만 기녀가 남겨놓은 문학作品이라야 有名氏分은 時調 20 餘首와 數 10首의 漢詩 程度이고 긴 長篇이 없는 것이 遺憾이다. 그러나 오늘 扶安妓 桂生의『梅窓集』이나 黃眞伊의 詩를 보더라도 그들은 그들대로 錦錦한 情緖로서 男性을 그리고 있으니 男性을 위한 專制的 時代라고는 하지만 그것은 男女 關係이니 주고 받는 原理는 같았을 것이다. 애초에 凡常한 因緣으로 만났다 하더라도 生活 속에서 男女의 견인 관계로 사랑을 느끼게 되는 것이니 여기에 愛戀과 猜忌

98 김동욱, 앞의 논문.

99 春節(淸州 名妓), 洪娘(洪原 관기), 論介, 金蟾, 愛香, 한 宰相의 述懷.

100 이러한 예시로 들어 기생의 이야기를 牡丹, 古阜妓, 妓盜, 遠色, 風度 등으로 구분하였다.

와 嫉妬도 싹트게 되는 것이다."[101]

조선시대 여류 시조시인으로 송도 기생 황진이는 뛰어난 작품을 남겼다. 부안 기생 이매창은 당시 문인 허균·이귀 등과 교류를 맺었고, 후세에는 매창 시비를 세울 정도였다. 이외에도 송이(松伊)·소춘풍 등 시조시인으로 이름을 남긴 시기(詩妓)들이 많았다.

野談 小說과 기녀

"이조의 관원도 科擧에 合格하기까지는 晝夜 讀書에 汨沒하지만 一旦 科擧에 合格한 뒤에는 遊里. 관기에 沈緬하기 唐代의 擧子들과 다름이 없었다. 唐代에 敎坊을 主題로 한 傳奇小說이 流行했듯이 이조에도 기녀를 主題로 한 野談과 官吏와 妓, 사대부와 妓와의 逸話를 중심으로 한 隨錄. 漫錄類가 盛行하고 있다. 물론 이 小論을 效果的으로 이끌기 위하여는 이들 野談과 漫錄 등류를 全部 分析하여야 하겠지만 이는 地面關係로 不可能한 일이고 이 일이 얼마만큼의 當爲와 必要를 수반하는 것인지조차 懷疑的이지만 이런 것이 사대부에 의하여 더욱이 漢文으로 刑象되어 많은 讀者를 가졌던 것은 이조 戀愛文化의 한 形態로 앞으로 分析하고 考察할 만한 것임을 다짐하는 바이다.[102]

본문에서는 기생이 주인공 내지 작중인물로 형상하고 있는 고소설 목록을 제시하면서 원고를 달리하여 언급하였다. 해당되는 작품은 10편을 제시하였다.[103]

---

101 김동욱, 앞의 논문.

102 김동욱, 앞의 논문.

논문에서는 아래와 같이 결론을 맺고 있다.

“本稿는 이조에 있어서 奢侈奴隷로서의 관기를 중심으로 사대부들과의 사이에 이루어지는 相關關係를 풍속誌的으로 考察하여 본 것이다.

生得的으로 賤類이고 ‘尤物’이라 천시해온 기녀들이지만 당시 官僚封建制度 밑에서 官衙에 매어있는 기녀는 兩班들의 侍女로서 絕對的인 관련을 가지게 되는 것이다.

관기는 고려시대부터 官婢로 制度化됐던 것으로 邊境의 軍士들을 위하여 設置되었다고 하지만 賣淫의 한 形態로서 관원들의 縱情에 奉仕하였고 특히 奉命使臣을 위하여 官娼으로 發展하여 온 것이다. 또 그들의 宴享의 解語花로서 여악의 담당자로 오랫동안 兩班社會에 寄生하였다. 表面上 三綱五倫을 내세우는 사대부라 하지만 그들은 男性專制社會에서 기녀를 통하여 柔軟한 情慾을 發散시켰고 그것이 당시에 있어서는 唯一한 戀愛形態로 認識되어 많은 記錄과 野談의 재료로서 사대부와 기녀의 相關關係를 다루고 있다. 本稿에서는 사대부가 남겨놓은 재료를 主로 하여 그들의 道學君子然한 행동 뒤에 숨은 恥部를 거들어 보았다.

기녀는 本質的으로 官婢이고 그들의 身分的 淵源은 多岐하지만 이들 관기가 妓妾으로 사대부의 家庭에 들어가는 過程에 있어 ‘嫡庶禁錮法’, ‘노비隨母法’에 따른 여러 制約은 이는 어디까지나 관기를 奢侈奴隷로 다룬 證左일 것이다.

관기로서의 기녀는 妓夫를 가지고 있다. 그러나 이 妓夫는 良賤이 混淆되어 있다. 기녀에 관한 한 兩班은 妓夫로서 여러 制約을 받아야 했다.

이 관기에 대한 兩班들의 淫行은 社會的 安全辦으로 合理化된 것이지마

---

103 春香傳(春香), 玉丹春傳(玉丹春), 彩鳳感別曲(松伊), 裵裨將傳(愛娘), 李春風傳(秋月), 九雲夢(狄驚鴻·桂蟾月), 三仙記(枝蓮), 江陵梅花傳(梅花), 林虎隱傳(美愛·柳娘), 李進士傳(瓊貝) 등이다.

는 이조의 禮敎思想에 따라 관원奸妓, 國喪 奸妓, 喪中奸妓 등 여러 面에 있어서는 사대부 自體 안에서 批判이 가해지고 창기革罷의 논의며 여악廢止의 논의로서 활발히 進行되었지만 法典에 수록된 明確한 罪相 외에는 兩班 자체의 道義的 墮落으로 公文辭로 화하고 말았다.

본고는 풍속사적 見地에서 집필한 만큼 보다 廣範圍하게 기녀의 生活을 理解하고자 한 것이며 어떤 特定한 결론을 豫見하고 집필한 것은 아니다."[104]

학술적 개념에서 개념은 중요하다. 나손 선생의 기녀사 논문에서는 '기생', '기녀', '가기', '수청기', '관기', '창기', '창기(倡妓)' 등의 총칭을 혼용하고 있다. 개념은 어떤 사물이나 현상에 대한 일반적인 지식을 말한다. '기생'의 총칭은 기업(妓業)을 생업으로 삼고 있는 기녀에 대한 두루 일컬음이라고 할 수 있다. 따라서 '기생', '기녀', '가기', '수청기', '관기', '창기', '창기(倡妓)' 등의 정의에 대한 개념은 당시 시대적 사회의 반영한 총칭인 셈이다.

---

104 아래의 언급한 바와 같이 나손 선생은 통시적 기녀사에 관련 추가 연구논문은 찾을 수 없었다. "내가 논문을 많이 쓸 수 있었던 하나의 비결은, 나는 이를 베트콩식 전법이라고 명명하고 있지만, 한번 거둔 논제는 다시 되돌아다 보지 않는 것을 원칙으로 하는 데에 있다. 그리고 다른 사람이 이를 반박하면 한번 웃어버리면 그만이다. 항상 새로운 테마를 찾아 전진할 뿐이다. 학해라고 할 만큼 학문의 세계는 무변 대해와 같은 것이다. 궁극적으로 생각해 보면 무일물의 생애이지만, 한 사람의 능력에는 한계가 있는 것이니, 내가 미진하게 개발한 것은 그 다음 사람에게 밀면 되는 것이다." 김동욱(1984).

2. 평양교방문화의 역사

1) 선연동의 평양 교방

조선시대 중국에 하정사(賀正使)로 가던 서장관이나 종사관은 평양을 거쳐 의주로 갔었다. 평양에 머무는 동안에는 대동강변의 을밀대, 부벽루, 모란봉 그리고 연광정을 유람하는 경우가 많았다. 그런데 당대 시인들은 마침 기자묘 근처 길가에 있던 기생의 공동묘지이었던 '선연동'의 기생들을 그냥 지나치지 않았다. 홍만종(洪萬宗, 1643~1725)의 『소화시평(小話詩評)』에서 "선연동은 당나라 때 궁인야(宮人斜)[105] 같은 곳으로 이곳을 지나는 시인들은 반드시 시를 남겼다[106]"는 기록이 남아있다. 물론 시인들은 기행형식으로 기록을 남겼고, 시 작품에서는 '선연동'을 역사적 소재로 적절하게 활용하였다.

'선연동'은 평양 기생의 북망산(北邙山)으로 알려진 평양부 북쪽 칠성문(七星門)에 있었던 기생의 장지(葬地)를 말한다. 고려 후기부터 조성된 기생의 무덤이 총총히 있었던 곳이다.[107] 당시 평양 기생이 죽으면 모두

---

105 궁인야(宮人斜)는 『소화비평』에 언급되어있듯이 '비낄 사(斜)'를 '골짜기 이름 야(斜)'로 읽어야 된다고 교주(校註)가 달려있다. 후대에 문헌에서는 혼용되어 쓰다가 지금은 '궁인사'로 읽지만, 원문으로 '궁인야'로 읽는 것이 맞다. 이를 본고에서는 이를 통일하여 '궁인야'로 표기한다.

106 "嬋娟洞在箕城七星門外 卽葬妓之處也 有若唐之宮人斜 騷人過此者 必有詩" 洪萬宗, 『小話詩評』.

107 「嬋娟洞」. "瑤箏錦瑟化寒灰。環佩聲殘夜月哀。惆悵暮山雲雨地。香名不與骨俱埋" 『敬齋先生文集』 卷之一 詩 箕城三十韻 경재(敬齋) 하연(河演, 1376~1453)에 출전이 있는 것으로 볼 때, 평양의 기생 묘지로서 '선연동'은 고려 후기에도 존재한 것으로 사료된다.

선연동 지도 – 평안감사를 지낸 윤유(尹游)가 편찬한
『평양속지(平壤續志)』에 수록된 『평양관부도(平壤官府圖)』 1730년

여기에서 장사를 지냈다고 한다. 하지만 단순히 선연동은 기생들의 무덤이 아니다. 처연(悽然)한 삶을 살아간 기생이 이승을 떠나 저승으로 가는 공간이다. 선연동은 인간의 죽음을 북망산천으로 형상화하는 것처럼 기생의 죽음을 형성화되는 대상된다. 선연동은 시를 통해서 평양기생의 것만이 아니라, 조선 기생의 북망산으로 확대된다.

시 작품의 창작 계기 중에는 특정 인물과 관계된 무덤을 소재로 한 작품들이 많다.[108] 주로 역사적 소재를 특정 인물과 관계된 고택, 묘지, 사당 등을 지나거나 접했을 때, 시인의 감성은 풍부하게 작품을 남기게 되었다.[109] 자주 등장하는 시어 중에도 기생과 관련된 것들이 많다. 예

---

108 鄭道傳의 「廉義之墓」, 成三問의 「夷齊廟」, 李達의 「魯山墓」, 崔慶昌의 「過忠壯公楊照之墓」, 李玉峰의 「過魯山君墓」, 權韠의 「過松江墓」, 鄭斗卿의 「箕子廟」, 趙秀三의 「趙松山墓」 등을 들 수 있다.

컨대 해어화(解語花), 선연(嬋娟), 선연(嬋姸), 염기(艶妓), 동기(童妓), 무기(舞妓), 성기(聲妓), 가인(佳人), 가기(歌妓), 현기(弦妓), 예기(藝妓), 미기(美妓), 가기(佳妓), 애기(愛妓), 압기(狎妓), 장기(壯妓), 미기(義妓), 도기(都妓), 창기(娼妓), 천기(賤妓), 퇴기(退妓) 등을 들 수 있다. 기생이 직접 지은 시들은 문집으로 남지 못한 채 대부분 회자되면서 전해졌다. 주변 인물을 통해 회자되다가 시화집, 시선집, 야남, 소총 등으로 정착된 작품들은 오늘날까지도 남아있다. 시화집, 시선집 등에 실려 있는 기생의 한시는 대부분 사대부 편저자의 시선과 담론화의 과정을 거쳐 취사선택된 것이다.[110]

'선연동'의 기생들이 등장하는 시에는 풍부한 시화(詩話)가 함께 남아 감상의 깊이를 더해 주었다. 또한 '선연동'은 사대부와 밀접했던 기생의 역사적 소재로 하여 당대 시인에게 매력적인 대상이었다. 시인들은 조선 기생의 북망산 '선연동'을 당나라의 궁인(宮人)의 북망산 '궁인야(宮人斜)'와 같이 역사적 소재를 삼아 노래한다. 이를 수용하고 작품으로 형상화하는 양상은 지향하는 바가 어떻게 구분되는지를 논의로 통

---

109 "역사적 소재를 다루고 있는 작품들의 창작 계기를 몇 가지로 나눌 수 있다. ① 역사적으로 상당한 의미를 지니는 현장을 지나가게 되었을 때 ② 역사서적을 읽거나, 역사에 대한 지식을 바탕으로 역사문제를 거론할 필요가 있을 때 ③ 특정 인물과 관계된 유적(古宅, 墓地, 祠堂 등)을 지나거나 접했을 때 ④ 민족사적 환란을 겪거나 시의에 부적합한 사실을 목격하였을 때 ⑤ 역사적 사실이나 인물과 관계된 그림을 접했을 때 ⑥ 기타 역사적 사실을 연상시킬 수 있는 시적 제재를 접했을 때 등 따라서 역사적 소재를 수용한 한시라 하더라도 그것이 역사라는 측면보다는 문학의 일부라는 측면에서 바라보아야 한다." 성중범(1994), 「한국한시의 역사적 소재 수용양상」, 『진단학보』 77, 진단학회, 94-95쪽.

110 "기생 한시의 전래는 조선시대의 기생 제도가 사대부의 지배 담론에서 벗어날 수 없었던 현실과 궤를 함께 한다"는 의견에 동의한다. 박영민(2007), 「기생의 한시, 사회적 정체성과 섹슈얼리티의 서사」, 『동방한문학』 33, 동방한문학회, 169-170쪽.

해서 밝혀보도록 하겠다.

(1) 역사적 소재로서 '궁인야'와 '선연동'의 시

궁인(宮人)은 궁궐 안에서 대전(大殿)이나 내전(內殿)을 가까이 모시던 내명부(內命婦)의 총칭이다. 이들 궁인, 즉 궁녀 중에는 연회 공연 및 의료, 침선 등을 담당하던 이들을 조선시대에 기생이라 불렀다. 궁인의 무덤에 대한 문헌 출전은 1506년 6월 13일 「연산군일기」에서 찾아 볼 수 있다. 연산군은 "창기(娼妓)는 공물(公物)이니 마땅히 궁금(宮禁)에 적(籍)을 두어야 하고 다른 곳에 속해서는 안 되는데, 근래 나라에 방금(防禁)이 없으므로 사람마다 자기의 소유로 생각하여 차츰 습성이 되어가니, 이는 실로 사악한 풍습이다"라 하여 '창기는 공물이다'라고 전교한다. 더구나 '살아서는 궁인이 되고 죽어서는 궁야(宮斜)에 묻히기로' 하여야 한다. 여기서 '궁야'가 후에 바로 기생들의 묘지로 전의(轉義)된다.

> 전교하기를, "또한 娼妓는 公物이니 마땅히 宮禁에 籍을 두어야 하고 다른 곳에 속해서는 안 되는데, 근래 나라에 防禁이 없으므로 사람마다 자기의 소유로 생각하여 차츰 습성이 되어가니, 이는 실로 사악한 풍습이다. …… 이제부터 죽을 때까지 임금 받드는 마음을 변하지 말고 千秋 만세 뒤까지라도 영원히 궁 밖으로 나가지 않아, 살아서는 宮人이 되고 죽어서는 宮斜에 묻히기로 하여, 살아서나 죽어서나 마음을 두 가지로 갖지 말아 나라를 저버리지 말도록 하고, 有司를 시켜 惠安殿 옛터에 따로 궁 하나를 지어 이들이 후일 의탁할 곳을 하며, 또 이 뜻을 나인들에게 알리라." 하였다.[111]

---

111 "傳曰: "且娼妓公物也, 當隷籍宮禁, 不宜屬外, 而近來國無防禁, 人人視爲已有, 寢成

위 기록의 앞부분까지 검토해보면, 후궁을 많이 둔 것은 대개 대궐 안 일에 이바지하고 자손을 번창하게 하려는 것이라 했다. "궁인은 일단 궁문에 들어와서 궁궐에서 늙고 나가지 않은 존재이다. 궁인은 영원히 궁 밖으로 나가지 않고 살아서는 궁인이 되고 죽어서는 궁야에 묻혀야 한다. 즉 살아서나 죽어서나 마음을 두 가지로 갖지 말도록 한 것이다." 여기서 궁야는 궁인야(宮人斜)를 말한다.

'궁인야'는 예전에 중국 당나라 장안(長安)에 궁인을 장사지내는 골짜기 묘지(墓地)로 알려져 있다. 유성(劉成)의 「궁인야」시에 "운연(雲煙)은 쓸쓸하고 원로(苑路)는 비꼈는데, 길가의 무덤들은 모두 다 궁녀(宮女)의 무덤[112]"이라 하였다. 장안은 주(周)나라 무왕(武王)이 세운 호경(鎬京)에서 비롯된다. 그 뒤 한(漢)나라에서 당나라에 이르기까지 약 1,000여 년 동안 단속적이었으나, 나라의 수도로 번영한 역사적 도시였다. 가장 번영했던 당대(唐代)에는 동서 9.5km, 남북 8.5km의 규모에 인구 100만이 넘는 계획적인 대성곽 도시를 이루어 멀리 서방에도 그 이름이 알려졌다. 그러니 당시 장안에는 자연스럽게 궁인을 장례 치루는 전용 묘지가 있을 법하다. 궁인의 장례가 지역적인 측면과 관련된 것이 조선에서는 평양의 '선연동'이라 할 수 있다. 결국 선연동은 평양 칠성문 밖에 있는 기생들의 묘지로서 당나라 장안의 궁인야와 같은 곳이며, 시인들에 의해

積習, 此實邪風 …… 自今至死之年, 勿替奉上之心, 雖千秋萬歲之後, 永不出外, 生爲宮人, 死葬宮斜, 其生與死, 一心無二, 當毋負於國家 其令有司, 於惠安殿舊基, 別作一宮, 以爲此輩後日置身之所, 且諭此意于內人等"『朝鮮王朝實錄』燕山君 14집 55면 「燕山君 12년 병인極矣, 06, 정덕 1)」6월 13일(신유). "후궁을 많이 둔 것과 나인들의 궁중 생활에 대해 전교하다."

112 '雲慘煙愁苑路斜 路傍丘塚盡宮娥'『동문선』속동문선 제21권, 녹(錄) 유송도록(遊松都錄).

전의(轉義)된 것이다. 특히 이 작품들은 특정 계급에 속했던 궁인들을 애도한 것이다.

당나라 시인 육구몽(陸龜蒙)의 「궁인야(宮人斜)」는 이수광의 『지봉유설(芝峯類說)』에서 대표적인 당시(唐詩)로 소개될 정도로 널리 알려져 있다.

풀숲이 시름한 연기 자욱해도 봄같이 않고　　草樹愁煙似不春
해질녘 길가 행인에게 꾀꼬리 원망에 애달파　　晩鶯哀怨向行人
꼭 알겠네, 하나의 향기로운 뼈로 묻힘이　　須知一種埋香骨
왕소군이 흉노 땅의 먼지 됨보다 오히려 나음을.[113]　　猶勝昭君作虜塵

이 시는 이국의 흉노족 선우의 부인으로 살다가 죽은 한(漢)나라 미인 왕소군보다는 비록 궁인이지만 고국 땅 장안에서 아름다운 미인으로 한 세상 살다가 궁인야에 묻힌 것이 더 낫다는 뜻을 담고 있다. 향골(香骨)은 궁인의 뼈이기도 하지만 그 아름다움을 상징하는 돋보이는 시어이기도 하다. 후대 이 시어는 기생을 뜻하는 것으로 많이 재인용되었다. 향골은 노진(虜塵)과 호응을 이루면서 왕소군과 궁인의 대비한 삶을 상징적인 시어로 표현하고 있다. 당나라 이후 이백(李白)·백거이(白居易) 등 많은 시인들이 왕소군을 소재로 시를 읊었다. 또한 옹유지(雍裕之, ?~765)의 「궁인야」라는 시를 보면 시인들이 노래한 선연동의 이미지와 많이 닮아있다.

연지 곤지 단장하던 궁녀의 무덤 터에　　幾多紅粉委黃泥

113 『芝峯類說』 7卷十二 文章部五 唐詩.

새 소리 노래하듯 또 울어 예듯	野鳥如加又似啼
그대들 혼이 있어 제비라도 되었다면	應有春魂化爲燕
길 익은 미앙궁을 해마다 찾아오리.[114]	年來飛入未央棲

여기서 궁인야와 미앙궁(未央宮)[115]의 일화가 유호인(兪好仁, 1445~1488)의 『유송도록(遊松都錄)』에서 나온다. 미앙궁은 장안 교외에 있던 한(漢)나라 고조 때 만든 궁전을 말한다. 『유송도록』은 송도를 기행하면서 남긴 글인데, 궁인야의 일화가 수록되었다. 이 일화를 통해서 보면, 평양에만 궁인야로 선연동이 있는 것이 아니라, 송도 즉 개성에도 궁인야가 있다는 것을 알 수 있다. 개성은 고려왕조 오백 년의 도읍지였던 점을 감안할 때, 궁인들의 전용 무덤이 있었으리라는 쉽게 짐작할 수 있다.

> 북쪽 골짝에 두어 陵이 있어 수백 보 사이에서 서로 바라보는데 거주하는 사람들이, "忠定王·忠惠王의 능이라." 이른다. 그러나 인식할 만한 비석이나 푯말이 없다. 이날이 음산하고 어둑하여 길 걷기에 지친 몸이 떨려서 견딜 수가 없었다. 그래서 院樓에 올라 각각 큰 술잔으로 여러 잔을 마시고 나니 신관이 차츰 안정되었다. 福靈寺에 들어가니 그윽하고 고요하여 마음에 들며 殿에 16羅漢의 소상이 있는데, 制作이 절묘하여 天台山에서 斷食하고 있는 형상과 흡사하다. 동으로 가서 한 언덕을 지나니 塚墓가 무더기로 있고, 금잔디 지는 해에 까마귀와 솔개가 나직이 맴도는데, 野老가 지적하

114 『全唐詩』卷四百七十一 雍裕之.

115 동서 길이 136m, 남북 길이 455m, 남쪽 측면 높이 1m, 북쪽 측면 높이 14m로 알려져 있다. 내부는 정전(正殿), 여름에 시원한 청량전(淸涼殿), 겨울에 따뜻한 온실, 빙고(氷庫)인 능실(凌室) 등 화려하게 만들어졌다. 부근에서 와편(瓦片)이 발견되었다.

며, 宮人斜라 이른다. 次韶가 말하기를, "어찌 청춘의 넋이 제비로 화하여 未央宮으로 날아 들어갈 때가 없겠는가." 하였다.[116]

유호인은 송도의 북쪽 골짜기에 비석이나 푯말이 없는 고려왕조 충정왕과 충혜왕의 능에 이르렀는데, 마침 음산하고 어둑하여 길 걷기에 지친 몸이 떨려서 견딜 수가 없었다고 한다. 그러면서 동으로 가서 한 언덕을 지나니 총묘(冢墓)가 무더기로 있었다 한다. 바로 그때 금잔디 지는 해에 까마귀와 솔개가 나직이 맴도는데, 동네 노인들이 가리키기를 궁인야라 이른다. 이때 차소(次韶)가 말한다. 여기서 차소는 조선 전기의 문신 삼괴당(三魁堂) 신종호(申從濩, 1456~1497)[117]로 "어찌 청춘의 넋이 제비로 화하여 미앙궁으로 날아 들어갈 때가 없겠는가" 한다.

현재 전해지는 북한 자료에 의하면, 아직까지도 평양에서 '선연동'의 흔적을 찾을 수 있다. 평양 선연동은 다른 지명으로 '고노골'이라 한다. '고노골'은 평양시 모란봉구역 개선동 모란봉의 북쪽에 있는 골짜기를 말하는데, 고노동의 중심마을이 위치해 있다. '선연'은 고울 '선(嬋)'자, 예쁠 '연(娟)' 자로서 얼굴이 곱고 아름다운 여자를 가리킨다. 옛날 고노골에 여자들의 무덤만이 많았다는 사실과 관련시켜 볼 때, 본래는 '고운골'이였는데 그것이 와전되어 결국 '고노골'이 된 것으로 추정된다.[118]

---

116 "北洞有二陵 相望數百步 居人云忠定, 忠惠 然無碑標可識也 是日陰晦 道途之困 寒凜不可耐 登院樓 各倒數巨杯 神觀稍定焉 入福靈寺 幽靜可愛 殿有十六羅漢塑像 制作絕妙 酷似天台休粒之狀 東行過一阡 叢冢纍纍 黃茅落日 烏鳶低回 野老指點謂宮人斜 次韶云 豈無春魂化燕 飛入未央時耶"『續東文選』 제21권 錄「遊松都錄」.

117 申叔舟의 손자로 1487년 『동국여지승람』을 찬하였고, 왕명으로 요동에서 한어를 배웠다. 1489년 부제학이 되었으며, 1496년 정조사로 명나라에 다녀오다가 개성에서 죽었다. 문장과 시, 글씨에 뛰어났다.

문헌에는 이른 시기 허균(許筠, 1569~1618)의 『성소부부고(惺所覆瓿藁)』에 의하면, '선연동'이 원래 평양의 공동묘지라는 사실을 알려 준다.[119] 추론컨대 원래 칠성문 밖 공동묘지이었는데, 언제 부턴가 기생들의 무덤이 계속 생기면서 '선연동'으로 부른 것이 아닌가 한다. 이것은 평양의 칠성문이 당시 한양의 광희문(光熙門)과 서소문(四小門)과 같이 일반적인 통행로이면서, 시신을 성 밖으로 옮긴 통로 구실을 한 것처럼 평양의 시구문(屍軀門) 역할을 했을 것이라고 추측된다. 더구나 칠성문은 평양성의 북문에 해당하게 되어, 의주 방면으로 통하는 성문 역할을 했기에 중국으로 가는 사신들의 길목이기도 하였다. 따라서 궁인의 북망산 '궁인야'는 시인들에 의해 기생의 북망산 '선연동'으로 자연스럽게 전의(轉義)된 것이다.

'선연(嬋娟)'의 자전적 측면은 '자태가 아름다운 용모[姿態美好貌]'[120]라는 뜻이다. 또한 '미인을 가리킨다[指美人]'[121]라는 용례도 있다. 특히 '선

---

118 일설에 의하면, 옛날 고니새가 많이 날아들던 골짜기라 하여 고노골이라 하였다. 북한 자료에 의하면, 개선동은 평양시 모란봉구역 17동의 하나로, 구역의 동쪽에 있는 동이다. 1960년에 모란봉 구역의 모란동, 고노동과 기림동, 평화동의 각 일부 지역을 병합하여 모란봉구역에 신설한 동으로서 김일성 주석이 1945년 10월 14일 개선연설을 한 곳에 있는 동이므로 개선동이라 하였다. 1983년에 모란봉 구역의 평화동을 흡수하였다. 이 지역에는 개선혁명사적지, 김일성경기장, 개선문, 용화사, 홍복사 6각 7층 석탑, 영명사불감 등이 있다. 북한 지역 정보넷(www.cybernk.net) 참조.

119 "이정은 사람됨이 게을러서 그림을 그리려 들지 않았으므로, 그의 필적이 세상에 전하는 것은 드물다. 정미년(선조 40, 1607) 2월에 술로 병이 들어 西京에서 죽으니 애석하다. 임시로 嬋姸洞에 埋葬하였다.("人慵不肯畫 故筆跡之傳於世者亦少 丁未二月 以酒成疾 卒於西京 惜哉 權厝於嬋娟洞" 『성소부부고』 제15권, 문부 12 哀辭, 李楨의 哀辭 병인.

120 文選·張衡 『西京賦』 "嚼淸商而却轉 增嬋娟以此豸", 薛綜 注 "嬋娟此豸 姿態妖蠱也" 一本作 "蟬蜎", 唐 李商隱 『霜月』 詩 "靑女素娥俱耐冷 月中霜裏鬪嬋娟", 元 沈禧 『一枝花· 贈人』 套曲 "腰肢嫋娜 體態嬋娟"

연'은 '빼어난 꽃나무가 마치 움직이는 듯한 외모[形容花木秀美動人]'[122]를 말한다. 이와 같이 '선연'은 시어로도 많이 사용되어 기생을 뜻하기도 한다.[123]

'선연동'을 소재로 한 시화는 『견한잡록(遣閑雜錄)』[124]에서부터 등장한다. 『견한잡록』은 조선 명종 때의 문신 청천당(聽天堂) 심수경(沈守慶, 1516~1599)의 문집이다. 심수경은 1546년에 장원 급제하여 호당(湖堂)에 뽑혔고, 팔도 관찰사를 역임하였다가 청백리로 널리 알려져 있다. 75세에 치사(致仕)하고 기사(耆社)에 들어갔다. 임진년에 의병을 일으켰고, 1599년 84세에 생을 마치었다. 학문이 해박하고 문장이 풍성하여, 우뚝하게 석유(碩儒)가 되었다고 평가받은 인물이다.[125]

청천당 심수경은 "가정(嘉靖) 신해년(1551년) 가을 내가 이부랑(吏部郎)으로서 관서 지방에 사명을 띠고 갔을 때에 기성(箕城)[126]의 기생 동정춘(洞庭春)과 정을 나누었다가 조정에 돌아왔다."[127]고 한다. 평양 기

---

121 唐 方干 『贈越崇侍御』詩 "卻教鸚鵡呼桃葉 便遣嬋娟唱「竹枝」", 元 李致遠 『新水令·離別』曲 "靑鎖畔 綉幃前 少箇嬋娟 酬不了少年願", 淸 洪昇 『長生殿·夜怨』 "笑君王見錯 把一箇罪廢殘粧 認是金屋嬋娟"

122 三國魏 阮籍 『咏怀』 之二六 "庭木誰能近 射干復嬋娟"

123 『及菴詩集』 卷之三 詩 送白常侍存撫江陵, 『惕若齋學吟集』 送人從軍, 『獨谷集』 卷上 詩 復用來韻 寄呈牛後, 『四雨亭集』 卷之上 [詩] 承命恭和御製宮中八詠 등을 들 수 있다.

124 『聽天遣閑錄』이라고도 한다. 이 책은 『大東野乘』 13권에 수록되어 있다.

125 『燃藜室記述』 제18권 宣祖朝故事本末 선조조의 相臣. 심수경의 저술이 퍽 많았는데 兵火에 다 잃어버리고, 만년에 수집한 『喪祭雜儀』, 『遣閑雜錄』, 『歸田唱酬』 등의 글이 있다.

126 지금 평양의 옛 이름이다.

127 "(嬋娟洞在箕城七星門外 妓死皆葬于此) 嘉靖辛亥秋 余以吏部郎奉使於關西 與箕城妓洞庭春有情 還朝之後" 『遣閑雜錄』.

생 동정춘과 정(情)을 나누었다는 것은 정사(情事)를 의미하기도 한다. 그 후 청천당은 기생 동정춘과 편지로 왕래하였다. 어느 날 도착한 기생 동정춘의 편지는 애절하다.

"님을 사모하나 보지 못하니, 생이별의 고통을 견디지 못하겠소. 차라리 죽어서 함께 묻히기라도 바라니, 멀지 않아 선연동으로 가겠나이다."[128]

그 후 문집이나 문헌 기록에서 심수경의 시화는 재인용되고 확대되어, 재생산된다. 임지에서 만난 기생과의 풍류는 한 순간이다. 그런데 이러한 편지를 왕래할 정도라면 그 만남이 지속된 것이다. 이에 심수경은 장난삼아 한 구를 지어 보낸다.

종이 가득 쓴 글 모두 맹세한 말	滿紙縱橫摠誓言
나도 훗날 저승에서 만나기로 기약하네.	自期他日共泉原
장부도 한번 죽음을 면하기 어려우니	丈夫一死終難免
마땅히 선연동 속의 혼이 되어 보리.[129]	當作嬋娟洞裏魂

예전에 시인은 풍부한 미사여구로 사랑의 밀어(密語)를 나누면서, 훗날 저승에서 만나기로 기약한다. 아무리 대장부로 태어났다 하더라도 죽음을 피할 수 없는 법, 이왕이면 선연동 속의 혼이 되겠다는 풍류 섞인 마무리를 보여 준다. 문집에 남아있는 시편(詩篇)은 편찬자의 시선과 담론화의 과정을 거쳐 취사선택된다. 이 시도 '희작(戲作)'이라 하여 사대부

---

128 "思君不見 未堪生別之苦 寧欲死而同穴 近將歸于嬋娟洞云"『遣閑雜錄』.

129 "余戲作一絕送之日"『遣閑雜錄』.

의 위신에 누(累)가 될 만한 것은 한때 풍류라 여기게 만든다. 그 후 얼마 지나지 않아 동정춘이 병으로 죽으니, 심수경은 장난삼아 다시 율시 한 수를 짓는다. 후에 '當作嬋娟洞裏魂'의 '當' 자가 '願', '歸' 등으로 바뀌어 전해지고 재생산되어, 조선 후기 문헌에는 거의 '願' 자로 알려지게 된다.

생이별에 길이 슬픔에 젖었으니	生別長含惻惻情
어찌 사별까지 생각했으리. 문득 목이 맺히네	那知死別忽吞聲
부음을 듣자마자 간장이 찢어지는 듯하여	乍聞凶訃腸如裂
가만히 목소리와 용모 생각하니 눈물이 흐르네	細憶音容淚自傾
편지 몇 번이고 패수에서 왔건마는	書札幾曾來浿水
꿈에도 기성에는 가지 못했네	夢魂無復到箕城
선연동에 묻힌다는 장난말이 예언이 되었으니	嬋娟戲語還成讖
저승에서 같이 지내자는 맹세 저버려 부끄럽소.[130]	愧我泉原負舊盟

시인과 동정춘의 사랑과 이별은 가슴 아픔이 사별로 이어진다. 마치 예견한 듯 갑자기 들려온 부음에 문득 목이 맺혀 애절하다. 부음을 들은 시인은 기생 동정춘과의 옛 추억을 떠올리며 회상(回想)에 젖는다. 그 목소리와 용모를 생각하니 흐르는 눈물에 간장은 찢어지는 듯 아프다. 그 와중에 편지는 평양에서 몇 번이고 왔건마는 꿈에도 가지 못 하는 곳, 선연동에 묻힌다는 장난말이 예언이 되어 애통하다고 여긴다. 더구나 저승에서 같이 지내자는 맹세 저버려 부끄럽다 했다고까지 한다. 이 시를 보고 벗들이 보고서 웃었다[131]는 일화가 『견한잡록』에 수용

---

130 "未幾春病死 余復戲作一律曰"『遣閑雜錄』.

131 "朋儕見而笑之"『遣閑雜錄』.

되어 풍류로 언약한 것을 희화(戱畵)처럼 형상화하였다. 이러한 선연동 일화를 『자해필담(紫海筆談)』에서도 재인용하고 있다. 『자해필담』은 조선 후기의 문신 김시양(金時讓, 1581~1643)의 수필집이다.[132]

명종 14년, 1559년 봄에 심수경은 호서 지방 관찰사로 있을 때 참판 권응창(權應昌)이 홍주목사로 있어서 그의 서제(庶弟) 송계(松溪) 권응인(權應仁)이 따라가 있었다. 『송계만록』[133]에서 권응인이 교방가요[134]로 짓기를, '人生適意無南北 莫作嬋姸洞裏魂'이라 '인생의 뜻 맞은 곳 남북 구별 없으니, 선연동 속 혼일랑 아예 되지 마오'라 하여 듣는 사람들을 몹시 웃게 하였다. 이 구절은 심수경의 칠언절구를 대구 형식으로 풍자하면서 희화화하고 있다. 또한 『송계만록』에서도 "평양성 서쪽에 嬋姸이라는 洞이 있다. 빽빽이 들어박힌 무덤은 모두 이원제자(梨園弟子)[135]들이 묻힌 곳이다. 이 때문에 생긴 이름이다. 청천 심수경이 정을 쏟았던 기생도 이 안에 묻혀 있다. 공이 한 절구를 지었다."[136]고 하여 '선연동'을 소개한다. 여기서는 '娟'과 '姸'을 혼용하고 있다. 후대 다른 문헌에서도 '선연동'의 출전을 확인해 보면 혼용자(混用字)로 사용하고 있다.

---

132 『紫海筆談』에는 필사본 1책으로, 『大東野乘』 권71에도 실려 있다.

133 『송계만록』은 상·하 2권으로, 이 책은 이긍익의 『연려실기술』 별집 野史目에 들어 있으며, 현재 널리 유통되고 있는 것은 『대동야승』본으로 권56에 들어 있다. 홍만종의 『詩話叢林』 하권, 그 밖에 『稗林』, 『野乘』 등에도 수록되어 있다.

134 教坊歌謠는 지방에 관원이 부임할 때에 教坊에서 새 노래를 지어 영접하기도 한다.

135 梨園弟子는 唐明皇이 음악하는 사람 양성하는 곳을 梨園이라 하였는데, 여기서는 기생을 가리킨 것이다.

136 "平壤城西有洞曰嬋姸 累累叢塚 摠是梨園弟子所藏 由是有此言 聽天沈相公鍾情者 亦瘞此中 公作一絕 其三四句云 丈夫一死終難免 願作嬋姸洞裡魂" 『松溪漫錄』 上.

(2) '선연동'을 수용한 한시와 시조의 형상화 양상

가. '선연동'의 객이 되고자 하는 풍류 지향

시는 개별적이고 고립된 창작 행위이라 할 수 있다. '선연동'을 소재로 한 시를 남긴 시인들은 그곳의 시간과 공간에 접속되어 있다. 이처럼 접속되었기에 무수한 담론들이 생겨나고 그에 따라 시문(詩文)이 지어졌다. 이 글의 논의 대상인 시화는 '선연동'과의 절묘한 만남이다. '선연동'을 소재로 한 시는 시화에 수록될만한 풍부한 일화를 가진 뛰어난 풍류가 있기에 때문이다.[137]

풍류 지향의 이미지는 선연동을 수용한 연행록의 시에서 뚜렷하다. 조천록으로 유명한 조선 중기의 문인 이수광(李睟光, 1563~1628)의 『속조천록(續朝天錄)』에 선연동을 주제로 한 시가 있다. 『속조천록』은 이수광의 시문집 『지봉선생집』[138]에 16권에 편찬된 것으로 신해년(1611) 팔월에서 임자년 오월까지의 연행록이다.

한바탕 화려한 꿈은 떠나 돌아오지 않고	一夢姸華去不回
마치 웃는 듯한 들꽃이 얼굴에 활짝 피네	野花猶似笑顏開

---

137 그 밖에 小品書에서도 '선연동' 기사 부분이 풍부하다. 뒤에 논의될 소품서에 등장하는 18개 문집의 '嬋娟洞' 기사 부분 출전 색인은 한국고전번역원의 고전번역DB 검색을 통해서 기본 자료를 찾아 11편의 문집을 확인하였다. 나머지 7편은 관련 논문을 읽으면서 출전을 찾아내거나, 우연하게 문헌을 찾아낸 것도 있다. 『敬齋集』, 『敬亭集』, 『碧梧遺稿』, 『石北集』, 『石洲集』, 『泠齋集』, 『一松集』, 『林白湖集』, 『樗村遺稿』, 『竹陰集』, 『秋齋集』, 『海石遺稿』, 『玄洲集』, 『小話詩評』, 『休翁集』, 『貞蕤集』, 『西京雜絕』, 『綠波雜記』 등을 들 수 있다. 앞으로도 관심 있게 선연동 관련 출전 색인을 보충할 생각이다. 얼마나 많은 자료가 확인될지 기대된다.

138 목판본 34권 10책으로 규장각 도서로 1633년(인조 11) 아들 聖求·敏求 형제가 편집, 간행하였다. 16권은 續朝天錄으로 대부분이 시집이다.

향을 찾아 무수한 나비가 날아들고 尋香蛺蝶飛無數
응당 봄의 혼령이 되어 다가오네.[139] 應有春魂幻化來

시인은 들꽃을 보며 여인의 활짝 핀 얼굴을 떠올리지만, 이미 화려한 꿈으로 떠난 이는 돌아오지 않는다 하였다. 그래도 생전에 뛰어난 가무와 시서화로 뭇 사내들을 휘감았던 향기는 아직도 남아있다. 그 향을 찾아 옛날처럼 무수한 나비가 날아든다. 여기서 '나비'가 바로 '춘혼(春魂)', 즉 잠들어 있던 겨울을 깨우는 봄의 혼령이다. 마찬가지로 시인은 잠든 기생의 영혼을 깨우는 나비 같은 혼령이 된다.

연행록 가운데 『노가재연행일기(老稼齋燕行日記)』에는 선연동에 대한 재미있는 일화가 수록되어 전해진다. 조선 숙종 때의 문인 노가재(老稼齋) 김창업(金昌業, 1658~1721)의 『연행일기』[140], 즉 『노가재연행일기』에 선연동을 역사적 소재로 수용해서 시로 형상화한다.[141] 당대 뛰어난 문장가 김창업은 대동강에 배를 타고 주유하면서 부벽루(浮碧樓)에 이르러 절경을 즐겼다. 여기서 평양 대동강의 뱃놀이에는 기생의 기악(妓樂)이 단연 빠질 수 없다. 마침 보슬비는 내리고 기생들과 함께 강 언덕을 오르면서 버들강아지를 따서 먹었다 한다. 그 맛은 마치 비름 맛 같아, 기생

---

139 『芝峯先生集』 卷之十六 續朝天錄起辛亥八月 止壬子五月 嬋娟洞.

140 이 책의 필사본에 의거하면, 표지 서명은 『稼齋燕行錄』으로, 每册 卷頭書名은 『老稼齋燕行日記』로 되어 있다. 分卷의 표시는 그리 명확하지 않으나, 흔히 있는 우리나라 재래의 문집 체제로 9권 6책으로 나누어져 있다.

141 『연행일기』는 숙종 38년 1712년 동지사겸사은사 김창집(金昌集)의 타각(打角), 즉 자벽군관(自辟軍官)으로 북경에 다녀온 김창집의 아우 노가재 김창업의 연행 기록이다. 1713년 3월 24일(신축) 비가 내릴 평양을 출발하여 중화(中和)에 도착하여 잤다고 한다. "癸巳 三月 二十四日 辛丑 雨 自平壤行 至中和宿" 『燕行日記』 제9권 癸巳年(1713, 숙종 39) 3월.

계한매(桂寒梅)에게 "버들강아지는 기생의 혼이 화하여 된 물건이니, 너희들 기생이 먹는 것은 마땅하다"[142] 한다. 이 부분은 성호 이익의 『성호사설(星湖僿說)』 양수척(揚水尺)에서 기인한 내용이다.[143]

이처럼 노가재 김창업의 희롱하는 듯한 짓궂은 표현에, 계한매는 통쾌하게 맞받아친다. "당신은 기생을 가까이하지 않으셨다 하였는데, 지금 기생의 혼백이 변하여 된 물건을 입에 넣으시니 듣던 바와는 매우 다르다"한 것이다. 김창업은 웃으면서 "기생을 사랑하지 않은 것이 아니라 다만 마음에 맞는 기생을 만나지 못하여, 이 버들강아지는 용렬한 기생이 변한 것이므로 씹지 않고 도로 뱉었다" 한다. 이에 계한매는 "이 버들은 선연동 근처에 있었으니, 어찌 용렬한 기생의 혼이 변한 것이겠습니까?"[144] 하여 재치 있는 반박을 보여준다. 이 대목에서 당대의 문장가를 능숙한 언변으로 상대하는 기생의 당당한 기개를 엿볼 수 있다. 여기서도 '선연동'은 단순한 묘지가 아니라, 용렬한 기생의 혼은 머물 수 없는 장지(葬地) 이상의 공간 이미지를 지닌다.

> 1828년 11월 5일 嬋姸洞이 길가에 있는데 예부터 고을 기생을 장사지내는 곳이다. 올망졸망한 무덤들이 인가도 드문 쓸쓸한 들풀 속에 묻혀 있다.

---

142 "飯後發行 乘舟至浮碧樓 時微雨 淸流壁下 江柳一帶盡綠 景色如畫 妓輩登岸 競摘柳花啖之 云味似蕢 余取而一嘗 乃笑謂曰 柳花 妓魄所化之物 宜爲汝輩食也"『燕行日記』 제9권 癸巳年(1713, 숙종 39) 3월.

143 "我國之妓種 本出於楊水尺 楊水尺者 柳器匠也 麗祖攻百濟時 所難制之遺種也 素無貫籍賦役 好逐水草 遷徙無常 惟事田獵 編柳爲器 販粥爲業." 李瀷 撰『星湖僿說』卷23·經史門 官妓.

144 "桂寒梅對曰 曾聞進士未嘗近妓 今以妓魂所化之物入口 殊異所聞 余笑曰 未嘗不愛妓 特未遇可意者耳 此花乃庸妓所化 故嚼而還吐矣 桂寒梅曰 此柳在於嬋娟洞近處 豈庸妓魂所化也"『燕行日記』 제9권 癸巳年(1713, 숙종 39) 3월.

꽃 지고 성긴 비 뿌릴 제, 넋들이여! 노래 부르는 집, 춤추는 대 안에서 생장한 몸이 어찌 훗날 시인 묵객들이 비 그치고 구름 남은 사이에서 술 따르고 시 읊음을 볼 줄 알았으리요.[145] 申光漢의 시에 '願作嬋姸洞裏魂'하였으니, '죽은 말뼈라도 사는' 뜻이 있으므로 시로써 한 淫行이라는 조롱을 받은 것이다.[146]

위 내용은 『심전고(心田稿)』에서 보이는데, 이 책은 심전(心田) 박사호(朴思浩)가 동지사 홍기섭(洪起燮)의 수행원으로 1828년(순조 28) 10월 청나라에 갔다가 이듬해 4월에 돌아와 그 동안에 겪은 일과 보고들은 바를 적어 간행한 것이다.[147]

여기서 매사마골(買死馬骨)은 전국시대(戰國時代) 때 곽외(郭隗)가 연(燕)나라 소왕(昭王)에게 한 말이다. 천금으로 천리마를 사러 갔던 궁인이 천리마가 죽고 없어 500금을 주고 죽은 그 말 뼈를 사왔더니, 1년 안에 천리마가 세 마리나 얻었다는 고사이다. 바로 훌륭한 선비를 초치하려면 그만 못한 선비부터 후대하여 초치해야 한다는 비유이다. 여기서는 "사내가 한번 죽는 것은 면할 수 없으니 죽은 영혼이라도 기생들 틈에서 놀자." 한 것이, 죽은 말뼈라도 사들이는 의사와 같다는 뜻이다.[148] 말의 뼈까지 샀으니 살아있는 말은 말할 것도 없이 산다는 것이다. 이는 죽어서도 기생의 영혼과 놀겠다고 말하였으니 살아있는 기생

---

145 "嬋姸洞在路邊 自古邑妓所葬處也 纍纍衆墳 埋沒於野草荒烟落花疏雨之際 魂兮魂兮 生長於歌榭舞抬之中 安知異日得見騷人韻士酹酒記咏於斷雨殘雲之間乎" 『心田稿』[一] 十一月 初五日.

146 "申光漢詩云 願作嬋姸洞裏魂 有買死馬骨之意 故得詩淫之嘲也"

147 활자본으로 3권 1책으로, 권1은 여행 중의 일기를 기록한 「燕記程」이다.

148 『心田稿』 제1권 燕薊紀程 무자년(1828, 순조 28) 11월 5일.

과 노는 것은 말할 것도 없다. 그렇기에 시에 음행(淫行)한 행동을 담았다는 조롱을 얻게 된 것을 말하였다. 이 시구는 앞서 언급한 『견한잡록』에 청천당 심수경의 시를 신광한의 시구로 오기(誤記)하고 있다. 후대에 잘못 전해진 경우이다. 그 밖에 문집에는 선연동을 소재로 한 시들이 작품군을 이룰 정도로 많이 발견된다.[149] 그중에서도 19세기 전반 개성출신의 낙방거사 한재락(韓在洛)[150]이 쓴 『녹파잡기(綠波雜記)』에 선연동을 소재로 한 한시가 보이고, 머리말에도 인용하고 있다. 그중에서도 안일개(安一個)의 일화[151]는 선연동을 어떻게 수용해서 시로 형상화하였는지를 살펴 볼 수 있다.

옛 성곽 동쪽 끝머리 적막한 마을에	古郭東頭寂寞村
겨울 까마귀 울며 황혼의 달을 가로지르네.	寒鴉嘶斷月黃昏
그때 풍류 빚을 다 갚지 못했으니	當時未了風流債
돌아가 선연동 혼이 되리라.[152]	歸作嬋娟洞裏魂

---

149 이덕무의 『청비록』에서는 손곡(蓀谷) 이달(李達)과 선연동을 소재로 한 일화와 한시가 전해준다. 또한 박제가(朴齊家, 1750~1805)의 시문집 『정유집(貞蕤集)』에는 「평양잡절송이무관(平壤雜絕送李懋官)」 6수 중에 선연동의 시를 수록되어 있다. 『한객건연집(韓客巾衍集)』에도 실려 있다. 그밖에 『心田稿』[一] 十一月 初五日 등에서도 선연동에 대한 시화가 남아 있다.

150 한재락은 字가 鼎元이며 호는 藕泉, 藕舫, 藕花老人이다. 개성 명문가 출신으로 紫霞 申緯를 비롯한 서울의 京華世族과 어울리며 창작활동을 한 시인이다. 『高麗古都徵』을 쓴 순조 연간의 저명한 학자 韓在濂(1775~1818)이 그의 친형이다. 안대회(2006), 「평양기생의 인생을 묘사한 소품서 녹파잡기 연구」, 『한문학보』 14, 205-232쪽 참조.

151 安一個 古風流土地 余至浿上 問於都人曰 西京佳麗 比之錢塘金陵 亦豈有豪士 可以蹈張子野唐子畏之後者乎 曰 有安一個者 當時名嬉七八人 約各選其會心情人 合宴於永明寺 及其會也 諸嬉擧集所携者 惟安一個一人而已 都人至今艷稱之 或過其舊居有詩曰『綠波雜記』綠波雜記 二.

152 韓在洛, 『綠波雜記』綠波雜記 二. 안대회(2006), 「평양기생의 인생을 묘사한 소품서

시인은 옛 평양 칠성문 동쪽 끝머리 적막한 마을에, 겨울 까마귀가 울며 황혼의 달을 가로지른 어느 날에 회상에 젖게 된다. 그때 이승에서 평양 기생과의 풍류 빚을 다 갚지 못했으니, 저승에서 예전으로 돌아가 선연동의 객으로 혼이 되리라 한다. 옛 문구 심수경의 한시에서 '當'과 '願'을 '歸'로 치환시키고 있다. '선연동'의 혼은 '마땅히' 당연해야 하고, 간절하게 '원하는' 대상으로 바뀐다. 이것은 마침내 저승의 선연동으로 '돌아가려고' 하였다.

조선 후기 시조의 가집에서도 선연동을 소재로 한 시조를 찾을 수 있다. 송계연월옹(松桂煙月翁)이 편찬한 『고금가곡(古今歌曲)』 자작(自作) 시조 14수 중에 '선연동'의 시조 한 수가 확인된다.

嬋娟洞 깁흔 골의 众塚이 纍纍ᄒᆞ니
千古香魂이 누고누고 무쳣ᄂᆞᆫ다
人生이 죽을 작시면 예와 뭇쳐 엇더ᄒᆞ리[153]

선연동은 깊은 골짜기에 무덤더미가 촘촘히 쌓여 오랜 세월동안 봄의 혼령이 누워 묻혔다고 여긴다. 사람이 죽게 되면 여기에 묻히는 것은 어떻겠는가 하면서 노래한다. 이 시조는 이승에 못다 한 풍류를 선연동에 객이 되어 풍류를 함께 누리고자 한다. 시인들은 기생의 찬란했던 생전의 춤과 노래를 다시금 보고 듣고 싶어, 비록 '선연동'에 묻혔지만 다시 찾아 아쉬웠던 미진한 풍류를 즐기고 싶다는 것을 시로 표현한다.

녹파잡기 연구」, 『한문학보』 14, 우리한문학회, 205-232쪽 참고.

153 『고금가곡(古今歌曲)』 299.

'송계연월옹'이 어떠한 인물인지에 대해서는 『고금가곡』의 권말에 수록한 자작 시조 14수를 통해서 어렴풋하게 그릴 수 있다. 자작 시조는 편자가 나이 70에 자신의 삶을 회고하면서 쓴 것으로 30년 벼슬 생활을 그만두고 고산(故山)으로 물러나 노래와 거문고에 흥(興)을 붙여 소일(消日)하고자 고금의 가곡 모아 책으로 엮었음을 밝히고 있다. 특히 선연동(嬋娟洞), 마천령(摩天嶺) 등 작품 속 지명으로 미루어 편자는 북방 체험을 했던 인물로 판단된다.[154] 이처럼 시인들은 선연동의 객이 되고자 하는 풍류 지향적 모습을 숨김없이 표현하고 있다. 시인들은 풍류를 즐길 줄 아는 사대부였다. 시에서 '풍류(風流)'는 다양한 용례가 있을 뿐더러 널리 일반화된 용어라 하겠다. '풍류운산(風流雲散)'의 경우처럼 '바다의 흐름'이 풍류의 기본적인 뜻이고, 여기서 인신(引伸)하여 '기풍(氣風)이나 유풍(遺風)'의 의미로도 사용된다. 그러다가 인물을 품평하는 가치 준거로서 '풍채(風采) 또는 풍신(風神)'으로 용어의 의미가 확장되고, 나아가 '호색(好色)의 기질이나 여성의 성적 매력'을 지칭하기도 한다. 유아(儒雅)한 기품을 가리키던 것에서 질탕한 정사를 미화하는 데까지 풍류 개념의 역사적 편폭은 매우 크다.[155] 이러한 '풍류'의 개념은 조선조에 이르면 거의 대부분이 종교성이나 선풍적(仙風的) 의미는 상실한 채 향락적(享樂的) 풍류로 일반화된다. 그러나 의미 종교성이나 형이상학적 의미가 크게 약화되었다 할지라도 거기에 부정적이거나 퇴폐적인 의미가 개입되지 않았다고 본다. 그러던 것이 점점 '한량들의 잡스

---

154 권순희(2009), 「〈古今歌曲〉의 원본 발굴과 轉寫 경로」, 『우리어문연구』 34, 우리어문학회, 144쪽.

155 박종우(2008), 「16세기 호남 한시의 풍류론적 고찰」, 『민족문화연구』 48, 고려대 민족문화연구원, 44쪽.

런 놀이'라는 의미의 타락이 이루어져 가는 것을 보게 된다. 특히 풍류가 남녀가 정사(情事)를 의미하는 경우가 각종 문헌이나 기록에서 보인다. 이 당시 조선 사대부의 풍류는 좋은 경치를 완상(玩賞)하고 술을 마시면서 시문(詩文)을 음영(吟詠)하는 것이었다. 그 다음이 가악(歌樂) 혹은 가무(歌舞), 이런 경우는 대개 기생이 동석하여 미색을 즐기는 것도 풍류요건이 하나가 되는 것이 일반적이다.[156]

사대부들은 선연동과 같이 기생과 관련된 시를 지을 때, 희작(戱作)이라 여긴다. 사대부의 시 창작 대상으로는 잡스럽다 여겼기 때문이 아닐까. 사대부 입장에서는 기생을 조선조 후대 풍류의 개념처럼 한량들의 호방함과 향락적 대상으로만 본 것이다. '선연동'을 수용한 시조의 형상상하는 양상은 앞서 한시와 마찬가지로 지향하는 바가 풍류라고 할 수 있다.

나. 아름다움도 속절없는 무상의 추모 지향

'선연동'을 소재로 한 시에는 '선연동'의 묻혀 있는 기생들을 추모하면서 속절없는 인생의 무상함을 보여주는 작품도 존재한다. 이는 역사적 소재로서의 무덤이 시인에게는 애도하는 마음으로 감정 이입되어 창작된 경우라 할 수 있다. 선연동의 경우에는 이를 잘 표현한 시인이 바로 조선 중기 선조 때의 석주(石洲) 권필(權韠, 1569~1612)이다. 『석주집』에

---

156 "이때 書畵가 포함되며, 그 다음으로 뱃놀이·낚시·사냥·활쏘기 등 잡기적 취미까지 포괄하는 경우이다." 신은경(1999), 『풍류: 동아시아 미학의 근원』, 보고사, 52-53쪽. 이러한 논의를 동의하면서 본 논의에서도 전제되어 根幹이 된다. 조선조 후대에 풍류의 개념은 '風流房', '風流亭', '風流處' 등은 곧 '妓生房'이나 '한량들이 모여 노는 곳'과 거의 같은 개념으로 쓰이기까지 하는 것이다.

는 걸출한 시인에 걸맞게 선연동을 소재로 뛰어난 시가 창작되어 있다. 홍만종이 『순오지(旬五志)』에서 "그의 시명은 일시를 풍미하여 아이들까지 그 이름을 알았다"고 평할 정도로 석주는 시에 일가견이 있었다.[157] 선연동을 지나면서 글깨나 짓고 풍류를 아는 사람들은 꽃다운 넋을 추모하며 시를 지었다. 그중에서도 석주 권필의 시는 압권이다.

거친 무덤에도 해마다 봄빛은 찾아와	年年春色到荒墳
꽃으로 단장하고 풀로 치마 둘렀네	花似新粧草似裙
이 많은 꽃다운 혼들 아직 흩어지지 않고	無限芳魂飛不散
오늘도 비 되고 구름이 되네[158]	至今爲雨更爲雲

석주는 거친 무덤에도 해마다 봄빛은 찾아와 꽃으로 단장하고 풀로 치마 둘렀다고 아름다웠던 생전의 기생의 모습으로 선연동을 묘사한다. 그러면서 이 많은 꽃다운 혼들이 아직 흩어지지 않았으며, 다시 살아난 선연동의 그녀들은 오늘도 비 되고 구름이 된다 하였다. 이처럼 남다른 표현으로 무산지몽(巫山之夢)에서 조운모우(朝雲暮雨)의 무산신녀(巫山神女)와 초(楚) 양왕(襄王)을 이끌어 낸다. '선연동'을 수용한 한시 중에 가장 뛰어나게 형상화된 시가 바로 석주의 이 시라고 할 수 있다.

조선 정조 때의 문신 아정(雅亭) 이덕무(李德懋, 1741~1793)의 『청비록(淸脾錄)』[159]에는 선조 때의 삼당파 시인으로 알려진 손곡(蓀谷) 이달(李

---

157 『석주집』에 시문의 비중이 절대적이며, 상소문·전 등의 문장이 외집에 수록되어 있으나 그 분량은 적다.

158 『石洲集』 卷之七 嬋娟洞.

159 『청비록』은 李德懋(1741~1793)의 『靑莊館全書』 권 32~35에 들어 있다.

達, 1539~1618)의 일화와 아울러 '선연동'을 역사적 소재로 한 시들을 소개하고 있다.[160]

모란봉 밑 선연동에	牧丹峯下嬋娟洞
미인은 말 없는데 풀만 절로 봄일세	洞裏埋香草自春
만일 신선 술법 빌 수 있다면	若爲借得仙翁術
당년의 미인들 다시 소생시키리[161]	喚起當年第一人

이 시에서 시인은 선연동의 누워있는 미인은 말이 없는데, 풀만 절로 봄이라고 운을 놓는다. 그러면서 시적 화자가 된 손곡은 만일 신선의 술법을 빌 수 있다면, 누워있는 미인들을 다시 깨워 소생시키고 싶다 여긴다. 시인은 이렇게 '선연동'을 역사적 소재로 한 시를 읊으며, 술에 취하여 여관에서 잔다. 그런데 꿈속에서 많은 기생들이 아름다운 옷으로 예쁘게 단장하고, 부드럽게 걸어와서 머리를 매만지며 "첩들은 곧 선연동 사람들인데 어제 좋은 시를 저희들에게 주시어 저희들의 유골(幽骨)이 빛났으므로 느낀 바가 있어 감사드립니다."[162]는 뜻을 전한다.

이때 마침 새벽을 알리는 종소리가 은은히 들려오므로 깨어보니 꿈이었다. 다음날 다시 선연동으로 가서 차와 술로 제사를 지내고 시로써 제사 때 삼헌작(三獻酌)과 삽시(揷匙)한 후에 제관들이 문밖에 나와 문을 닫고 잠시 기다리는 일을 하였다. 이러한 일이 알려진 후, 영조 때 문인

---

160 "牧丹峯下嬋娟洞 洞裏埋香草自春 若爲借得仙翁術 喚起當年第一人"『青莊館全書』卷 32~35, 『淸脾錄』.

161 『青莊館全書』卷 32~35, 『淸脾錄』.

162 "妾乃嬋娟洞裏人也 昨蒙惠然瓊章煒燦 幽骨增輝 鳴感珍重"『青莊館全書』卷 32~35, 『淸脾錄』.

국포(菊圃) 강박(姜樸, 1690~1742)이 평안도사가 되었을 적에 제문(祭文)과 술을 가져가서 손곡처럼 선연동의 무덤에 제사를 지냈다고 한다. 이 일로 인해 뒤에 대간(臺諫)의 탄핵을 받았다.[163] 이덕무도 선연동을 유람하고 시를 지었다.[164] 이처럼 「청비록」에 '선연동'을 소재로 한 시화가 풍부하다. 이것은 역사적 소재들이 역사적 사실로서의 의미보다 시적(詩的) 제재로서 의미를 지니는 경우이다. 시에 동원되는 역사적 사실은 역사적 문맥 속에서 지니는 의미보다 시인의 시상을 드러내는 데 필요한 도구적 역할에 머문다.[165] '선연동'을 소재로 한 시에서 시인은 회상적 정서로, 아름다운 여자의 죽은 영혼을 위로한다. 이들 작품들은 특정한 계급에 속했던 기생들을 추모하고 있다는 점에서 더 애절함을 드러낸다.

따라서 풍류시인들은 이곳을 기생들의 생전의 모습과 죽은 뒤의 모습을 대비하면서 북망산의 관점에서 보고 있다. 그런 까닭에 여기서 창작된 시 작품들의 경향은 그 아름다운 영혼을 위로하는 회상적 정서이다. 결국 시인들에 의해 평양의 기생에게 북망산 '선연동'은 다른 지역의 유사한 '궁인야'보다 보편성을 가지게 된다.

조선 중기 시인 백호(白湖) 임제(林悌, 1549~1587)의 시에도 '선연동'을 소재로 한 시가 빠지지 않는다. 임제는 자신의 복잡다단한 내면세계를 수많은 시로 형상화한 시인이었다.[166] 특히 시 창작에 있어서 술과 기생

---

163 "姜菊圃樸爲平安都事 操文澆酒於洞墳 後爲臺臣所彈"『靑莊館全書』卷之十.

164 『靑莊館全書』卷之十「完山李德懋懋官著男光葵奉杲編輯德水李畹秀蕙隣校訂」雅亭遺稿[二]○詩[二] 嬋娟洞 "嬋娟洞艸賽羅裙。剩粉殘香暗古墳。現在紅娘休詑豔。此中無數舊如君。"

165 김창식(1985), 「林白湖詩 일고」, 『한양어문』 3, 한국언어문화학회, 95-96쪽.

166 김창식, 앞의 논문, 108쪽.

은 빠질 수 없는 소재였다. 임제의 기생들과의 로맨스나 그들의 삶에 대한 관심은 작자의 호색 취미나 호기에 찬 여성 편력의 자취라는 견지에서만 볼 수 없다[167]는 주장에는 다소 이견이 있다. 한시의 입장에서는 작품론 관점에서 접근하기 때문이다. 반면에 한시 작가론은 생애에 따라 다양한 층위의 작품 논의가 가능하다. 한시의 작품군에서 임백호의 시 작품들은 호색기질로 수응(酬應)한 한시를 지은 사대부 작가로 볼 수 있다. 임제의 시 제목처럼, 「을밀대를 올라 선연동을 바라보며[登隱密臺 望嬋娟洞]」는 기생의 처연함과 영웅의 흥망을 대비하고 있다.

꽃과 새에 마음 상하며 몇 봄을 지냈나	花鳥傷心度幾春
비에 씻진 지분기가 누런 흙을 물들였네.	雨沾脂粉染黃塵
만고의 흥망 속에 영웅들 사라졌으니	興亡萬古英雄盡
하물며 그때 춤추고 노래하던 그대들에랴.[168]	何況當時歌舞人

시인은 화조(花鳥)에 상심하며 몇 해를 지내다 보니, 비에 씻진 지분기가 물들인 황진(黃塵)에도 의미를 둔 게 된다. 이 황진은 선연동에 누워있는 기생들의 혼(魂)이며 한(恨)이다. 그러면서 회상한다. 이제는 만고의 흥망 속에 영웅들도 사라졌다. 하물며 그때 춤추고 노래하던 기생은 이제 누런 먼지가 되어 흩어져 버렸다.[169] 이처럼 기생들의 한(恨)과 그것을

---

167 윤채근(2001), 「林悌의 시문학: 일상과 초일상의 분열」, 『한문학논집』 19, 근역한문학회, 127-129쪽.

168 『林白湖集』 卷之三 七言絕句. 登隱密臺 望嬋娟洞.

169 "이처럼 이 시에서 선연동에 묻힌 기생들은 만고의 영웅들과 더불어 사라진 존재, 한 때의 빛나는 영화를 상징하는 추억들이다. 즉 영웅과 기녀의 영상이 이 시에선 우연히 한 지점에 모아진다. 이 우발적인 겹침을 통해 우리는 기녀의 삶과 영웅의

위로하는 시인의 마음을 드러내고 있다. 선연동은 한때 화려한 풍류의 중심이었던 '기생'의 찬란한 아름다움과 이승의 한이 서린 진토가 된 '죽음'의 두 가지 이미지를 지녔다. 또한 시인들은 그녀들에 대해 회상적 정서로 소통하고자 하였다. 선연동의 기생들을 추도의 시를 지은 시인들과 다시 시로 정서를 교환한다. 추모의 감정을 담긴 시어들은 시인들에 의해 선연동에 고운 넋들을 잠들게 하는 역할을 할 것이다.

이처럼 '선연동'은 기생의 북망산, 즉 묘지를 말한다. 이러한 유적은 한시와 시조의 역사적 소재가 되어 시 창작의 계기로 삼는 경우가 많았다. '궁인야'는 중국 당나라의 궁인의 묘지로 지역의 특징적인 측면과 관련되었던 것처럼 조선에는 선연동이 그 역할을 하였다. 이곳은 시인들이 기생들의 생전의 모습과 죽은 뒤의 모습을 대비적으로 음영하기를 즐겼던 장소이었다. 여기서 시인들은 시의 소재를 수용 양상이나 지향하는 바가 달랐다. 한편에서는 기생은 사대부 연회에 가무음률과 시서화를 할 줄 아는 해어화로 비록 '선연동'에 묻혔지만, 시인들은 그곳을 찾아 손님으로서 아쉬웠던 미진한 풍류를 즐기고 싶다는 것을 시로 표현했다. 다른 한편에서는 기생의 아름다움도 '선연동'처럼 흘러가는 세월 앞에서 속절없다는 깨달음을 추모의 시로 표현했다.

〈시화집〉에서 선연동 일화와 시는 『견한잡록』, 『송계만록』, 『자해필담』, 『청비록』 등에서 찾아 논의를 하였다. 〈연행록〉에서 평양 선연동 기행과 시는 『속조천록』, 『노가재연행일기』, 『계산기정』, 『심전고』 등에서 추적하였다. 또한 〈소품서〉에서 선연동의 시는 『석주집』, 『임백호

삶이 임제에게 있어선 어떤 사태에 대한 동일한 은유일 수 있다는 깨달음에 봉착한다." 윤채근, 앞의 논문, 127-129쪽.

집』, 『경정집』, 『추재집』, 『정유집』, 『해석유고』, 『석북집』, 『녹파잡기』 등에서 30여수, 그리고 시조 1수를 현재 확인하였다.

이상의 논의를 통해서 '선연동'의 객이 되겠다는 풍류 지향과 어떤 아름다움도 세월 앞에서 속절없다는 깨달음으로 나누어 보았다. 선연동은 한때 화려한 풍류의 중심이었던 '기생'의 찬란한 '아름다움'과 이승의 한이 서린 진토가 된 '죽음'의 두 이미지를 지니고 있기 때문이다. 당대 시에 등장하는 '선연동'의 기생들을 소재로 풍부한 시화가 남아 우리 시가 문학 감상의 깊이를 더해 주고 있다.

2) 평양 관기학교와 노래서재, 3년제 기생학교

일제강점기 예술학교의 기능, 권번 사무의 기능, 관광의 기능 등을 아울러 지닌 융복합의 공간 '평양기생학교'를 논의하고자 한다.

평양의 기성권번(箕城券番)은 부속된 3년 학제의 기생학교를 운영하였다. '평양 기생학교'는 본래 명칭이 '평양 기성권번 기생 양성소'이며, 일제 침략기의 엽서에는 조선 유일의 기생학교라고 소개되어 있다. 연 60명이 입학하였고, 3년제로 총 180~200명 정도이며, 향후 210명까지 늘어났다.

> 1930년을 기준으로 평양 기성 기생 양성소 직원은 소장 1명, 학과 교사 1명, 가무 교사 1명, 잡가 교사 1명, 음악 교사 1명, 서화 교사 1명, 일본창 교사 1명, 사무원 1~2명 등이었다.
>
> 입학금은 2원이고, 학비는 1학년(1개월 단위) 2원, 2학년(1개월 단위) 2원 50전, 3학년(1개월 단위) 3원이었다. 또한 학기는 1년에 3학기로 1학기(4월 1일~8월 31일), 2학기(9월 1일~12월 31일), 3학기(1월 1일~3월

31일)로 구분되며, 매년 3월에 학기말 시험을 통과해야 되었다.[170]

평양의 기성권번은 대동강 부근에 있었는데 그 부근 일대에 산재해 있는 10여 군데의 대규모 요릿집을 영업 대상으로 삼았다. 기생을 전문적으로 키우던 평양 기생학교에는 10대 소녀들이 모여 가무음곡을 익혔다. 1940년대 대동강변의 기생 수효는 무려 5, 6백 명에 이르렀다. 이는 조선말 1900년 '평양 관기학교(平壤官妓學校)'에서 그 흔적을 찾을 수 있다.[171]

그전부터 기생 양성소라고 볼 수 있는 평양의 이름난 노래서재가 있었다. 노래서재에서 가무를 배우면 기적(妓籍), 즉 기생 호적에 올라가는 것이다. 노래서재에서는 '경소용(京所用)', 즉 서울에서 쓸모 있는 몸'이란 뜻으로 평양이 아닌 경성으로 보낼 기생이라 하여 구분하여 가르쳤다.

기생학교 건물은 평양의 대동강을 끼고 연광정으로 올라가면 호화로운 3층 다락이 가로 눕고 있는 양식 절반, 조선식 절반 형태로 지어졌다. 1933년에 교실을 신축하여 놓아서 주홍칠한 기둥에 학 두루미와 용 같은 오색그림을 그린 벽화가 특이하였다. 예전 1920년대에는 대동문 부근의 채관리 골목에 있었다. 그 후 재산도 상당히 모아 1933년에 신축하여 놓은 것이었다.

(1) 평양 기생학교의 교과과정

수양버들이 축 늘어진 연광정에서 서쪽으로 돌아 한참 가면 채관리

---

170 초사, 「서도 일색이 모힌 평양 기생학교」, 『삼천리』 7호, 1930년 7월 1일.

171 德永勳美(1907), 『한국총람』, 도쿄 박문관.

(釵貫里)가 나온다. 그곳에 평양 기성권번의 부설기생학교가 구름 속 반달 모양으로 자리하였다. 정문에 발을 들여놓으면 〈시조〉와 〈수심가〉 가락이 장구에 맞추어 하늘 공중 둥둥 높이 울려 나오고, 연지분, 동백기름 냄새가 마취약 같이 사람의 코를 찌를 정도였다고 한다.

당시 3년 동안의 교과 내용은 학년마다 달랐다. 1년급 아이들에게는 우조, 계면조 같은 가곡을 배우게 하였다. 즉 평시조, 고조, 사설조, 그 밖에 매·란·국·죽 같은 사군자와 한문 운자, 조선어 산술 등을 가르쳤다.

2년급 때에는 관산융마(關山戎馬)나 백구사(白鷗詞), 황계사(黃鷄詞), 어부사(漁父詞)와 같이 조금 높은 시조에다가 생황, 피리, 양금과 거문고, 젓대 같은 관현악을 가르쳤다.

3년급 때에는 양산도나 방아타령 같은 것은 품에 깩긴다 하여 가르치지 않다가 부르는 손님들의 요구로 춤과 함께 승무와 검무를 가르쳤다.

처음에는 발 떼는 법, 중둥 쓰는 법, 몸 놀리는 법에만 약 20일이 걸렸다. 또 신식 댄스는 저 배우고 싶으면 배우게 하였다. 노래는 박명화(朴明花), 김해사(金海史)라는 두 명기가 가르치고, 그림은 수암(守巖) 선생이 가르쳤다.[172]

졸업 후에는 서울이나 신의주, 대구로 진출하고, 180여 명의 졸업생 중의 70% 정도는 외지로 갔다. 기생학교로 입학하러 오는 학생들은 평양 아이도 많지만 서울이나 황해도, 평안도에서도 많이 왔다.

1934년 5월 『삼천리』 잡지에 실린 평양 기생학교 방문 기록이 이채롭다. 학생 수도 250명으로 늘어나 교수 과목도 변화가 생기었다.

---

172 1930년 6월 『삼천리』 잡지 탐방기.

여기는 모두 보통학교 6학년을 마친 13살 이상 15살까지의 아이들을 받았다. 여기도 여학교 모양으로 학기(學期)도, 월사금도 있었다.

1934년 기준 월사금은 1학년 한 달 2원, 2학년 2원 50전, 3학년 3원이었다. 입학금은 3원씩으로 1930년보다 1원이 올랐다.

평양 기생학교에 들어가는 동기는 대체로 하류층 자녀로서 보통학교를 졸업하는 즉시 기생 수업을 받기 시작하였다. 기생학교를 졸업하면 권번에 입적되어 비로소 손님을 받게 되었다.[173]

시간표는 1939년 당시 평양 기생학교 210명의 제3학년 수업 시간표로 내지패는 '일본창'을 말한다. 여기에 표시되어 있지 않은 학과로는 1학년의 창가와 무용, 2학년의 시조와 악전(樂典)이 있다.

수업 시간표에서 우선 가장 주가 되는 것은 노래였다. 우리나라 노래만 해도 가곡, 가사, 시조 등 옛날엔 주로 상류의 소위 '사(士)' 신분계급이 즐긴 비교적 고상한 것부터, 각지 각종의 대중적인 민요류를 망라한 잡가에 이르기까지 네 과목이 있었다. 시음(詩吟)류의 시조, 마음 속 깊은 곳부터 짜내는 듯한 비장한 남도노래, 또한 애절하게 마음을 두드리는 아리랑, 로맨틱한 도라지타령, 에로틱한 속요에 이르기까지 가리지 않고 모든 것을 섭렵하지 않으면 안 되었다.

창으로 유명한 선배 기생, 여선생들이 각각 학생들이 잘할 수 있는 분야에 따라 나누어 수업하였다. 장기, 가야금 등으로 단계에 맞춰가며 전수를 하였다. 처음에는 소리 내는 방법부터 시작하였다.

하지만 소리 내는 일이 무척 어려웠다. 그래서 그 다양한 음색을 내기 위해 오래 전부터 3, 4개월씩 밥도 굶겨가며 수련을 시켰다. 그리고

---

173 신현규(2005), 『일제강점기 기생인물·생활사: 꽃을 잡고』, 경덕출판사, 20-91쪽.

맞춤소리의 맞춤법이나 무릎을 치는 방법, 손놀림, 다리놀림의 규범 등을 하나하나 보여 주며 가르쳤다. 5, 60명의 여학생들이 이를 따르며, 제스처를 적당하게 주고, 어깨를 흔들며, 태평스럽게 노래를 제창하였다. 아울러 이것만을 배우는 것이 아니라 옛 기생의 음악을 배웠다.

시대의 개화에 따라 손님들이 '모던(Modern)' 하거나, 혹 명창의 감흥을 느끼고 싶어 한다면 "창을 열어……", "……오늘도 비가 내리네" 등의 애절한 목소리가 나오는 레코드 같이 길게 노래하지 않으면 안 되었다.

일제강점기에 학교는 보안경찰의 감독하에 있었다. 일제 황국신민의 맹세를 하고, 여자들은 국방부인회원이 되었다. 그런 시대 상황에서 술자리의 꽃이 되어 웃음을 파는 기생을 양성하는 학교에서는, 바야흐로 기생은 대대로 내려오는 직업부인이므로 이에 필요한 직업교육을 행한다고 설립 취지를 설명하였다.[174] 이에 기생학교에서 가르치는 것은 '기예(妓藝)', '기술(妓術)' 그리고 더 나아가서 '기학(妓學)' 이라는 하나의 학문이라고 주장할 정도로 다양하였다.

(2) 기성권번에서 사무기능, 기생현재표

일제강점기 권번의 기능으로는 우선 전통예능 교육의 산실이 되었다는 점을 들 수 있다. 당시 권번의 경우 성악으로 여창가곡, 가사, 시조, 남도소리, 서도소리, 경기십이잡가, 잡가 등과 악기로는 가야금, 거문고, 양금, 장구 등을 가르쳤다. 또 춤은 궁중무용과 민속무용을 망라하고 그 밖에 서양댄스, 서화를 가르쳤다. 기생으로써 갖추어야 할 예능종목

174 1934년 5월 『삼천리』 잡지 탐방기.

은 물론 일반교양까지 포괄하는 다양한 내용으로 짜여져 있었다. 이렇게 권번은 전통예능의 전문교육기관으로서의 기능을 톡톡히 수행하였다.[175]

권번에서 일정기간의 교육을 거친 기생들은 당국의 영업인가증을 받아 놀음이나 공연활동을 펼칠 수 있었다. 특히 기생놀음에 있어 권번은 없어서는 안 되는 중요한 기능을 떠맡았다. 당시 권번에서 사무 일을 보았던 김천홍 옹의 술회에 의하면 기생놀음과 매개된 권번의 역할을 볼 수 있다.

> 기생예약 사무실의 벽에는 기생들의 이름과 주소가 적힌 명패가 걸려 있고, 전화 4대로 5시 예약이 되어 있는 기생들 집으로 요정과 기생의 이름이 적힌 전표를 든 인력거꾼을 보내면서 인력거꾼의 번호를 출화장(出花帳)에 기입하였다. 여러 요정으로부터 기생을 보내달라는 전화가 쏟아지는데, 예약된 기생을 요구하면 알려주고 다른 기생이라도 원하는지 그 여부를 확인하였다. 주소가 확실치 않은 기생도 간혹 있었으므로, 이럴 경우에는 동네 이름만이라도 알아내 요정이나 인력거꾼에게 알려주는 것이 사무자들의 책임이기도 했었다.
>
> 기생들이 놀음을 하고 받은 수고료는 매일 계산하는 것이 아니고 권번을 통해 지급되었다. 이러한 놀음차의 계산은 권번의 사무국에서 해야 할 일 중의 하나였다. 또 권번에서는 소속된 기생들의 출화시간을 월별로 계산하여 월례회를 통해 등수를 매기고, 1년간의 총 합산을 통해 고수입자를 가려 시상을 하기도 했다. 또한 기생영업 인가권을 관내 경찰서에서 받기 위한 수속과 행정절차도 권번에서 대신해 주었다.

---

175 성기숙(2001), 앞의 논문.

이렇게 권번에서는 기생들의 출화(出花)에서부터 화대지급까지 요릿집과 기생 사이를 매개하였으며, 그 밖에 기생들이 연예활동을 하는 데 편의를 도모하는 행정사무 일을 대신해 주었다. 권번은 그 대가로 약간의 이익금을 얻는 것이었다. 즉 일제강점기 권번은 전통예술이 생산, 유통되는 중요한 거점으로써 전통예능의 교육과 기생의 연예활동을 보조하고 기획하는 역할을 하였다.[176]

3) 기성권번에서의 '학습'과 '놀음'

권번의 하루 일과 중 낮시간이 전통예능의 학습시간으로 할애되었다면, 저녁시간은 기생영업을 하는 '놀음'시간으로 충당되었다. 권번에서 일정기간 동안 정해진 교습과목을 이수한 기생들은 시내의 큰 요릿집이나 개인집으로 이른바 '놀음'을 나간다. 기생이 전문 요릿집에 불려 나가는 것을 '놀음 나간다'라고 하였고, 개인집으로 나가는 것은 '사랑놀음 나간다'라고 했다. 또 다른 말로 '꽃이 나간다'는 뜻으로 '출화(出花)'라고 하기도 했는데, 이는 기생을 꽃에 비유했던 점에서 쉽게 이해된다. 기생들이 요릿집이나 개인집에 불려가 연희를 베풀고 받는 수고료는 놀음차, 또는 화대라 했고, 또 달리 '해옷값'이라고도 하였다. 기생들의 놀음방식이나 수고료로 받는 화대의 액수는 각 권번마다 조금씩 차이가 있었다.

옛 조선의 기생은 궁중 향연에 불리어 '선상기(選上妓)'가 되기를 일생의 소원으로 여겼기에, 그들은 권번의 기생과는 달리 금전과는 멀리 떨어져 깨끗한 기생도의 수양에만 온몸과 정신을 쏟았다.

---

176 성기숙(2001), 앞의 논문.

하지만 권번의 기생들은 돈 많은 사나이들을 사귀지 못하게 되면 그날그날의 생활이 문제였다. 그들은 얼굴을 곱게 단장하고 몸치장을 하여서 뭇 사나이들에게 잘 보여야만 그들의 생활문제가 해결될 수 있었다. 여기에 권번의 기생에 비애가 있다고 할 수 있다.

이렇듯 권번의 기생들은 일종의 노동자이어서 이렇게 벌어 부모와 형제를 먹여 살리고 공부시키는 갸륵한 여자도 있는 반면에, 가정을 파탄으로 몰아가는 주인공이 되는 경우도 있었다. 미혼청년이 기생한테 애정을 느껴 결혼을 약속하였지만 완고한 부모의 반대로 결혼을 할 수 없게 되자 목숨을 끊는 일도 생기게 된다. 이는 그 당시 봉건적인 구식 결혼과 자유연애 결혼과의 과도기에서, 부모의 명령으로 어려서 결혼한 남자들이 구식 여자에 대한 불만으로 기생을 불러 쉽게 사랑에 빠진 경우가 많았던 것을 잘 보여준다.[177]

이러한 기성권번은 그 후 조합제로서 주식제가 되면서 기존 기생들의 저항으로 우여곡절을 겪는다. 결국 1932년 9월 23일 윤영선에 의해 평양부 신창리 36번지에 자본금 2만 원의 주식회사로 바뀌게 되었다.[178] 이와 함께 기성권번에 부설된 기생학교도 운영이 지속되었다.

1937년 기준으로 살펴보면, '기성권번' 총인원은 252명으로, 그중에서 휴업이 19명, 임시휴업이 26명, 영업 기생은 207명이었다. 당시 하룻밤에 한 번 불리는 이가 66명, 두 번 불리는 이가 47명, 세 번 이상 불리는 이가 21명, 한 번도 못 불리는 이가 71명이나 되었다는 기록이

---

177 조용만, 「남기고 싶은 이야기-30년대의 문화계」, 『중앙일보』, 1984년 8월 27일.

178 中村資良, 『조선은행회사조합요록』(1932년, 1937년, 1939년, 1942년판), 동아경제시보사; 김산월, 「고도의 절대 명기, 주로 평양 기생을 중심 삼고」, 『삼천리』 제6권 제7호, 1934년 6월 1일.

재미있다.

당시 기생학교의 무용은 검무와 승무로 상당히 유명하였다. 하지만 1930년대 후반부터 손님들 사이에 고전적인 취향이 엷어져 가자 명목만으로 가르쳤다. 일본의 춤도 있었다. 하지만 그보다 더 즐거운 것은 레뷰식 춤과 사교댄스였다. 기생들로서는 가장 관심인 서비스 방법, 남자 손님을 다루는 방법은 '예의범절'과 '회화' 시간에서 배웠다. 걷는 법, 앉는 법에서부터 인사법, 술 따르는 법, 표정 짓는 법, 배웅하는 법 등에 이르기까지 연회좌석에서의 일거수일투족에 대해서 자세히 가르쳤고, 무엇보다 수라간의 손님 접대 방법을 구분해서 상세하게 강의하였다.

그러나 물론 이 정도의 기법만으로 기생의 임무를 잘 수행해 낼리는 없지만 타고난 소질이 있기 때문에 문제없었다. 그렇지만 확실히 기생들은 남자의 마음을 끄는 기술에 관한 한 한 가지를 가르치면, 열 가지를 아는 타고난 무언가 있었다.

게다가 기생들 주위에는 뛰어난 선배 기생들이 항상 모범을 보이고 있었다. 학교는 권번사무소와 한 지붕 아래에 있었으며, 대기실에서는 언니들이 관능적인 에로 이야기로 대화의 꽃을 피웠다.

집에 돌아오면 집이 기생거리에 있었던 만큼 그들 자신의 언니들이 기생이 아니어도 주변 여기저기서 듣고 뒷이야기들을 전해줄 수 있었다. 이와 같이 기생들은 겉과 속이 있고, 진실과 거짓도 있는 기생다운 기생으로 성장해 나갔다고 한다.[179]

---

179 한재덕(1939), 「기생학교에서는 무엇을 가르칠까?」, 『모던일본』 10권 조선판, 모던일본사.

4) 관광의 명소, 평양 기생학교의 공간

1930년대 일제강점기에 우리나라를 방문하는 관광단이 가장 보고 싶어 하는 것 중의 하나가 기생이었다. 당시 '조선색 농후한 전통적 미를 가진 기생'을 볼 수 있는 곳은 평양 기생학교뿐이라고 해도 과언이 아니었다.

더구나 조선 총독부 철도국 발행한 평양의 관광안내서에 조선 제일의 미인산지이며, 전 조선의 유명한 기생의 배출처로 '평양 기생학교'를 들고, 이에 대한 사진과 설명이 거의 빠짐없이 소개되어 있다. 물론 사진엽서의 제작은 기생학교의 양성과정에 주목하여 수업하는 장면들을 중심으로 만들어졌는데, 정규 기생학교가 아니라 기생을 양성하는 학교라는 데에 관심의 초점이 맞추어지고 있었다.

일본인들까지도 아름다운 평양 기생의 공연을 보기 위해 '기생학교'를 관광 일정에 꼭 포함시키기도 하였다. 따라서 평양의 관광안내서에는 평양이 조선 제일의 미인 산지라 홍보되었고, 전 조선의 유명한 기생의 배출처로서 단연 '평양 기생학교'가 꼽혔다. 이처럼 1937년 당시 평양 기생은 국내외를 통해 명성을 떨쳤는데도, 실제로 화대는 서울에 비해 상대적으로 저렴했으며 시간당 50전이었다. 쌀 한 가마에 20원하던 시절인데 5원 정도면 3, 4명이 실컷 즐길 수 있었으니, 유흥객의 전성기이었다.

이에 대한 사진과 설명이 거의 빠짐없이 소개되어 있을 정도다. 물론 사진엽서는 기생학교의 양성과정에 주목하여 기생들이 수업하는 장면들을 중심으로 만들어졌다. 정규기생학교가 아니라 기생을 양성하는 학교라는 데에 관심의 초점이 맞추어지고 있었다. 현재 가장 많이 남아 있는 사진엽서가 바로 평양 기생학교를 찍은 사진들이다.

평양 기생학교의 학생이 3년 동안의 업을 마치고는 평양, 서울, 대구, 의주 등지로 흩어져 가서 평양 기생의 성가(聲價)를 올렸다. 그리고 기생학교가 평양의 한 명물이 되었다. 상해, 남경 등지에서 오는 서양 사람이나 도쿄, 오사카 등지에서 오는 일본 사람이나 서울 기타 각처로부터 구경 오는 귀한 손님들이 그칠 새가 없이 구경하러 찾아왔었다.[180]

5) 평양의 대동강에서의 기생과 뱃놀이

뱃놀이는 선유(船遊)·주유(舟遊)라고도 한다. 예로부터 선비들은 배를 강에 띄우고 연안의 아름다운 경치를 감상하면서 흥이 나면 시를 짓거나 소리를 했다. 그리고 물고기를 낚아 회를 치거나 찌개를 끓이고 술을 마시는 등 풍류를 즐겼다.

특히 조선조에는 외국의 사신들을 맞이해 한강에 배를 띄우고 시회(詩會)를 열어 환영연을 베푸는 일이 많았다. 1450년(세종 32)에도 중국 명나라 사신들에게 뱃놀이로 환영연을 베풀었다는 기록이 남아 있다. 그리고 이 기록 가운데 그때의 뱃놀이 광경이 자세하게 실려 있다.[181]

일반인들은 특히 삼복(三伏) 중에 뱃놀이를 하였는데, 낚시로 망둥이 따위의 고기를 낚아 매운탕을 끓이거나 어죽을 쑤어먹으면서 하루를 즐겼다.[182]

---

180 「평양 기생학교 구경, 서도 평양의 화류 청조」, 『삼천리』 제6권 제5호, 1934년 5월 1일.

181 배 모습에 대해서, "배는 세 척을 연결하였고 가운데에 작은 지붕을 만들어 덮었다"고 기록하고 있다.

182 예로부터 서울의 뱃놀이로는 광나루·노량·용산·마포·양화진 등을 꼽았다. 뱃놀이는 배를 한 곳에 띄우고도 하지만, 이리저리 옮겨 다니며 벌이면 주위의 경치가 바뀌

1930년대에도 평양 기성권번의 기생들과 함께 놀이하는 데 가장 즐겨 사용됐던 것이 뱃놀이였다. 놀잇배 수백 척이 대동강에 두둥실 떠 있다가 손님과 기생이 오르면 모란봉 아래 능라도 주변 등지로 뱃놀이를 시작하였다. 기생들이 창을 시작하면 흥취는 절정에 이른다. 평양 기생이 다른 기생들보다 특별히 정조관념이 강한 것은 아니었다. 단골 손님이나 평양손님과는 결코 관계를 맺지 않는다는 원칙이 있었던 듯싶다. 이는 늘 다니는 손님과 관계를 맺어놓으면 곧 소문이 나게 되어 있고, 그렇게 되면 자연히 다른 손님들이 외면하기 때문이었다.

당시 평양의 기생학교는 평양을 관광하는 사람들이 반드시 들르는 명소 중 하나였다. 일본 관광객은 그곳을 방문하고 상당히 많은 글들을 남겼는데, 대부분 평양의 고분이나 유물, 고적지의 풍경 등을 감상하고 일본 국위의 위대함을 느꼈다거나 기생학교를 참관한 것이 인상적이었다는 내용이다.

평양의 기생은 조선의 다른 여성과 비교하여 교육을 받았다는 점에서 우위에 두었다. 실지로 일본인의 기생에 대한 취급은 창녀 이상도 이하도 아니었다. 그러나 일본 관광객에게 유포된 기생에 대한 설명되는 말은 '교양을 갖춘 조선의 유녀(遊女)'였던 것이다. 이처럼 기생을 새로운 제도로 탄생시키고 있었다.[183]

평양 기생학교는 일제강점기 예술학교의 기능, 권번 사무의 기능, 관광의 기능 등을 아울러 지닌 융복합의 '공간'이면서 '기능'의 융복합

어 더욱 흥겨워진다. 그리고 배에 기생들도 함께 타고 풍악을 울리면서 한껏 흥을 돋우었다.

183 서기재(2004), 「전략으로서의 리얼리티: 일본 근대 '여행안내서'를 통하여 본 '평양'」, 『일본어문학』 16, 한국일본어문학회, 86-90쪽.

이기도 하다.

평양의 기성권번에 부설된 기생학교는 3년제로 정규 기생학교보다는 '기생양성학교'라는 측면으로 보는 것이 더 정확하다. 기생학교는 서울 단성사에서 매년 졸업발표회를 통하여 3년 동안 연마해온 각종 기예를 공연하였다. 신문사마다 세간의 관심사가 되어 취재 기사 및 광고로 넘쳤다.

관광지로서의 평양이 널리 알려지면서 기생학교도 다양한 레퍼토리를 준비해서 자체 공연장을 만들었다. 아래의 같이 국악과 양악의 콜라보레이션(collaboration) 레퍼토리도 융복합의 공간에 대한 좋은 예이다.

3. 진주교방문화의 역사와 가치

1) 진주교방문화의 고찰

교방은 우리나라에서 고려시대부터 1910년까지 천년 이상 지속된 기관으로서의 전통을 지니고 있다. 교방에서는 기녀들의 춤과 노래 악기 연주는 물론, 시서화 등에 관한 종합적인 예술교육을 했다. 이러한 교방의 교육을 통해 발전되고 예술적인 경지를 이룩한 것이 바로 교방문화이다.

'교방문화'는 교방을 통해 지식과 정보를 축적하여 그 가치와 역사성이 보존된 것을 말한다.

이 교방문화는 한국에서 부(府)와 목(牧) 단위 이상의 지역에 설치되어 발달되었는데, 대표적으로 한강 이북에는 평양과 그 남쪽에는 진주가 대표적 도시이다. 진주는 고려시대부터 형성된 교방문화의 자산이 현재까지도 전승·보존되고 있다. 현재 교방을 통해 계승되고 있는 무형문화 유산 종목만 해도 5종목[184]에 해당된다.

고려시대 기녀들은 당악·향악의 창(唱)과 무(舞)로써 국왕의 사사로운 즐거움이나 궁중연회, 외교사절의 접대연희에 참석하였다. 문종 때에는 팔관·연등회 같은 국가적인 의식과 그 외에 왕의 거둥이나 궁중의 여러 의식에도 정제(呈提)하였다. 고려의 기녀는 여악과 관기라는 형태로 나타나는데, 이는 교방 및 지방관청에 속한 관기로서 주로 관료 양반만 상대할 수 있었음을 알려준다. 이처럼 고려 초기부터 중국을 본떠 교방이 설치되고 여악을 두었다.

조선시대에 들어와 이러한 여성들은 제도적으로 관청에 소속되어 있었으며, 신분상으로는 천인(賤人)에 속했다.[185]

18세기에 나온 책 『택리지』에서 이중환은 경상남도 진주를 이렇게

---

184 국가무형문화재 제12호 진주검무, 경남무형문화재 제3호 한량무, 경남무형문화재 제12호 진주포구락무, 경남 무형문화재 제21호 진주 교방굿거리춤, 경남 무형문화재 제25호 신관용류가야금 산조가 있다. 이러한 문화유산은 진주의 문화예술을 대표하는 정체성을 지니고 있다. 교방문화는 교방의 기적(妓籍)에 정식적으로 등록된 관기(官妓)를 통해서 전승되었다.

185 "조선시대에 와서 주로 '기생(妓生)'이라고 칭하게 되었는데, 시대의 변천에 따라 기녀의 성격과 생활내용도 달라진다. 즉 종래의 기녀가 의미하던 기능직이 약화되고 사대부나 변경지방 군사의 방직기(房直妓) 구실이 주 임무가 되었다. 조선은 고려시대의 제도 문물을 답습하였지만, 도덕을 중시했던 조선왕조의 유교 질서 속에서 창기 폐지에 대한 논의가 태종·세종 때 활발히 제기되기도 했다. 그리고 후대로 내려올수록 그 수는 더욱 증가하였다. 그러나 관기는 사실상 이미 고려 이전부터 제도화되어 내려오던 것이 조선의 기녀제도 연장으로 이어진 것에 불과하다." 신현규(2007), 「문헌에 나타난 '妓'의 기원 연구: 〈華東妓源辨證說〉을 중심으로」, 『한민족문화연구』 23, 한민족문화학회.

묘사했다.

> "진주는 지리산 동쪽에 있는 큰 고을로 장수와 정승을 많이 배출했다. 토지가 비옥한 데다 강산의 풍광도 빼어나서 사대부들이 부유함을 자랑하여 저택과 누정(누각과 정자) 가꾸기를 즐겼다. 이들은 설령 벼슬을 하지 않아도 잘 노는 귀공자(한량, 閑良)라는 이름은 떨치고 있다."

땅이 기름져서 똑같은 면적에 농작물을 재배해도 그 생산량이 타 지역의 몇 배나 높았다는 데가 진주였다. 남강이 마을을 돌아 감으니 물이 풍부하고, 배를 통한 물자 수송도 편리했다. 마을 뒤에는 이름도 비범한 비봉산(飛鳳山)이 있고, 서쪽으로 조금 가면 지리산에서 풍부한 자원을 제공받으며, 남쪽으로 강을 따라 내려가면 금방 사천 아래 바다를 만나게 된다. 두루 물자가 풍족하여 먹고 살 걱정이 없으니, 풍류를 즐기는 문화가 발달할 수밖에 없었다. 더불어 기생 문화도 격조가 있었다. 북에 평양 기생이 있다면, 남에는 진주 기생을 높이 쳤다. 그런 마을에 어찌 예술가들이 드나들지 않을 수 있겠는가? 진주를 '예향(藝鄕)'이라 한다. 일반 대중이 일상에서 예술을 즐기고, 예술가를 존중하는 마음이 깃든 고을. 그런 곳에 화가들이 나고 머물렀던 것은 당연했다.[186]

현재까지 교방에 관한 사료로 가장 많이 활용되는 것은 1872년 정현석이 편찬한 『교방가요(敎坊歌謠)』이다. 이 책은 진주교방에서 연행되던 연행물건과 악기 등에 관한 기록물로 교방문화 자체를 기록한 책으로는 유일하게 전해지고 있다.

---

186 「김인혜의 방방곡곡 미술기행」 '논개 바위, 항일 현장 촉석루… 진주는 자부심이었다', 『중앙일보』 2024.09.27. (https://www.joongang.co.kr/article/25280459)

지금까지 지방의 기녀를 중앙으로 뽑아 올리는 선상(選上)에 대한 연구[187]와 지방 관기에 관한 연구물,[188] 그리고 평양교방이란 특정지역을 연구한 성과물,[189] 그리고 조선시대 궁중연향에 참가한 지방 관기에 대한 단행물[190]도 있다.

교방에서 활동한 관기는 크게 경기(京妓)와 외방기(外方妓)로 구분된다.[191] 경기는 중앙관서에 소속되어 기업(妓業) 외에도 의녀(醫女)와 침선비(針線婢) 등 특수한 역할을 전개했고, 외방기는 지방관아에 속한 기녀로서 외방기(外方妓), 외방여기(外方女妓), 외방관기(外方官妓)·향기(鄕妓) 등으로 지칭된다.

조선 후기 공연문화사에서 가무를 전문적으로 익힌 외방여기가 궁중과 지방 관아에서 동시에 활동했다는 점은 매우 주목할 만하다. 왜냐하면 외방여기가 관아의 여러 행사에 참여하여 지방의 관변 문화를 주도했기 때문이다.[192]

『경국대전(經國大典)』에 의하면 조선의 중앙 정치 기구는 의정부(議政

---

187 송방송(1995), 「조선후기 선상기의 사회제도사적 접근」, 『국악원논문집』 7, 국립국악원; 권도희(2005), 「호남지역 근대 음악사 연구」, 『한국음악연구』 38, 한국국악학회.

188 이규리(2003), 「조선후기 외방관기 연구」, 동국대학교 석사학위논문; 황미연(2008), 앞의 논문.

189 김은자(2003), 「조선후기 평양교방의 규모와 공연활동: 『평양지』와 『평양감사환영도』를 중심으로」, 『한국음악사학보』 31, 한국음악사학회.

190 김종수(2001), 『조선시대 궁중연향과 여악 연구』, 민속원.

191 이규리(2003), 앞의 논문.

192 성무경은 『교방가요』를 번역하여 소개하고, 이 사료를 토대로 지방 교방의 관변 풍류의 양상과 19세기 정재와 가곡의 관계 등을 연구한 바 있다. 성무경(2003), 「조선후기 정재와 가곡의 관계: 19세기 현상에 주목하여」, 『한국시가연구』 14, 한국시가학회, 315-345쪽.

府)와 육조(六曹)를 골간(骨幹)으로 구성되었다. 지방은 경기·충청·경상·전라·황해·강원·함경·평안 등 8도(道)로 나누고 아래에는 부(府)·목(牧)·군(郡)·현(縣)을 두었다.

교방이 많이 분포된 지역인 평안도·황해도·전라도·경상도는 각각 중국 사신과 일본 사신이 오가는 사행로(使行路)에 포함된다.[193] 사신을 접대하기 위해 교방이 존재했으며 관기가 동원되었던 것을 알 수 있는 사료들이다. 결국 분포현황을 통해 교방 밀집지역은 사행로와 거의 유사했다. 실제로 한성부터 의주까지의 연행로 총 18곳[194] 중 평양·정주·의주 등에서 교방이 나타난다.[195]

경상도(慶尙道)에서 교방이 등장하는 관청으로는 대구감영(大邱監營)·밀양부(密陽府)·김해부(金海府)·창원부(昌原府)·경주부(慶州府) 등 6곳이다.[196]

대구부 - 기생 31명
대구감영(교방) - 기생 35명
밀양부(교방) - 기생 22명

---

193 함경도 항흥부에서는 '교방'을 '백화원'으로 불렀다. 지금에 "백화원 영빈관(百花園迎賓館)"은 외국 국빈이 이용하는 북한 평양의 호텔이다. 흔히 "백화원 초대소"라고도 한다.

194 박기중 역(2001), 「연행로정도」, 『연행록전집 100』, 동국대.

195 황미연(2008), 앞의 논문.

196 員人名口(원인명구) 사람을 세는 단위는 대체로 "員"은 정직(正職)의 벼슬아치(官員), "人"은 잡직(雜職)이나 서리(書吏) 따위에 종사하는 사람(兩班), "名"은 보통의 평민을 셀 때 붙이던 단위, "口"는 천역(賤役)에 종사하는 노비나 賤民을 셀 때 쓰던 단위, 조선시대에는 노비는 생구生口라 불렀는데, 지금도 호구(戶口)나 인구(人口)라는 말에 남아있다. 〈원행을묘정리의궤〉.

김해부(교방), 창원부(관비방) - 기생 11명
경주부(악부), 상주목 - 기생 11명
성주목 - 기생 10명,
순흥현 - 기생 5구(口)[197]

특히 이 지역에서도 교방이란 관청을 창원부에서는 관노방(官奴房), 경주부에서는 악부(樂府)로 지칭하였다. 진주목(晋州牧) 교방의 근거 자료는 아래와 같이 『영남읍지』「진주지」에 나와 있다.

客舍는 飛鳳山 아래 高京里에 있다. 上大廳의 東軒과 西軒에는 각각 上房이 있다. 中大廳의 東西에는 각각 廳房이 있다. 서쪽 廳房 앞에 교방이 있다.[198]

조선시대 기악(妓樂)을 교습하던 교방은 객사(客舍)와 누정(樓亭)의 근처에 설치되어 사신접대에 기생을 효율적으로 운용할 수 있도록 하였다. 이는 국가적 능률주의의 일면으로 파악할 수 있으며, 관둔전(官屯田)의 하나로 기답(妓畓)을 두어 교방의 운영에 필요한 재정을 충당하도록 하였던 것도 같은 맥락에서 이해할 수 있다.

진주목의 교방은 정현석의 『교방가요』에서 '의암별제'를 통해서 우리나라뿐만 아니라, 동아시아의 교방문화 중심이 된다. 우리 문화에 대한 스스로 폄하가 아닌 자부심으로 내세울 수 있는 계기가 필요하다.

---

197 경상남도읍지(1832년경), 영남읍지(1871년경), 영남읍지(1895년경), 경남읍지(1871년경).

198 『嶺南邑誌』(1872), 〈晋州志〉 館宇.

교방의 악가무 및 시서화는 문화콘텐츠로서의 원형(Archetype)으로 응용 범위가 확대된다. 마틴 스코세이지의 "가장 개인적인 것이 가장 창의적인 것이다."처럼 창의적이고 싶으면 원형(元型)의 연구도 아울러 진행되어야 한다. 이를 위한 국내외 교방문화 관련 아카이브 작업이 선행하되, 앤솔로지 개념을 적용해서 연구하는 자세가 필요하다.

조선시대 교방의 명칭은 궁중 장악원의 전통과 함께 1470년 이후 계속되어 오다가 조선 말에 와서 여러 번 명칭의 변천과정을 거치게 되었다. 1895년 궁내부의 장례원으로 옮겼고, 1897년 명칭이 교방사로 바뀌었다. 그 뒤 1907년 장악과(掌樂課)로 되었고, 경술국치 직후에 장악과 소속의 음악인들은 아악대라는 명칭 아래 겨우 명맥만 유지했다. 아악대는 그 뒤 조선총독부에 의해 이왕직아악부(李王職雅樂部)로 개칭되어 8·15 해방 이전까지 쓰였다. 해방과 함께 이왕직아악부는 구왕궁아악부(舊王宮雅樂部)로 개칭되어 장악원의 전통을 이어오다가, 대한민국 정부가 수립된 이후 1950년 1월 18일 대통령령 제271호로 국립국악원의 직제가 공포되고, 1951년 4월 9일 부산에서 국립국악원이 설립됨으로써 이왕직아악부의 전통이 국립국악원으로 이어져 오늘에 이르게 되었다.

조선왕조의 몰락과 함께 궁중의 악원제도와 여악제도가 붕괴되었고 장악원에 예속되어 있던 관기도 해산하기에 이른다. 1908년에 공포된 '기생 단속령'과 '창기 단속령'으로 궁중의 장악원에 있던 관기의 관리는 일본 경시청으로 이전되면서 실질적인 교방은 해체되고 관기는 사라지게 되었다. 이와 함께 궁에서 나온 관기와 지방 교방의 관기들은 스스로 기생조합을 만들어 활동을 하였다.

조선시대 지방의 관아에서는 교방직을 두어 교방의 운영을 돕도록 하고, 관둔전의 일종으로 기답을 두어 교방 운영에 필요한 재정적 기반을 마련했으며, 재난이 있을 때 교방에 쌀을 지급하였다. 이러한 사료들은 기생이 관노·사령 등과 더불어 국가의 직역을 위해 존재했던 신분계층임을 입증하는 것이다. 동시에 교방의 운영을 원활하게 하려는 국가적 능률주의의 일환으로 파악할 수 있다.[199]

조선시대 기생의 배출지로 이름났던 곳으로는 서울·평양·성천·해주·강계·함흥·진주·전주·경주 등이다. 일제강점기에는 권번(券番)이 이 지역에서 이러한 역할을 이어갔다. 동기에게 노래와 춤을 가르쳐 기생을 양성하는 한편, 기생들의 요릿집을 지휘하고 그들의 화대(花代)를 받아주는 역할이었다. 비로소 일반인도 요릿집에서 만날 수 있는 존재가 된 기생은 권번에 적을 두고 세금을 바쳤으며, 이들 권번 기생은 다른 기녀들과는 엄격히 구분되었다.[200]

특히 영호남 춤은 고려·조선시대를 거치면서 교방과 매개되었고 일제강점기엔 권번을 통해 전승되었다. 특히 조선시대 지방 관아 혹은 감영이 있던 곳에는 대부분 교방이 설치되었다. 교방관기들이 선상기(選上妓)로 선발되어 궁중연향에 참가하였고 그들에 의해 궁중정재가 지방으로 이식되었다. 이러한 현상은 영남지역에서 두드러지게 나타난다. 호남보다 영남지역이 교방정재 비중이 월등이 높은 것은 이러한 내력과 관련이 깊다.[201]

---

199 이규리(2005), 앞의 논문.

200 신현규(2007), 『기생이야기』, 살림지식총서.

201 "유가의 예악사상이 투영된 교방정재가 영남지역 독서인층의 관심과 지원으로 꽃을 피웠다면, 호남은 개혁적 성향의 유학자 내지 주체의식을 소유한 실학자들의 대표적 유배지로 교방정재의 전통은 미약한 편이다. 반면 조선후기 실학과 매개된 새로운 예술장르가 호남지역에서 싹터 나왔음은 흥미로운 사실이다. 속악(俗樂)의 주요 장르로 즉흥성과 개성이 중시된 시나위, 산조 등을 비롯 판소리가 발원된 고장도 호남이

2) 진주예기권번의 역사

1919년 발간된 『조선미인보감』에는 한성권번의 소속된 189명 중에 진주 출신 기생은 무려 15명이 확인된다. 평양 출신에 이어서 그 다음으로 많다. 앞서 언급한 바와 같이 교방관기들이 선상기(選上妓)로 선발되어 궁중연향에 참가하였다가 한성기생조합으로 합류한 중요한 근거로 삼을 수 있다. 특히 후에 한성권번 소속으로 된 명단은 그 근거가 된다.

물론 궁중정재가 지방으로 이식된 것이 바로 진주권번의 일제강점기 시기 수업내용의 중심이 된다. 예컨대 헌선도, 포구락, 고무, 선유락, 승무(중춤), 검무, 굿거리 등이었으며, 진주교방만이 유일하게 의암가무를 교방가요에 추가된 공연인 셈이다. 그러나 해방 이후 국악원으로 개칭한 후 수업내용은, 포구락, 검무, 굿거리, 살풀이춤, 승무(장삼승무), 의암가무, 한량무, 팔선녀무, 바둑춤, 쟁기춤 등으로 변화를 보였다.[202]

한성권번(漢城券番)은 1908년에 광교의 '한성기생조합'을 효시로 창립되었는데, 이 조합은 왕실 궁중 기생중심의 약방기생으로 기생서방이

아니던가. 20세기 초 판소리가 하나의 공연 장르로 안착되면서 이른바 전국화하는 경향이 나타났다. 그 즈음 호남에서 영남으로 전통가무악이 확산되었는데, 박기홍·박지홍의 역할이 컸다. 그들과 사승관계를 맺은 제자 대부분은 후일 여류명창으로 혹은 명무자로 일가를 이뤘다. 나주 출신 강태홍이 영남으로 옮겨가 제자를 양성하였고, 서편제 판소리 명창 장판개를 숙부로 둔 장월중선 역시 경주로 이주하여 호남제 전통가무악을 영남으로 확산시켰다. 이와 같은 현상이 도래한 것은 여러 요인이 있겠으나 개화기 철도개설을 통한 교통망의 확충과 새로운 상업자본이 집결된 근대 신흥도시 중심으로 권번과 극장공간이 출현하면서 생겨난 새로운 현상이라 할 수 있다. 전통사회에서 근대사회로의 이행기, 영호남의 전통가무악의 교섭은 매우 활발하게 이루어진 편이다. 오늘날 영호남 지역에 전승되고 있는 전통가무악의 융숭 깊은 문화유산은 이와 같은 결과의 소산이라 해도 과언이 아니다." 성기숙(2020), [성기숙의 문화읽기] 영호남 춤의 교섭과 우리시대 춤지도자상(像), 『서울문화투데이』, 2020.10.16.

202 김정녀(1989), 「권번의 춤에 대한 연구」, 『한국무용연구』 7, 한국무용연구학회, 42쪽.

한성권번 – 〈조선미인보감(1919)〉

있는 '유부기조합'이었다. 후에 한성기생조합은 한성권번으로 명칭을 변경하였으며, 1938년에는 주식회사 한성권번 부속 기생학교가 인가되었다. 당시 기생학교는 보통과(2년), 본과(1년), 전수과(1년)가 있었으며, 입학 연령은 12세로 1938년 5월 초 개교 계획이 언론에 소개되었다.[203]

이는 무용수가 많아 필요한 정재에 더 두드러지게 나타나는 것으로서 인원수가 많이 필요한 고무나 선유락 수업은 빠지고 팔선녀무, 한량무, 바둑춤, 쟁기춤이 추가된 것으로 보인다.

진주권번은 해방 후 퇴기들에 의해 무용연구소가 개별적으로 생겨나 진주교방의 악가무를 이어갔으며, 의암별제의 현무이던 진주검무가 1967년 국가중요문화재 제12호로 지정되면서 전승구조의 형태를 갖추게 되었다.[204]

---

203 신현규(2007), 『기생이야기: 일제시대의 대중스타』, 살림출판사(지식총서), 23쪽.
204 이말애(2006), 「진주교방굿거리춤사위에 대한 고찰」, 명지대학교 석사학위논문, 7쪽.

최순이는 진주 교방청에 소속된 관기였다가 해산 후 기생조합과 권번에서 활동하였다. 최순이는 1918년부터 후학을 양성하였으며 제자로는 김녹주, 이윤혜, 김자진, 서상달, 강귀래, 최예분, 이음전, 김수악이 있다. 최순이는 김수악에게 진주교방굿거리춤과 검무를 전수하였으며, 김수악은 진주검무로 국가지정 무형문화재 보유자, 교방굿거리춤으로 경남무형문화재 지정되었다.[205]

진주교방 해체 이후 진주권번에 관해 상세히 기록된 것으로는 일본인 가쓰다 이스케(勝田伊助)가 1940년 진주에 관한 내용을 기록한 책인 『진주대관』이 있다. 『진주대관』은 '진주예기권번'을 다음과 같이 전한다. 기생 1백 여 명과 견습생 50~60명으로 학부를 설치해서 오전, 오후 두 번에 걸쳐서 시간을 정해 가무, 음곡, 산수, 국어, 예법 등을 가르쳤다. 더욱이 견습생들은 각 과목에 있어서 약 3개년의 수업 연한을 붙여서 고전시조, 가야금 등 무곡 외에 유행가, 서화, 국어, 예법, 샤미센(三味線) 등 일본 것, 기타 수신, 산수 등 학술방면에도 과정을 더해 교육을 시켜 합격자에 한해 기생자격을 부여하고 3개년의 의무년한제를 제정해서 옛날 못지않게 진주 기생의 양성에 목적을 두고 있다.[206]

진주권번에서 가르친 춤 종목을 살펴보면 정재와 민속춤이 있는데, 정재로는 봉래의, 선유락, 포구락, 무고, 검무, 항장무, 연화대무, 아박무, 육화대, 헌선도, 향발무, 황창무, 처용무 등이 있고 민속춤으로는 쌍승무와 굿거리춤, 한량무가 있었다.

---

205 송미숙·강미영(2019), 「권번 기생의 춤 활동이 한국무용계에 미친 영향」, 『우리춤과 과학기술』 45, 한양대 우리춤연구소.

206 박노정(1995) 번역, 『진주대관』, 진주신문사.

거리춤, 한량무가 있었다. 김수악에 의하면(2004년 11월 28일) 진주권번은 큰 고가(古家) 두 채로 이루어져 있었으며 위치는 지금의 대안동 우리은행 자리이다. 당시 월 200원 정도의 월사금을 냈으며 3등급으로 나뉘어져 시험을 치러 등급을 통과하였다. 북, 소고, 검무의 검 등 소도구는 모두 본인이 사비로 구입했다. 당시 권번의 학습 규율은 무척 엄해 길을 걸을 때 곁눈질도 못하게 하였으며 아무리 배가 고파도 길거리에서 음식을 사먹지 못하도록 했다. 아홉시 경에 권번에 도착하면 오후 다섯 시 반 정도까지 하루 종일 수업을 받았다. 오전에는 주로 소리와 악기를 배우고 점심식사 후에 춤 수업이 진행되었으며 이후 마칠 때까지 개인수업과 개인연습이 진행되었다. 진주 기녀사회는 국가적 제도의 변천과 더불어 소멸되어 갔다. 권번이 해체되고 기생문화의 부정적 시선으로 인해 대부분의 기녀 출신 예인들은 신분을 숨기고 살게 되었다.[207]

진주기생들도 기생조합을 만들었지만 얼마 안 가서 경영이 어려워지고 많은 부채를 안게 되자 1915년 일단 해산하였다. 당시 경무부장 전전승(前田昇)은 기생조합의 해산을 애석하게 여기고 경찰서에 근무하고 있던 최지환(崔志煥)에게 재조직을 하기를 명했다. 이리하여 금향(錦香) 이하의 노기들이 일어나서 기생조합을 일으키고 얼마 되지 않아 부채를 갚게 되었다. 그러나 시대의 변화로 조합은 남자들에게 경영권이 옮겨지고 조합의 건물은 진주유치원의 기본재산으로 기부했다. 즉 진주기생조합은 1915년을 기점으로 경영권을 넘기고 권번체계로 들어가게 된 것이다.[208]

---

207 남선희(2014), 「진주지역 교방춤 전승 연구」, 『영남춤학회』 2권 1호(통권 제2호), 영남춤학회.

1939년 진주예기권번(晋州藝妓券番)

이후 진주 예기권번은 진주권번이라는 이름으로 불렸다. 최고 번성기 진주권번은 기생 수가 약 100여 명에 이르렀고 견습 기생만 해도 5, 60명에 달할 정도로 성황을 이루었다. 관 주도의 성격에서 민간 주도의 권번 형태로 전환되어 6.25 이전까지 지속되었다.

일제강점기 기생조합은 권번(券番)으로 이름이 바뀌었다. 당시 기생이란 직업은 조선총독부(朝鮮總督府)의 허가제(許可制)였기 때문에 모든 기생들은 권번에 기적을 두어야만 기생 활동을 할 수 있었다. 권번은 기생들이 요정에 출입하는 것을 지휘, 감독 및 직업적인 기생을 양성하는 교육기관의 역할도 담당했다.[209]

1925년 진주에서 시간대 문제로 기생과 요리점간의 분쟁이 발생한다. 기존의 수수료 분쟁과는 달리, 시간대 수합과 정산의 책임을 요리점들이 지고 싶지 않아 발생한 갈등이었다. 분쟁은 기생 개인을 넘어 기생조합, 권번과 요리점간의 분쟁으로 확대되었다.

---

208 "진주권번의 경영자는 서진욱(徐珍旭)이 권번장이되었다가 김창윤(金昌允)씨의 손으로 넘어가서는 권번의 이익금이 농단되었다. 그러나 김창윤이 죽자 경찰서장 통구선구(桶口善久)는 1938년(소화 13년) 12월 27일 최지환(崔志換), 전두옥(全斗玉), 박규석(朴奎錫), 김동식(金東式), 정태범(鄭台範), 허억(許檍), 강주수(姜周秀) 등 8인을 지명하여 권번 경경의 허가를 주었다. 그리하여 1939년 11월 2일 주식회사 예기권번이 창립되었다."

209 신현규(2007), 『기생이야기』, 살림지식총서.

> 진주에서는 팔월초순부터 시내 각 요리점과 기생조합 사이에 기생노름채 문제로 분쟁이 일어나 십여개되는 요리점이 동맹하고 기생을 안 부르기로 동맹하였다는데 …… 기생시간대를 기생조합에서 직접 받게하라는 요구를 제출한즉 기생조합은 듣지 아니함으로 그대신 종전일할 먹든 기생시간대를 이하로 하여달라 요구하였으나 (진주) ("기생불동맹 진주료리업자들이" 『매일신보』 1925, 2면)

진주의 요리점들은 동맹을 맺고 기생의 시간대를 기생조합에서 직접 받으라고 요구하였다. 그러나 기생조합이 요구에 불응하자, 요리점에서는 종전의 일할(10%) 대신 시간대의 이(20%)을 수수료로 분배해달라고 재차 요구한다. 요리점과 조합 모두 기생의 시간대수합을 기피하는 모습에서, 당시 손님에게 비용을 받아내는 일이 녹록치 않았음을 파악할 수 있다.[210]

이러한 진주권번은 1928년 4월 김창윤에 의해 세워졌다. 그 후 1939년 10월 전두옥에 의해 자본금 5만 원의 주식회사로 바뀌게 된다. 진주권번의 춤 교육 기간은 3년이었다. 교육수료 후 반드시 졸업시험을 쳤으며, 심사는 춤 선생과 권번장 그리고 권번 후원인 자격으로 참여한 춤에 안목이 있는 지방의 유지들이 맡았다. 기생들은 졸업시험에 합격해야만 소위 놀음을 나갈 수 있었다. 놀음의 형태는 관에서 베푸는 행사와 개인연회가 있었고, 장소는 주로 큰 요릿집이나 요정이었다. 기생들이 춤과 소리, 가야금, 거문고 등을 연주하고 받는 화대는 대개 권번과 약 7 : 3으로 분배되었다. 놀음의 대가로 받는 화대는 시간단위로 계

---

210 이정민·김영희(2021), 「일제강점기 기생의 임금 구조와 분쟁에 대한 시론적 고찰: 1920-30년대 신문 기사를 중심으로」, 『무용역사기록학』, 무용역사기록학회, 113쪽.

산되었다. 진주권번에서는 반드시 기예기생만이 놀음을 나갈 수 있었다. 기생이 놀음을 나갈 때에는 권번장을 비롯한 한두 명을 딸려 보내 기생들이 놀음을 잘 할 수 있도록 도와주는 역할을 맡겼다. 기생들이 놀음과정에서 권번에서 정해놓은 규정이나 법도를 어긴 경우에는 즉시 보고되었고, 경우에 따라서는 별도의 책임과 추궁까지 뒤따르는 등 매우 엄격한 면모를 보였다. 그 규정 중의 하나는 손님상에 차려진 음식에는 먼저 손을 대서는 절대 안 된다는 것이었다. 그래서 요정에서는 기생들을 위해 따로 음식상을 차려 내주기도 했다.[211]

〈진주권번〉 관련 「晉州妓生 水害救濟演奏 同情을 渴望」의 매일신보 기사가 아래와 같이 게재되었다.

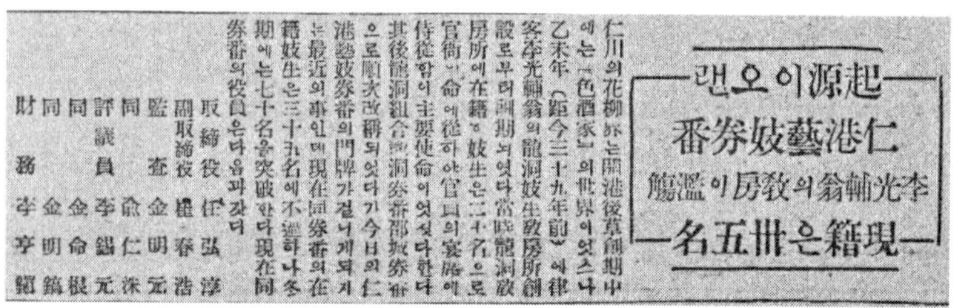

仁港藝妓券番
起源이오랜
李光輔翁의敎房이濫觴
現籍은卅五名

仁川의花柳界는開港後草創期中에는「色酒家」의世界이엇스나乙未年(距今三十九年前)에律客李光輔翁의龍洞妓生敎房所創設로부터該期의엿다當時龍洞敎房所에在籍한妓生은二十名으로官衙의命에從하야官員의宴席에侍從함이主要使命이엇섯다한다其後龍洞組合과[illegible]券番으로順次改稱되엿다가今日의仁港藝妓券番의門牌가걸니게되기는最近의事인데現在同券番의在籍妓生은三十九名에不過하나冬期에는七十名을突破한다現在同券番의役員은다음과갓다

取締役 任弘淳
同取締役 崔春浩
監査 金明元
同 兪仁洙
評議員 李錫元
同 金命根
同 金明鎬
財務 李亨鎔

『매일신보』 1928.9.21. 4면.

> “〈진주〉 진주권번에서는 19일부터 2일간 當地 記者團과 北鮮水害救濟會의 後援으로 關北罹災民 救濟를 목적으로 演奏會를 개최한다는데 일반의 두터운 同情이 있기를 바란다더라.”[212]

---

211 신현규(2007), 앞의 책.
212 『매일신보』, 1928.9.21. 4면.

그 당시 기생에 대해서는 호감과 배척이라는 이율배반적인 성격이 함께 들어 있다. 한쪽에서 보면 기생들은 적어도 봉건적인 유물로서 배척해야 할 대상이었으나, 실상은 현대적인 대중문화의 스타이기도 하였다.

진주권번 계홍

권번은 정식 국악교육기관은 아니었으나 민속음악의 교육에 적지 않은 공헌을 하였다. 일제강점기를 거치면서 우리나라 기생의 이미지가 '창기', '작부'와 동일시하게 만드는 계기는 일본의 성풍속이다. 서로가 다름을 인정하는 인식의 출발이 없이 일본의 성문화 관점에서 예악문화의 계승자였던 권번 기생의 이미지에 대한 아우라(Aura)를 부정하고 있다. 타락한 소수의 사이비 기생과 유녀들이 '기생'으로 참칭하면서 기생 이미지는 왜곡되었다. 뭇 사람들도 '기생 파티'란 말을 거부감이 없이 사용하고 있다. 그러나 본질 면에서나 역사적 시각에서 기생의 이미지는 보존되어야 하며 이를 지켜낼 의무가 기생 연구자의 몫으로도 남겨져 있다.

3) 진주교방문화의 가치

진주교방문화의 역사를 앤솔로지 개념을 적용해서 그 가치를 밝히고자 하였다. 여기서 앤솔로지(anthology)는 한마디로 '선집(選集)'을 말한다. 교방문화에 대한 국내외 자료를 모으는 아카이브에 앤솔로지를 적

진주권번 기생 유

용하자는 것이다.

아카이브(archive)는 역사적 가치 혹은 장기 보존의 가치를 가진 기록이나 문서들의 컬렉션을 의미하며, 동시에 이러한 기록이나 문서들을 보관하는 장소, 시설, 기관 등을 의미한다. 한국과 중국의 교방 관련 자료는 디지털 아카이브 진행에서 앤솔로지를 통한 통시적 및 공시적 선별이 필요하다.

왜냐하면 진주목의 교방은 정현석의 『교방가요』에서 '의암별제'를 통해서 우리나라뿐만 아니라, 동아시아의 교방문화 중심이기에 하나의 기준이 성립되어야 하기 때문이다. 우리 문화에 대한 스스로 폄하가 아닌 자부심으로 내세울 수 있는 계기가 필요하다. 교방의 악가무 및 시서화는 문화콘텐츠로서의 원형(Archetype)으로 응용 범위가 확대된다. 이를 위한 국내외 교방문화 관련 아카이브 작업이 선행하되, 앤솔로지 개념을 적용해서 연구하는 자세가 필요하다.

권번 기생의 조선박람회 콘텐츠

1. 조선박람회에 나타난 권번 기생 연구

일제강점기 조선에서는 대·소형 박람회와 공진회가 173개나 열렸다. 조선총독부가 1910~40년 사이에 일본에서 열린 박람회·공진회에 참여한 것도 104차례에 이른다. 박람회는 일본이 식민 지배를 정당화하는 수단이었으나, 동시에 산업발전을 이끌고 유행과 소비를 창출했으며 민중에게 유흥을 제공했다.[213]

특히 조선물산공진회(朝鮮物産共進會)는 1915년 9월 11일부터 10월 30일까지 일제가 일부 건물을 훼손하거나 수축하여 경복궁에서 전국의 물품을 수집·전시한 대대적인 박람회라 볼 수 있다.

조선박람회는 경성박람회(1907), 조선물산공진회(1915)에 이은 세 번째였지만 규모상 가장 큰 규모였다. 당시 50일 동안 총 입장객수가 3백만여 명, 수입액만도 약 5백만 50전에 달했다. 이러한 외형적 성과는 사실상 일제관헌 주도의 조직적 동원에서 비롯된 것으로 일본의 정치 업적과 권위를 자랑하기 위해 조선총독부가 주최했다는 점에서 오늘날

213 이각규(2010), 『한국의 근대박람회』, 커뮤니케이션북스.

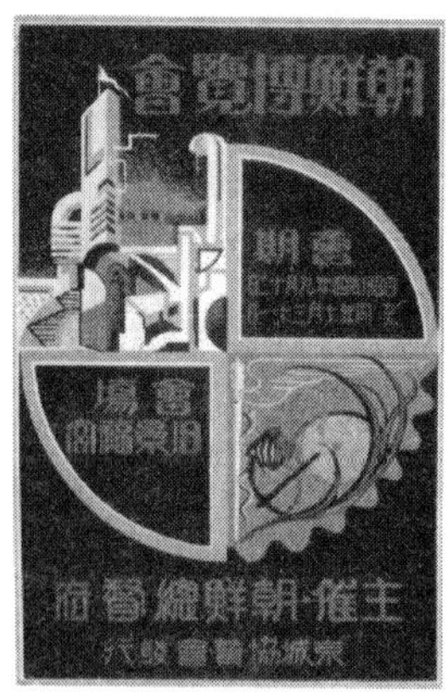

1929년 조선박람회 포스터

의 상업적 박람회와는 차이가 있다.[214]

역사적 배경은 일제는 한국을 강제로 병합한 이후, 한국인에게 군사력과 경찰력으로 철저한 물리적 통제를 가하였다. 그들은 또 한편으로는 지배의 합법성을 창조하고 유지하기 위해 문화와 역사를 교묘하게 왜곡하거나 조작하면서 한국민의 상대적 열등성을 과학적으로 증명하는 작업을 병행하였다. 또한 1910년대에 무단정치를 실시하면서 일제는 동시에 동화주의를 표방하였다. 그들은 총독정치가 조선인민의 복리를 증진하는 데 기여한다고 강변하면서 병합으로 한국민은 큰 혜택을 입고 있다고 선전하였다. 일제는 병합의 정당성을 합리화하고 이른바 조선의 진보와 발전을 한국민에게 전시하려는 의도에서, 시정(施政) 5년을 기념한다는 명분으로 조선물산공진회를 개최하여 전국의 농민들까지 강제 동원하며 관람하게 하였다.

그 내용은 이 박람회에 출품된 품목들은 한국에서 생산된 물품뿐만

---

214 「조선박람회보고서」에는 경성협찬회의 성립을 비롯, 개회전의 시설 예산 및 홍보전략, 자금조달 등의 준비단계에서부터 개회중의 접대, 여흥 그리고 폐회후의 잔무처리까지 소상히 실무차원에서 다루고 있다. 이 보고서는 조선박람회의 취지를 "조선의 과거 위대한 문화유산과 20년 반도통치의 실적을 안팎에 떨치기 위해 기획되었으며 조선으로서는 일본의 지식 기술 경험 등을 수입할 좋은 기회였다"고 설명한다. 이러한 식민지 경영적 시각의 한계에도 불구, 입장권 행사장배치도 행사 과정 등을 망라하고 있어 사료적 가치가 크다. 예기와 권번(기생교육기관) 출신들이 무대에 올랐던 연예관, 연주 중심의 행사가 벌어지던 야외관, 상당히 대담한 차림의 서양무희가 등장해 관람객의 이목을 끌었던 만국가, 회전목마 비행탑이 설치된 〈어린이나라〉 코너 등 행사가 다채롭게 열렸다.

아니라 일본의 생산품으로서 한국민에게 필요하다고 생각되는 품목과 외국의 수입품 중에서 판로 확장이 필요하다고 인정되는 품목들이 추가로 전시되었다. 동시에 박람회에는 산업, 교육, 위생, 토목, 교통, 경제 등에 관한 시설 및 통계를 망라한다는 전시원칙이 정해졌다.

전시내용을 구체적으로 보면 다음과 같다.

농업부(農業部)에는 오곡(五穀), 연초, 인삼, 대마(大麻), 과실, 채소, 양잠, 가축, 비료, 농구, 농작법 및 성적 등이 포함되어 있다. 척식부(拓植部)는 이민 모집, 배치, 보호, 감독 방법 및 성적으로 구성되어 있다.

임업부(林業部)는 종자, 묘목, 목탄, 과실, 수액, 임산물 제조방법 및 성적, 조림, 삼림보호 방법 및 성적, 벌목, 운재(運材), 제재(製材), 저재(貯材)의 방법 및 성적, 임업용 기구·기계로 구분되었다. 광업부(鑛業部)는 광물 및 광산물, 석재(石材) 및 토석지질(土石地質)의 표본, 광업의 방법 및 성적이 주요내용을 이루고 있다.

수산부(水産部)에는 수산물 제조법, 채취법, 어로 방법 및 장치, 어선과 기타 설비, 어구 원료 및 제작기구, 양어지(養漁地) 설비, 양식법, 수산물 제조, 번식보호 방법 및 성적 등이 전시되었다.

공업부(工業部)에는 구분 항목이 가장 세분화되어 있다. 여기에는 직물류에 관한 사항, 자기류, 광물의 세공법, 종이류, 가죽제품, 인쇄 및 사진, 주정(酒精), 과자류에 이르기까지 세분화되어 전시되었다. 교육부(教育部)에는 학교 분포, 교사의 설비, 교과서 및 교수용구, 교수훈련의 방법 및 성적, 교육에 관한 조사통계 등이 전시되었다.

토목(土木) 및 건축부(建築部)에는 철로의 개설과 수축 계획 및 성적, 항만 수축 계획 및 성적, 수도·하수의 계획 및 성적, 철도시설의 계획

1929년 조선박람회 권번 기생의 공연이 이루어진 〈연예관〉

및 성적, 수륙운송(水陸運送) 방법 및 성적, 교통 및 항로표식에 관한 시설 및 성적에 관한 내용들이 전시되었다.

경제부(經濟部)에는 은행, 금융조합, 회사, 조합, 시장 등의 경영 방법 및 성적, 토지조사 계획 및 성적, 화폐, 도량형기 및 보급 성적, 각종 산업의 생산액 및 자본액, 무역, 재정 및 금융, 물가, 금리 등에 관한 것 등으로 구성되어 있다.

위생(衛生) 및 자혜구제부(慈惠救濟部)에는 의료기관의 분포, 병원 설비 및 의료용구, 소독소, 전염병 예방에 관한 시설 및 성적, 공중위생에 관한 시설 및 성적, 위생에 관한 조사와 통계, 자혜구제사업의 방법 및 성적 등에 관한 내용이 전시되었다.

경무(警務) 및 사옥부(司獄部)에는 경무에 관한 시설 및 성적, 민적(民籍), 감옥의 경리 및 성적품 등으로 이루어져 있다. 미술 및 고고자료부(考古資料部)에는 미술품과 고고자료 등이 전시되고 있다.

이를 통해 일제는 병합 후에 한국의 산업상황이 얼마나 많이 개선되고 진보되었는가를 적극적으로 선전하고자 하였다. 한편, 일제는 박람회 개최와 동시에 중류 계층들을 중심으로 한 각종 대회를 개최하여 그들에게 병합의 정당성을 주지시키고자 하였다.

일제는 박람회 시기에 요리업자대회, 전신도직대회(全神道職大會), 금물상대회(金物商大會), 신문기자대회, 광업연합간화회(鑛業聯合懇話會), 적십자사 및 애국부인회총회, 철도국조혼제(鐵道局弔魂祭) 및 표창식, 주조업자대회, 이입주상대회(移入酒商大會), 운수업자대회, 평양적애총회(平壤赤愛總會), 수산간화회(水産懇話會), 의학대회, 약학대회, 조선상업회의소연합회, 조선농회총회, 의생대회(醫生大會) 등을 동시에 유치하였다.[215]

1) 조선박람회에서 나타난 관광 안내서와 기생

당시 일제강점기 관광 안내서는 조선명물을 첫째 금강산, 둘째 기생, 셋째 인삼 등을 자주 인용하면서 확대되어 재생산되었다. 일제강점기에 일본이 조선 여행 안내서를 통해 '신내지'화된 조선을 묘사하는 방식은 크게 두 가지였는데, 그것은 '전근대적인' 조선과 일본에 의해 '근대화된' 조선이었다.[216] 조선 여행안내서 『대경성안내』 권두사(卷頭辭)에는 발간의 동기에 대해 명확하게 밝혔다. 즉 "공전의 장관인 조선박람회를 기회로 삼아 『대경성안내』를 편집되었다"고 한다. 이를 미루어 보듯이 1929년에 개최된 '조선박람회'에 맞추어 제작되었다.[217]

---

215 『매일신보(每日申報)』, 『施政五年紀念朝鮮物産共進會報告書』(朝鮮總督府, 1916.3).

216 전수연(2010), 「근대관광을 통해 드러난 일본의 제국주의: 1900년대 이후 일본의 조선 관광과 여행안내서를 중심으로」, 『美術史學報』 35, 미술사학연구회, 326쪽.

217 신현규(2014), 「大京城案內(1929)에 나타난 기생 이미지 연구」, 『근대서지』 10, 근

1915년 조선물산공진회 관람권 및 야간 입장권

1929년 조선박람회의 전시물과 유흥거리를 모두 구경하려면 꼬박 3일이라는 시간이 걸렸다. 각 전시관의 일주 거리를 늘어놓으면 80리(약 32km) 가량이나 되었다고 한다. 주최 측에서는 회장 입구에 '조선박람회회장안내도'를 비치하여 입장객들에게 무료로 나눠주고 여기에 동선을 표시하여 체계적으로 관람할 수 있도록 도왔다. 이 동선에 따르면 먼저 회장 정문 입구의 매표소에서 입장권을 사서 입장한 후 조선의 생산품을 일목요연하게 진열해 놓은 '산업남관'과 '산업북관' 그리고 조선의 쌀을 선전하는 '미관(米館)'을 둘러보고, 미취학아동과 불량아 및 부랑아 등의 보호시설, 생활개선과 직업소개 등의 사회사업시설, 각종 경제기관 관련 출품을 모아놓은 '사회경제관'을 참관하게 된다. 그리고 좌측에 위치한 '심세관'에 들어가(경쟁적으로 기교를 다하여 설비한) 각 도의 자랑거리를 본 후에 다시 우측으로 가서 유치원부터 대학까지 각 교육에 관한 통계와 도면, 모형, 성적, 미술관, 동식물, 명승고적, 천연기념물에 대한 출품을 진열한 '교육미술공예관'을 시찰한다.[218]

대서지학회.

1929년 조선박람회 입장권

본래 박람회는 짧은 기간 동안에 다수의 사람에게 전시효과를 내는 목적이 있기에 이 박람회에서는 기생을 조선의 상징으로 내세웠다. 1907년 경성박람회에서 10명의 기생이 잡가를 부르기도 하고 검무를 추기도 하였다. 1907년 경성박람회에는 처음으로 물품을 간수하는 여성도우미(여간수)가 등장했다. 조선과 일본의 기생 세 팀이 교대로 잡가와 검무 등을 공연하면서 관람객 유치를 위해 노력했다. 이후 조선에서 개최된 크고 작은 박람회에는 기생들이 흥행몰이를 위한 단골메뉴로 등장한다.[219] 이어서 조선의 명산, 금강산 교통망의 대모형과 주요 항만, 도로, 하천 개수의 상황을 출품한 '토목건축교통관'과 위생·경무·사법당국에서 출품한 '사법경무위생관', '기계전기관'을 보고, 그 사이에 위치한 '충청남도관', '함경북도관', '전라남도관', '음악당' 그리고 사설음식점 등을 둘러본다. 그다음 경회루 연당을 끼고 우측으로 돌아 '일본관', '오사카관', '나고야관', '평안북도관', '전라북도관'을 구경하고, '연예관', '규슈관', '산림관', '도쿄관', '야외극장'을 지나 중국색이 풍부한 '만몽관'에 다다르면 중국 복장의 미인이 따르는 중국차 맛을 볼 수 있다. 다음은 아동기차를 타고 조선과 세계의 풍경을 파노라마식으로 볼 수 있는 '아동국'을 돌아본 후 다시 왔던 길로 돌아나가 현대 군기(軍器)의 정예를 진열한 '육해군관'과 '활동사진관',

---

218 이경민(2012), 『경성, 카메라, 산책』, 아카이브북스.

219 이경민, 위의 책.

'축산관'을 구경하고 향원정에서 휴식을 취한 뒤 육교를 건너 경성협찬회에서 마련한 각종 흥행물과 음식점 구역에 다다르면 비로소 박람회 구경을 마치게 된다.[220]

일제는 병합 후의 조선의 진보를 전시하고 과시함으로써 이른바 일선융화를 강조하고 일선동화를 촉진하기 위한 구체적인 실천수단으로서 조선물산공진회를 열었던 것이다.

2) 박람회 문화융합 공간에서의 '기생'

조선박람회 개최기간 동안 조선총독부는 사상적 침투의 저지에 나서는 한편, 전염병 예방에도 총력을 기울였다. 경기도 경찰부에서는 박람회를 앞두고 경성에 일시에 많은 인파가 몰리면 전염병이 유행하지 않을까 하여 그에 대한 예방책으로 1929년 7월 중에 기생과 창기, 음식점 뽀이와 카페 여급, 여관 하인 등 모든 접객업자에 대하여 정밀한 분뇨 검사를 실시했으며, 경성 주민들 가운데 의심할 만한 체질을 가진 사람 약 1만 명을 대상으로 예방주사를 맞혔다.[221]

1929년 조선박람회 홍보 포스터

---

220 1929년 조선박람회가 열리면서 경성 인구는 30만 명에서 100만 명 이상으로 늘었다. 시골 사람들이 논 팔고 올라와 근대의 인공도시를 감상하면서 근대 소비자로 변화했으며, 수많은 소작농도 박람회의 임시토목공사장에서 일하면 돈벌이가 된다는 말을 듣고 올라왔다.

221 "또한 8월에는 경무국 위생과에서 각 도의 위생과장회의를 열어 9월에 개최될 박람

1915년 조선물산공진회장으로 행진을 강요받은 권번 기생 행렬

1923년 10월에 열린 조선물산공진회는 경복궁 내 72,800평의 부지와 5,352평의 진열관을 전시장으로 총 13부의 전시 부문으로 구성된 성대하고 다채로운 행사이었다. 당시 조선총독부는 박람회의 흥행을 위해 기녀들을 대거 동원하였다. 조선총독부 기관지인 매일신보가 증면하면서 계속적으로 선전했던 정치적 이벤트이기도 했다. 공진회 포스터에는 기생이 중요한 이미지로 표현되었다. 궁중 정재의 복장을 한 기녀의 모습이 화면 전면에 그려져 있었다. 그 배경에는 경회루와 제1호관을 중심으로 공진회장의 모습이 위 아래로 나누어져 있다. 포스터의 중앙에 등장한 기생이야말로 박람회의 대표적 이미지가 된 셈이다.

조선물산공진회에 동원된 권번 기생들은 박람회 당일 오전 8시부터 경성호텔에 집합을 당하고 조선총독부 관저로 가서 만세삼창을 해야만

회의 방역시설에 대한 협의를 하는 한편, 총 5만 원의 비용을 들여 남녀 접객인의 건강진단 실시를 결정하였다. 전염병이나 항일운동이나 모두 예방과 단속의 대상이었다는 점에서 둘 사이의 동질성을 읽을 수 있다." 이경민, 앞의 책.

했다. 바로 경성부청 앞, 지금의 서울시청자리를 지나 남대문통으로 해서 황토현, 지금의 동아일보 자리를 거쳐 경복궁의 조선 공진회장으로 향하는 행진을 강요받았다.

조선물산공진회에서 벌어진 권번 기생들의 여흥에는 공진회의 입장권을 사는 이에게는 잡화품 할인 구매권을 첨부하여 주었다. '사람찾기'라는 놀이도 있었다. 경성의 각 권번에서 5명의 기생을 뽑아 변장을 시켜 장내에서 돌아다니게 하고, 이것을 발견하는 이에게 20원짜리 상품권을 준다는 내용이다. 놀이는 하오 1시부터 3시까지 벌어졌으며, 발견한 사람은 그 기생의 이름을 부른 후 기생에게 '발견증'을 받고 기생과 함께 경회루 수상 장소로 가서 상을 타는 것이었다.[222]

더구나 당시 변장한 기생은 한성권번 조옥향, 한남권번 오유색, 조선권번 이난향, 대동권번 김산월 등이었다. 만일 찾는 사람이 없이 3시가 넘으면 상금은 기생의 차례로 간다 하여 각 권번에 뽑힌 기생들은 변장을 더욱 열심히 했다. 또 다른 놀이는 '변장행렬'로 장내에서 개업을 하고 있는 각 상점 관계자와 공진회 관계자들이 각각 자신들의 꾀를 다하여 변장을 한 후 장내를 순회하였고, 그 외에도 누구든지 변장을 하고 참가할 수 있었다. 변장한 사람은 전부 경회루 앞에서 심사를 하여 10등까지 상품을 주었다.

공진회에 빠질 수 없는 것이 바로 '기생 활쏘기'였다. 영추문 안 궁장(弓場) 옆 광장에서 각 권번 기생의 궁술대회가 열렸다. 그리고 '연예대회'가 열리는데 경기장에 배설된 무대에서 조선 기생과 일본 기생의 가무가 하루 종일 공연되었다. 그 밖에 '기생 그네뛰기'가 열렸는데 당시

222 신현규(2005), 『일제강점기 기생인물·생활사: 꽃을 잡고』, 경덕출판사 참조.

1등은 대동권번 변단심, 2등은 조선권번 이연화와 대동권번 김연화이었다. 또한 관람객들은 '보물찾기'를 매우 재미있어 했는데, 1등 상품이 금시계였다.

여기서 기생의 이미지는 중요한 의미를 차지한다. 사진엽서를 통해서 기생을 남성의 성적 대상과 타자화된 조선의 이미지로 창출했던 것처럼, 이 포스터는 기본적으로 공진회를 계기로 일본 내부의 정치적 문제를 외부(조선)로 돌리게 하였다. 또 조선에의 투자를 촉진하는 한편 에로티시즘과 엑조티시즘이 결합한 형태인 기생 이미지를 통해 일본 남성들의 성적 욕망을 자극함으로써 조선 이주와 관광을 위한 유인책으로 활용한 것이다.

그 후 1929년 경복궁에서 조선박람회가 열렸고 평양의 기생들이 총동원되어 서울에 원정을 온다는 광고를 하였다.

이처럼 기생 이미지는 국내외의 사람들에게 기생을 조선의 대표적 이미지로 각인시키는 결정적 계기가 되었으며, 공진회를 찾지 않은 사람들에게도 박람회의 꽃이 기생이라는 암시를 주게 되었다. 조선인들에게는 박람회에 가면 공개적인 장소에서 누구나가 기생을 볼 수 있다는 기대를 갖게 하여, 궁극적으로 특권층만이 누렸던 기생문화를 대중화하는 효과를 얻었다. 이로써 기생은 특권 계급의 향유 대상을 넘어서 자본의 대상이 되어 갔다. 돈만 있으면 누구든지 소비하고 향유할 수 있는 문화라는 인식을 낳음으로써 기생 이미지가 갖고 있는 식민담론의 수사는 은폐되고 기생 이미지는 조선 내 자본주의와 성적 불평등의 문제로 환원되었다.[223]

---

223 신현규, 앞의 책.

1929년 조선박람회 홍보 사진엽서

또한 조선인들에게는 공진회에 가면 공개적인 장소에서 누구나가 기생을 볼 수 있다는 기대를 갖게 하여, 궁극적으로 특권층만이 누렸던 기생문화를 대중화하는 효과를 얻었다. 이로써 기생은 특권 계급의 향유 대상을 넘어서 자본의 대상이 되어 갔다. 돈만 있으면 누구든지 소비하고 향유할 수 있는 문화라는 인식을 낳음으로써 기생 이미지가 갖고 있는 식민담론의 수사는 은폐되고 기생 이미지는 조선 내 자본주의와 성적 불평등의 문제로 환원되었다.

이 과정에서 조선인들은 일제가 만든 타자의 이미지를 투명하고 자연스러운 이미지로 오인하게 되었다. 이처럼 포스터는 국내외의 사람들에게 기생을 조선의 대표적 이미지로 각인시키는 결정적 계기가 되었으며, 공진회를 찾지 않은 사람들에게도 박람회의 꽃이 기생이라는 암시를 주게 되었다. 조선박람회의 '연예관(演藝館)'에서 권번 기생은 관람객들을 위해 공연을 펼쳤다.

공연 레퍼토리로는 가인전모란[224], 고구려무(高句麗舞)[225], 공막무, 광수무(廣袖舞), 무고, 무산향, 무애무, 박접무(撲蝶舞), 보상무, 봉래의, 사

1915년 시정오년기념성택무(조선물산공진회 기념무)

고무, 사선무, 사자무, 서민안락무, 수연장(壽延長), 승무(僧舞), 심향춘, 연백복무, 연화대무(蓮花臺舞), 오양선(五羊仙), 육화대, 장생보연무(長生寶宴舞), 선유락(船遊樂), 춘앵무(春鶯舞), 향령무, 헌천화무, 홍문연, 검무(劍舞), 경풍도(慶豐圖), 국화회, 정방별곡, 조선아악, 춘향무, 팔검무, 포구락(抛毬樂), 향발무(響鈸舞) 등 그 수도 헤아릴 수 없을 만큼 다양한 볼거리를 제공하여 박람회를 빛내는 꽃으로 자리했다.

---

224 가인전모란(佳人剪牧丹)은 조선 순조 때 상연하던 향악 정재(呈才)의 하나. 본래 송나라 악무(樂舞)의 하나로 두 여기(女妓)가 박(拍)을 잡고 마주 선 다음 10명, 12명, 혹은 14명의 무기(舞妓)들이 모란꽃병을 가운데 두고 빙 둘러서서 각각 모란꽃 한 가지씩을 가지고 추는 춤을 말한다. 편찬위(2001), 『한국고전용어사전』, 세종대왕기념사업회.

225 이 춤은 조선조 순조(純祖) 때 발생한 것으로 「무자진작의궤」에 실려 있다. 춤의 진행은 음악이 연주되면 무6인이 염수하고 앞으로 나가고 음악이 끝나면 전원 창사를 부른다. 다시 음악이 연주되면 무6인이 두 팔 펴들고 상대(相對)·상배(相背)하고 전진후퇴하며 돌아서 처음 자리로 와 대열로 서서 두 손 염수하고 뒤로 물러나 춤을 끝낸다. (국악정보, 2010. 7., 국립국악원, 전라북도)

3) 조선박람회에 대한 평가, 어용행사

조선총독부는 조선박람회를 통하여 일제강점기 조선의 진보를 전시하고 과시함으로써 이른바 일선융화를 강조하고 일선동화를 촉진하기 위한 구체적인 실천수단으로서 조선물산공진회를 열었다.

이러한 '조선물산공진회'에 대한 일본 내지용 광고 포스터는 경복궁과 조선총독부를 배경으로 하여 조선의 기생(신부복을 입고 춤을 추는 자세)이 그려져 일본 전국 각지로 배포되었다.

조선의 발전을 촉진하고 조선반도의 개발에 기여하고자 마련했다는 조선박람회는 결국 조선총독부와 경성협찬회의 온갖 선전과 현란한 구호와는 달리, 경성과 농촌의 모든 가계에 빚을 늘게 하고 조선인 상계의 몰락과 실직자의 급증만을 불러왔다. 그렇지 않아도 어려운 경제를 공황상태에 빠뜨리는 원인이 되었다는 점에서 박람회의 성공을 담보한 140여만 명의 관람객 숫자는 허수에 불과했던 것이다. 제국주의 시대의 박람회는 경제적 산업적 목적 이외에 정치적 목적을 위해 활용되었다.[226]

1915년 조선물산공진회 포스터

「조선박람회보고서」는 행사 절차 면에서 자금마련을 위해 기부금모집기록도 남아 있다. 또한 성냥광고 마네킹 등을 통한 홍보 전략, 회원제의 도입, 그

226 이경민, 앞의 책.

리고 우대권을 만들어 상업적 실리까지 추구하였다.

결국 조선박람회는 관민일치의 노력으로 성공리에 끝났다고 자체평가하고 있지만 어용행사였다. 그러나 서구 선진과학기술문명의 소개를 통해 우리 민족에게 준 '문화충격'은 간과할 수 없다.

공진회 및 박람회는 조선총독부 지배 이전과 이후의 조선에 대한 백과전서적 지식을 관람객의 눈앞에 분류·배열·진열해 놓고 상호·비교·대조하여 일본(문명)과 조선(야만, 전근대)의 이항대립적 관계를 보여주었다.

2. 조선박람회에 등장하는 기생 연구

이 장에서는 1929년에 발간된 관광안내서 『대경성안내(大京城案內)』와 조선박람회(朝鮮博覽會)에 등장하는 기생(妓生) 이미지를 중심으로 내용 분석과 그 의미를 살필 것이다. '대경성안내'[227]의 표제에 보듯이 경성(京城) 중심의 안내서다. 유달리 1929년 『대경성안내』 책자는 조선박람회와 맞닿아 있는 곳이 많다. 1929년 경복궁에서 열리는 조선박람회는 조선총독부가 시정 20주년을 기념하기 위해 야심차게 밀어붙인 사업이었다. 더구나 조선박람회에서 열린 여러 공연 중에 기생 조합, 즉 권번 기생들의 공연은 문전성시를 이루었다.

1929년 일본이 중점을 둔 것은 조선박람회를 통해 시정(施政) 20년간 이룩한 조선 근대화의 성과를 내외에 보여주어 식민 통치의 정당성을 확보하고자 하는 것이었다. 이를 위해 일본은 조선박람회가 개최되는

---

227 陳綠星, 『大京城案內』, 大京城案內社, 1929.

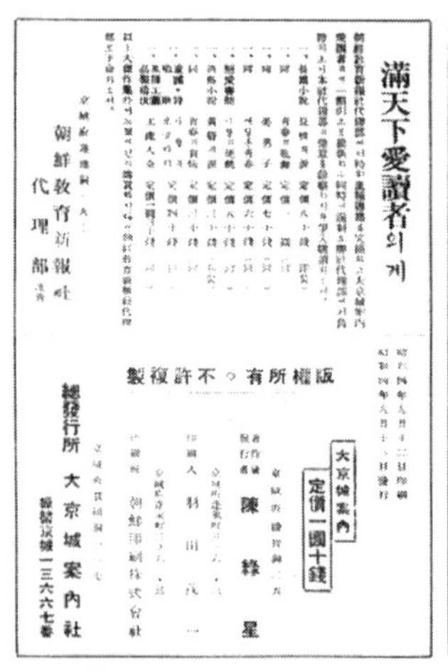

滿天下愛讀者의게

朝鮮教育新報社
代理部

版權所有 ○ 不許複製

大京城案內
定價一圓十錢

著作兼發行者 陳綠星
印刷人 羽田茂一
印刷所 朝鮮印刷株式會社

總發行所 大京城案內社
振替京城一三六六七番

『대경성안내』 판권지

『대경성안내』 표지

경성에서 일본의 식민 통치에 저항하는 모든 움직임을 차단할 필요가 있었고, 비근대적으로 보이는 요인들을 미리 제거할 필요가 있었다. 따라서 조선박람회 준비 과정은 사회질서의 확립과 규율 권력의 강화를 통해 조선에 대한 통제력을 높이는 일련의 과정일 수밖에 없었다.[228]

판권지를 보면, 소화(昭和) 4년(1929년) 9월 13일 발행되었다. 저작 겸 발행자는 진녹성(陳綠星)이고 인쇄소는 조선인쇄주식회사, 인쇄인은 우전무일(羽田茂一)이다. 총발행소는 대경성안내소로 조선교육신보사와 함께 광고가 게재되어있다.

『대경성안내』 책자에도 조선을 비문명화된 공간으로 규정함으로써 식민의 정당성을 피력한 일본은 더 나아가 일본에 의해 문명화된 조선

---

228 남기웅(2008), 「1929년 조선박람회와 '식민지 근대성'」, 『동아시아문화연구』 43, 한양대학교 동아시아문화연구소.

의 풍경을 서술함으로써 다시 한번 제국주의의 논리를 반복한다. 특히 경성에 대한 표상에서 잘 드러나는데 실제의 경성의 사정과 다르게, 일본에 의해 서술된 경성은 '신내지'를 대표하는 근대화된 도시의 풍경이었다.[229]

『대경성안내』 책자 이외 경성 관광에 대해 자세하게 서술된 안내서는 같은 해(1929년)에 조선총독부(朝鮮總督府) 철도국(鐵道國)에서 제작된 『관광의 경성(觀光の京城)』이다. 『관광의 경성』을 보면 전차를 타고 이동하는 일본인 관광객들에게 다음과 같은 코스를 추천했다.

> "정거장(경성역)-남대문-조선신궁-남산공원-창경궁-창경원-파고다공원-경복궁-미술품제작소-조선은행."

여기서 경성은 조선의 수도로서의 역사와 현실이 소멸되었고, 반대로 일본에 의해 근대화되고 발전하는 경성의 이미지가 부각되었는데, 그 중심에 기생 이미지를 빼놓고 말할 수 없다. 당시 일제강점기 관광 안내서는 조선명물을 첫째 금강산, 둘째 기생, 셋째 인삼 등을 자주 인용하면서 확대되어 재생산되었다.

---

229 "경성은 조선의 수도로서 조선의 역사와 문화가 배제된 체, 일본에 의해 근대화된 도시라는 점이 강조되면서 현실로부터 분리되고 식민지지배의 억압과 권력은 시각 이미지 내부로 은폐되었다. 근대화된 경성의 이미지는 사진엽서를 비롯해 조선사진첩, 여행안내서에도 반복적으로 등장했다. 여기서 사진첩의 소개 글과 사진은 식민자의 시선이 내포되어 있다고 볼 수 있다. 이것은 조선 사진첩에서 어떻게 조선의 이미지를 신화화하는지 경성에 대해 기술하는 방식을 통해 구체적으로 알 수 있다." (전수연, 앞의 논문, 325쪽)

1) 『대경성안내』 권두사와 목차

『대경성안내』(1929년)의 권두사에는 발간 취지와 그와 관련된 편집자의 관점이 뚜렷하게 보인다. 이를 정리하면 『대경성안내』 책자의 성격을 알 수 있을 듯하다.

卷頭辭

一

寒微한 書生 陳綠星은 空前의 壯觀인 朝鮮博覽會를 期로하야 『大京城 案內』를 편집하게 됨이 重且大한 義務이면서 偶然이 안일가 한다. 恨淚에 잠긴 哀史를 率直이 表現하는 北漢山脈의 名勝古蹟를 비롯하야 文物進化의 現下 大京城을 最善의 特力을 다하야 筆耕의 收穫을 다 한가지로 난호고저함이 編輯者의 本意가 안일진대 全朝鮮의 產業 啓發·生產振興·福利增進·三大要素를 誠意껏 抽獎코저하는 所以임을 力說한다.

二

天惠의 產物을 남달리 豊富하게 잇는 三千里槿域에 自處한 倍達民族인 우리야말노 過程의 過程을 거듭한 頭腦와 理想과 活動이 몹시 變遷되얏다. 空間에서 空間으로 흐르는 '타임'의 必然的 軌道에서 時節따라 受幻됨과 갓치 우리의 生產 우리의 活動 우리의 義務 우리의 所見 우리의 問學 모든 것이 急進的 突變 안인 것이 업다 이갓치 刮目할 突變를 우리 朝鮮에서는 向上이라하며 進步이라한다. 天惠의 產物을 져바린 向上과 進步에 浴한 우리로써는 己巳仲秋에 大京城 慶福宮趾에서 開催된 朝鮮博覽會에서 저바린 活躍과 저바린 產物을 一新한 眞面目으로 또다시 發見할 것을 豫測한다.

三

朝鮮三千里江山이 決코 적은 땅덩이가 안이며 二千萬民族이 決코 적은

同胞가 안일진대 엇지 써 무엇이나마 남달리 뒤질 必要가 업다. 적은 것으로부터 큰대 이르기까지에 忠實히 하는 가온대 精禮統一과 科學的 土臺에서 生産을 開拓한다하면 文明에 先進인 歐米列國에 뒤지지 안을 것을 確認한다. 이여서 過般의 士農工商이란 特殊 差別的 因習에서 解脫되야 새로운 理想과 새로운 抱負로써 새로운 生活을 開拓하는 同時엔 大勢의 神도 우리의 忿鬪에 征服될 것일다.

四

玆에 編輯者는 뜻한 바이 잇서서 大京城의 現下 商工界와 또는 實業界 中樞人物! 京城의 歷史的 情況을 細密히 記錄하야 남달리 經濟滅破를 늣기는 白衣人으로하야금 獨立自尊의 産業革新을 喚起하는 資料로 提供하랴하엿스나 무엇보담도 遺憾인 것은 元來 才質이 愚劣하얏다는 것보담도 紙面上 關係도 또한 업지 안잇스며 時日上問題도 잇서 余의 豫想에 未及한 點이 不少하다. 그러나 今番機會를 利用하야 全朝鮮의 産業을 天下에 宣布하는 最近 一策으로 發刊된 것만은 欣喜不己하는 同時에 압흐로 우리의 活路는 漸次 開拓될지며 一般商工界興도 또한 猛烈할 것을 豫測한다.

昭和五年 五月 著者 書

『대경성안내』 권두사에는 발간의 동기에 대해 명확하게 밝혔다. 즉 “공전의 장관인 조선박람회를 기회로 삼아 『대경성안내』를 편집되었다”고 한다. 이를 미루어 보듯이 1929년에 개최된 ‘조선박람회’에 맞추어 제작되었다. 편집자는 이를 중요한 의무이면서 우연이 아니라고 할 정도로 조선박람회에 의미를 부여한다. 목차에 드러나듯이 경성의 주요한 안내 과정은 과거의 역사적 흔적으로 ‘北漢山脈의 名勝古蹟’, 현재의 문명으로 ‘文物進化의 大京城’으로 나누고 있다. 편집자의 의도는 당시 조선의 산업 계발·생산 진흥·복리증진 등의 3대 요소를 추천하여 뽑아 올려 쓰고자 한 것이다. 그러면서 편집자는 이번 기회를 이용하여 조선의 산업을 천하에 선포하는 최근 한 방법으로 발간된 기쁨을 권두사에 가득 담고 있다. 편집자는 진녹성(陳綠星)으로 『무명탄(無名彈)』 발행인으로 알려져 있다. 자세한 기록은 찾을 수 없다.[230]

일제강점기에 일본이 조선 여행 안내서를 통해 '신내지'화 된 조선을 묘사하는 방식은 크게 두 가지었는데, 그것은 '전근대적인' 조선과 일본에 의해 '근대화된' 조선이었다.[231] 마찬가지로 『대경성안내』에도 조선의 역사를 경성 중심으로 설명하면서 과거의 유적과 현재의 근대화된 문명을 상징하는 분야별 통계를 인용한다. 전자는 북한산, 성벽, 창경원, 창덕궁, 경복궁, 덕수궁 등의 유적을 안내하는 반면에 후자는 교육, 사회사업, 의료기관 등의 통계를 소개된다.

대경성(大京城) 안내전집(案內全集) 중요(重要) 목차(目次)를 분석해 보면, 책자의 성격을 잘 알 수 있다.

卷頭辭

地誌

建治의 沿革

李朝五百年間의 漢城

---

230 「朝鮮出版警察月報」 第15號, 出版警察概況 - 不許可 差押 및 削除 出版物 記事要旨 - 『無名彈』 創刊號(발신일 1929년 11월 06일) 陳綠星(『無名彈』 발행인), 片康烈/『무명탄』은 1930년 1월 20일 조선문예협회에서 발행한 문예 동인지로 발행인은 진녹성(陳綠星)이다. 창간호 집필 동인들은 대개 지방의 무명 문학청년들로 엄필진(嚴弼鎭) 외 37명이었으며, 창간호가 곧 종간호가 되었다. 조선문예협회는 경영 본부와 『무명탄』 편집진을 경상북도 김천에 두었고, 발행처는 서울 연지동이었다.

231 전수연, 앞의 논문, 326쪽.

合併爾來의 京城

交通

通信

北漢山과 北漢山城

京城留民團

京城驛과 附近

南廟

崇禮門과 附近

城壁

太平館跡 - 宣武祠

聳南山 - 志士의 詩咏 - 南山禮讚 -覓山 - 終南山

倭城臺 - 梵鍾 - 倭城臺 附近

昌慶苑 - 動物園 - 植物園 - 博物館

昌德宮 - 敦化門-仁政殿-璿源殿-譜閣-祕苑

甲午戰役記念碑

商品陳列館-恩賜記念科學館

大漢門

朝鮮總督府廳舍

景福宮 - 慶會樓-博物館-勤政殿

普信閣 - 빠고다公園

經學院 - 京城常國大學 - 林業試驗場 - 京城運動場 - 奬忠壇公園

德壽宮 - 大廟 - 京城名勝古蹟一覽表

漢江 - 人道橋 - 圜丘壇

裁判制度 - 京城諸官公署一覽表

教育 - 諸學校一覽表

社會事業

京城內發刊新聞雜誌通信一覽表

府內各金融組合一覽表

府內會社一覽表 - 支店會社

醫療機關 重要病院一覽表

宗教 - 安息教 - 朝鮮神宮

京城現在職業別戶口 - 現在戶口總計-行政區劃 - 氣象 - 社會事業의 區別統計表 - 衛生 - 商工業及貿易-金融 - 保險 - 土地 - 京城學校組合費豫算 - 工業 - 交通

藥製業의 元祖閔欜君

劇界의 巨星朴承弼君

新劇의 霸王金小浪君

京城發各要都里程標

著名商店一覽表

著名旅館一覽表

자세히 살펴보면, 城壁의 경우는 太平館跡-宣武祠, 聳南山-志士의 詩咏-南山禮讚-覓山-終南山, 倭城臺-梵鍾-倭城臺附近 등으로 경성을 안내하고 있다. 昌慶苑의 경우는 動物園-植物園-博物館 순으로, 昌德宮은 敦化門-仁政殿-璿源殿-譜閣-祕苑 등의 순으로 소개된다. 이러한 경성

의 안내 지도는 일본인의 관점을 반영하고 있다. 일본인이 보고 싶은 장소만 찾아가는 셈이다.

안내 지도는 관광의 미명이라고 불리었던 에도시대에 일본 풍경을 중심으로 한 일본 소개가 성행하는 데 기인한다. 그리고 메이지유신 이후 철도개통에 의해 여행안내서나 시각표 등이 발행되고 1906년 철도 국유법이 공포되어 일본을 방문하는 외국 관광객 들이 출현하기 시작하여 그것에 맞춘 형태의 여행안내와 관광유치시설들이 요구되었다.[232]

그리고 철도원에서는 만주 일대와 조선 관광에 대한 내용을 1919년 일본어판으로 출판하여 일본 내지에 있는 사람들에게도 신내지(新內地)에 대한 정보를 알리면서 지금까지의 외지였던 조선이 신내지가 되었음을 알린다. 이러한 조선에 대한 통치의 주체로서의 인식은 국가의 상위부의 사람들뿐만 아니라 내지의 일반인에게도 인식시킬 필요가 있었던 것이다. 일본 국가는 실제적으로 신내지에 대해 실감을 느끼지 못하는 일본 국민 특히 젊은이들에게 「여행안내서」를 통해 최대한 실감을 느끼게 하며 나아가서는 여행자 이민자를 배출하기 위한 방편으로 사용하였다. 일본은 오리엔탈리즘을 바탕으로 아시아 국가들을 타자화하면서 지리적 팽창을 시도했다. 결정적으로 일본의 청일, 러일전쟁의 승리는 일본의 국민들로 하여금 근대국가 의식과 제국주의 의식을 고

---

232 "1913년에는 『AN OFFICIAL GUIDE TOASIA』라고 하는 영문판 여행안내기가 철도원에서 발간된다. 이 책은 자칭 「동양관광의 지침」이 되는 책이라고 하며, 일본 국내뿐만이 아니라 만주 일대와 조선을 소개하고 있어 서구에게 있어 동양의 통치세력의 주체가 됨을 알리고 있다. 이 책에는 조선의 생활과 풍습 관광지를 안내하며 여행에 필요한 조선어 교육에 이르기까지 자세한 내용을 담고 있다." (서기재(2002), 「일본 근대 「여행안내서」를 통해서 본 조선과 조선관광」, 『일본어문학』, 한국일본어문학회, 423-440쪽.)

취시키는 계기가 됐다. 전쟁의 승리로 인한 일본의 국가적 위상은 시선에 있어서도 객체에서 주체로 변모시키는데, 이러한 변화는 관광행위를 통해 집약된다. 여기서 일본의 본격적인 관광이 러일전쟁이 끝난 직후라는 사실과 전승지인 만주, 조선이 일본의 대중적인 단체관광의 시발점이었다는 점은 이를 뒷받침해준다.[233]

2)『대경성안내』 기생 이미지와 조선박람회

일제강점기 조선에서는 대·소형 박람회와 공진회가 173개나 열렸다. 조선총독부가 1910~40년에 일본에서 열린 박람회·공진회에 참여한 것도 104차례에 이른다. 박람회는 일본이 식민 지배를 정당화하는 수단이었으나, 동시에 산업발전을 이끌고 유행과 소비를 창출했으며 민중에게 유흥을 제공했다.[234]

1907년 경성박람회에는 처음으로 물품을 간수하는 여성도우미(여간수)가 등장했다. 조선과 일본의 기생 세 팀이 교대로 잡가와 검무 등을 공연하면서 관람객 유치를 위해 노력했다. 이후 조선에서 개최된 크고

---

233 "근대이전의 여행은 '고생'의 상징이었다. 그러나 근대 이후의 여행은 야나기타 구니오(柳田國男)가 이야기하고 있는 것처럼 더 이상 고통스러운 것이 아니라 '즐거운' 것으로 그 인식이 바뀌었다. 그것은 철도건설로 인한 편리한 교통편 증가와 관광사업을 통한 숙박시설 편의시설 등의 설치에 의한 것이라고 볼 수 있다. 이처럼 편리해진 시설로 인해 근대 일본인들의 여행에 대한 인식이 바뀌어 가고 이 점을 이용하여 일본 국내뿐만이 아니라 조선반도에 그 외의 외지에 있어서도 철도로 이어지는 역 중심의 지역을 관광의 요지로 정하고 그 지역에 편의 시설과 유락시설을 배치하여 즐거운 신내지 여행을 권장하였다. 이로 인하여 미지의 세계에 대한 호기심에 가득 차 있는 젊은이들의 신내지 여행에 대한 꿈을 부풀리기도 했다." (서기재(2002), 앞의 논문.)

234 이각규(2010), 앞의 책.

작은 박람회에는 기생들이 흥행몰이를 위한 단골 메뉴로 등장한다.[235]

일제는 조선에서 여러 차례의 박람회를 개최하였다. 본래 박람회는 짧은 기간 동안에 다수의 사람에게 전시효과를 내는 목적이 있기에 이 박람회에서는 기생을 조선의 상징으로 내세웠다. 1907년 경성박람회에서 10명의 기생이 잡가를 부르기도 하고 검무를 추기도 하였다.

그리고 1915년 일본의 조선 시정 5년을 기념하여 실시한 '조선물산공진회'가 개최된다. 이에 대한 일본 내지용 광고 포스터는 경복궁과 조선총독부를 배경으로 하여 조선의 기생[236]이 그려져 일본 전국 각지로 배포되었다.

이처럼 기생 이미지는 국내외의 사람들에게 기생을 조선의 대표적 이미지로 각인시키는 결정적 계기가 되었으며, 공진회를 찾지 않은 사람들에게도 박람회의 꽃이 기생이라는 암시를 주게 되었다. 여기서 기생의 이미지는 중요한 의미를 차지한다. 사진엽서를 통해서 기생을 남성의 성적 대상과 타자화된 조선의 이미지로 창출했던 것처럼, 이 포스터는 기본적으로 공진회를 계기로 일본 내부의 정치적 문제를 외부(조선)로 돌리게 하였다. 또 조선에의 투자를 촉진하는 한편 에로티시즘과 엑조티시즘이 결합한 형태인 기생 이미지를 통해 일본 남성들의 성적 욕망을 자극함으로써 조선 이주와 관광을 위한 유인책으로 활용한 것이다. 또한 조선인들에게는 박람회에 가면 공개적인 장소에서 누구나

---

235 "1929년 조선박람회가 열리면서 경성 인구는 30만 명에서 100만 명 이상으로 늘었다. 시골 사람들이 논 팔고 올라와 근대의 인공도시를 감상하면서 근대 소비자로 변화했으며, 수많은 소작농도 박람회의 임시토목공사장에서 일하면 돈벌이가 된다는 말을 듣고 올라왔다."

236 신부복을 입고 춤을 추는 자세를 말한다.

조선총독부 주최의 '조선박람회' 포스터(1929년)

가 기생을 볼 수 있다는 기대를 갖게 하여, 궁극적으로 특권층만이 누렸던 기생문화를 대중화하는 효과를 얻었다. 이로써 기생은 특권 계급의 향유 대상을 넘어서 자본의 대상이 되어 갔다. 돈만 있으면 누구든지 소비하고 향유할 수 있는 문화라는 인식을 낳음으로써 기생 이미지가 갖고 있는 식민담론의 수사는 은폐되고 기생 이미지는 조선 내 자본주의와 성적 불평등의 문제로 환원되었다.[237]

또한 1929년 경복궁에서 조선박람회가 열렸고 평양의 기생들이 총동원되어 서울에 원정을 온다는 광고를 하였다. 1923년 10월에 열린 조선물산공진회에서 벌어진 권번 기생들의 여흥에는 공진회의 입장권을 사는 이에게는 잡화품 할인 구매권을 첨부하여 주었다. '사람찾기'라는 놀이도 있었다. 경성의 각 권번에서 5명의 기생을 뽑아 변장을 시켜 장내에서 돌아다니게 하고, 이것을 발견하는 이에게 20원짜리 상품권을 준다는 내용이다. 놀이는 하오 1시부터 3시까지 벌어졌으며, 발견한 사람은 그 기생의 이름을 부른 후 기생에게 '발견증'을 받고 기생과 함께 경회루

237 신현규(2005), 앞의 책.

수상장소로 가서 상을 타는 것이었다. 당시 변장한 기생은 한성권번 조옥향, 한남권번 오유색, 조선권번 이난향, 대동권번 김산월 등이었다. 만일 찾는 사람이 없이 3시가 넘으면 상금은 기생의 차례로 간다 하여 각 권번에 뽑힌 기생들은 변장을 더욱 열심히 했다. 또 다른 놀이는 '변장행렬'로 장내에서 개업을 하고 있는 각 상점 관계자와 공진회 관계자들이 각각 자신들의 꾀를 다하여 변장을 한 후 장내를 순회하였고, 그 외에도 누구든지 변장을 하고 참가할 수 있었다. 변장한 사람은 전부 경회루 앞에서 심사를 하여 10등까지 상품을 주었다. 공진회에 빠질 수 없는 것이 바로 '기생 활쏘기'였다. 영추문 안 궁장(弓場) 옆 광장에서 각 권번 기생의 궁술대회가 열렸다. 그리고 '연예대회'가 열리는데 경기장에 배설된 무대에서 조선기생과 일본기생의 가무가 하루 종일 공연되었다. 그 밖에 '기생 그네뛰기'가 열렸는데 당시 1등은 대동권번 변단심, 2등은 조선권번 이연화와 대동권번 김연화이었다. 또한 관람객들은 '보물찾기'를 매우 흥미롭게 보았고, 1등 상품이 금시계였다.[238]

공진회는 조선총독부 지배 이전과 이후의 조선에 대한 백과전서적 지식을 관람객의 눈앞에 분류·배열·진열해 놓고 상호 비교·대조하여 일본(문명)과 조선(야만, 전근대)의 이항대립적 관계를 보여주었다.

3) 『대경성안내』와 『조선미인보감』에 수록된 기생 이미지

『대경성안내』(1929년)에는 기생 명단이 63명이고 사진 이미지까지 소개된 기생은 57명이다. 사진 이미지 형식은 1918년에 발간된 『조선미인

---

238 신현규(2005), 앞의 책.

『대경성안내』 요릿집 명월관 광고

보감(朝鮮美人寶鑑)』(1918년)을 따르고 있다. 더구나 요릿집 명월관의 광고 사진도 함께 게재되어 있기에 책의 성격을 잘 알 수 있다.

1918년에 경성신문사(京城新聞社)의 사장이었던 아오야나기 고타로(青柳綱太郎)가 발행한 『조선미인보감』은 당시 시대 상황을 잘 반영하고 있는 화보 및 창가(唱歌) 자료집이다. 크기가 가로 26㎝, 세로 18.5㎝의 46배판이며 총 312쪽으로, 각 권번, 조합별 구분하여 605명의 기생 자료가 실려 있다. 체재는 한쪽에 각각 2명씩의 기생 이름과 나이, 사진, 출신지와 현주소, 특기, 그리고 그 기생에 대한 짧은 평가들이 적혀 있다. 동기(童妓)의 경우에는 3명씩 수록되어, 총 605명 기녀의 신상 정보가 수록되어 있다.[239] 수록된 기생들의 기예(妓藝) 부분에는 국악(國樂)[240]과 무용(舞踊),[241] 그 밖의 특기(特技)[242]에 관련된 내용이다.[243] 이를 『대경성안내』에서 차용하

---

239 青柳綱太郎, 『조선미인보감』, 朝鮮研究會, 序文, 1918, 1면(民俗苑 1985년 復刻).

240 〈雜歌〉 京西雜歌 京城雜歌 南道雜歌 南中雜歌 內地雜歌 西關雜歌 西南雜歌 西道雜歌 〈俚曲·俚謠·俗謠〉 關西俚曲 關中俚曲 南方俚曲 南中俚曲 西道俚謠 西方俗謠 〈창가·俚唱〉 창가 南方俚唱 立唱 坐唱 〈行歌〉 南道行歌 西道行歌 〈樂器〉 伽倻琴 楊琴 長鼓 風琴 玄琴 〈調〉 羽界面 羽調 執拍

241 劍舞 南舞 南舞바지 南中俗舞(살풀이춤) 內地舞無山香 西洋舞蹈 僧舞 立舞 長衫舞 呈才舞 春鶯舞.

242 歌詞 京西巨里 國語 墨畵 竝唱散調 三味線 書畵 善圍碁 隷書 風流 漢語 筭術.

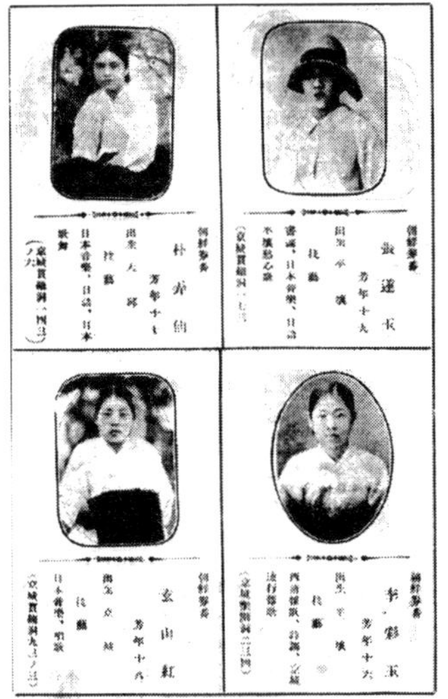

『대경성안내』 기생사진과 프로필 1

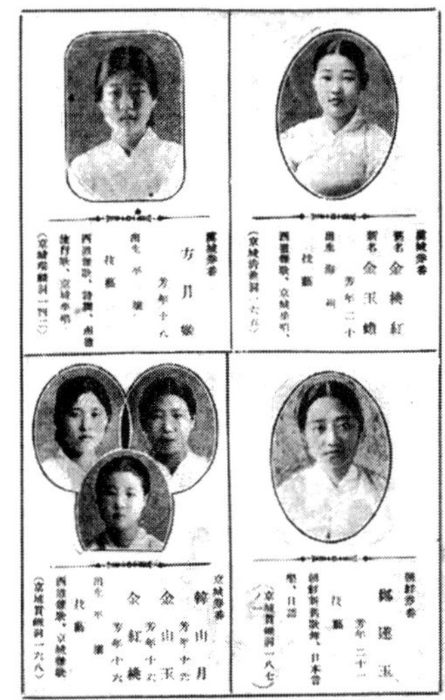

『대경성안내』 기생사진과 프로필 2

여 형식과 내용이 거의 같다.

권번은 일제강점기에 기생들이 기적(妓籍)을 두었던 조합이다. 검번(檢番) 또는 권반(券班)이라고도 하였는데, 조선시대에 기생을 총괄하던 기생청(妓生廳)의 후신이라 할 수 있다. 또한 권번은 기생을 관리하는 업무대행사로, 등록된 기생을 요청에 따라 요리 집에 보내고 화대(花代)를 수금하는 일을 맡았다. 권번에선 매일 '초일기(草日記)'라는 기생명단을 요리 집에 보내 단골손님이 아닌 사람도 기생을 부를 수 있게 했다. 물론 예약도 가능했다.[244]

---

243 신현규(2007), 「朝鮮美人寶鑑에 수록된 唱歌 硏究」, 『우리문학연구』 21, 우리문학회.

244 경성 소재 권번→4대 권번: 漢城券番, 大正券番, 漢南券番, 京和券番 / 그밖에 평양(箕城券番, 대동권번), 부산권번(동래권번), 인천권번(소성권번, 龍洞券番), 그 밖에 대구권번, 광주권번, 남원권번, 개성권번, 함흥권번, 진주권번 등이 유명하다. (신현

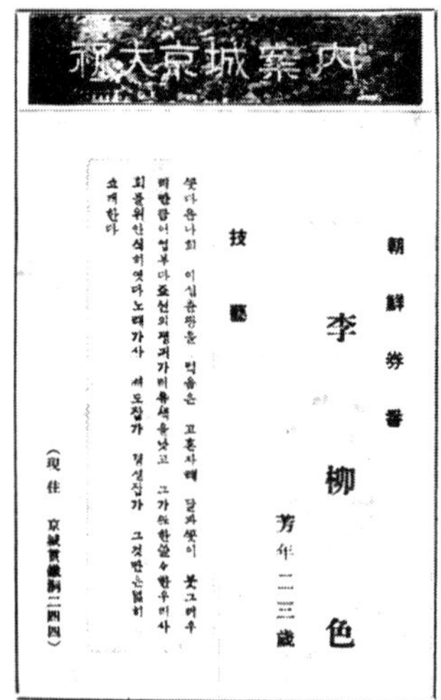

『대경성안내』 조선권번 기생 이유색 소개

『대경성안내』 책자 이외에도 일제강점기 경성의 관광안내책자에는 숙박업소, 요릿집, 택시 연락처, 관광 명소 등을 수록하고 여기에 기생조합인 권번의 연락처를 빠짐없이 적어 놓고 있다. 또한 각 요릿집에서 발간한 안내책자에는 기생의 이름과 사진도 더불어 실어 놓아 지금도 그 자료를 적지 않게 찾아 볼 수 있다.[245]

『대경성안내』 수록된 기생 사진 이미지와 프로필은 『조선미인보감』처럼 소속 권번, 성명, 나이, 출생지, 기예(技藝), 그리고 주소까지 판박이처럼 같다. 다만 1918년과 1929년, 즉 거의 10년 세월 밖에는 변화를 찾을 수 없다. 등장하는 권번 기생은 대부분 『조선미인보감』에 수록된 사진 이미지가 아닌 『명기대감』이나 다른 지면에 소개된 것을 사용하고 있다.

『대경성안내』에 소개된 조선권번 기생 이유색의 경우는 사진 이미지가 없고 전면광고 형태로 색다르다.[246]

규(2007), 앞의 책.)

245 1938년에 경성관광협회에서 발행한 '경성관광안내도'는 경성역 구내에 설치된 안내소를 통해 배포되었다. 그 안에는 경성관광협회 지정 업소들이 소개되어 있다. 여관, 택시회사, 토산물점, 조선인삼, 감률(단밤)가게, 사진촬영, 사진재료, 일본요리옥, 조선요릿집(명월관·천향원), 카페, 끽다점(찻집), 백화점, 유곽, 권번, 온천 등이 수록되었다. 특히 권번은 일본의 예기로 본(本)권번과 신정(新町)권번을 들고 조선의 기생은 한성권번과 조선권번을 소개하고 있다.

방년 23세로 기예에 다음과 같이 소개된다.

"꽃다운 나이 이십춘광을 먹음은 고운 자태 달과 꽃이 부끄러울 만큼 어여쁘다 조선의 정기가 이유색을 낳고 그가 또한 쓸쓸한 우리 사회를 위안 시키었다. 노래가사 서도잡가, 경성잡가, 그것만은 널리 소개한다." (현재 경성 관철동 244번지)

이 과정에서 조선인들은 일제가 만든 타자의 이미지를 투명하고 자연스러운 이미지로 오인하게 되었다. 조선을 바라보는 일본관광객들의 시선과 여행 안내서를 이해하기 위해서 일본이 제국주의 국가로 팽창하면서 관광의 주체로 변모한 과정을 살펴볼 필요가 있다. 이러한 과정은 일본이 근대화와 제국주의를 실현하는 와중에 내재화된 서구의 오리엔탈리즘으로 설명할 수 있다. 또한 조선총독부에서 발행한 여행안내서의 분석은 일본의 제국주의 이데올로기가 어떻게 시각화 되었는지를 확인하는 중요한 자료가 된다.[247]

『대경성안내』는 조선총독부를 포함하여 일본에서 발행된 여행안내서와 거의 내용과 형식이 같아 보인다. 물론 안내서의 분량은 다소 차이가 있지만 변별성을 찾기 어렵다. 그중에서 기생 이미지를 수록하는 것을 미루어 보면, 조선이라는 '타자'에 대한 일본의 제국주의 이데올

---

246 신현규(2014), 앞의 논문.

247 "여행안내서의 이미지와 지도 그리고 조선 명소에 대한 소개 글들은 일본인들에게 근대 이전의 조선인들이 가지고 있던 공간인식과 전혀 다른 방식으로 조선을 바라보게끔 하였다. 이것은 철도의 선로가 세워짐으로 인해 조선의 지형이 재정립되었기 때문에 가능했던 것인데 여행안내서의 발행주체가 조선총독부 철도국이라는 사실은 이러한 견해를 반증한다." (전수연, 앞의 논문, 313-314쪽)

로기가 표상된 이미지로 파악된다.

이처럼 1929년에 발간된 관광안내서 『대경성안내』와 조선박람회에 등장하는 기생 이미지를 중심으로 내용 분석과 그 의미를 밝히는 데 연구하고자 하였다. 유독 1929년 『대경성안내』 책자는 조선박람회와 맞닿아 있는 곳이 많다. 1929년 경복궁에서 열리는 조선박람회는 조선총독부가 시정 20주년을 기념하기 위해 야심차게 빌어붙인 사업이었다. 더구나 조선박람회에서 열린 여러 공연 중에 기생조합, 즉 권번 기생들의 공연은 문전성시를 이루었다.

그 논거로 『대경성안내』 권두사에는 발간의 동기에 대해 명확하게 밝혔다. 즉 "공전의 장관인 조선박람회를 기회로 삼아 『대경성안내』를 편집되었다"고 한다. 이를 미루어 보듯이 1929년에 개최된 '조선박람회'에 맞추어 제작되었다. 편집자는 이를 중요한 의무이면서 우연이 아니라고 할 정도로 조선박람회에 의미를 부여한다. 목차에 드러나듯이 경성의 주요한 안내 과정은 과거의 역사적 흔적으로 '북한산맥(北漢山脈)의 명승고적(名勝古蹟)', 현재의 문명으로 '문물진화(文物進化)의 대경성(大京城)'으로 나누고 있다. 편집자의 의도는 당시 조선의 산업 계발·생산 진흥·복리증진 등의 3대 요소를 추천하여 뽑아 올려 쓰고자 한 것이다. 그러면서 편집자는 이번 기회를 이용하여 조선의 산업을 천하에 선포하는 최근한 방법으로 발간된 기쁨을 권두사에 가득 담고 있다.

일제는 조선에서 여러 차례의 박람회를 개최하였다. 본래 박람회는 짧은 기간 동안에 다수의 사람에게 전시효과를 내는 목적이 있기에 이 박람회에서는 기생을 조선의 상징으로 내세웠다. 1907년 경성박람회에서 10명의 기생이 잡가를 부르기도 하고 검무를 추기도 하였다. 그리고 1915년 일본의 조선 시정 5년을 기념하여 실시한 '조선물산공진회'가 개최된다. 이에 대한 일본 내지용 광고 포스터는 경복궁과 조선총독부를 배경으로 하여 조선의 기생이 그려져 일본 전국 각지로 배포되었다.

이처럼 기생 이미지는 국내외의 사람들에게 기생을 조선의 대표적 이미지로 각인시키는 결정적 계기가 되었으며, 공진회를 찾지 않은 사람들에게도 박람회의 꽃이 기생이라는 암시를 주게 되었다. 여기서 기생의 이미지는 중요한 의미를 차지한다.

『대경성안내』에는 기생 명단이 63명이고 사진 이미지까지 소개된 기생은 57명이다. 사진 이미지 형식은 1918년에 발간된 『조선미인보감(朝鮮美人寶鑑)』을 따르고 있다. 더구나 요릿집 명월관의 광고 사진도 함께 게재되어 있기에 책의 성격을 잘 알 수 있다. 『대경성안내』는 조선총독부를 포함하여 일본에서 발행된 여행안내서와 거의 내용과 형식이 같아 보인다. 물론 안내서의 분량은 다소 차이가 있지만 변별성을 찾기 어렵다. 그중에서 기생 이미지를 수록하는 것을 미루어 보면, 조선이라는 '타자'에 대한 일본의 제국주의 이데올로기가 표상된 이미지로 파악된다.

권번 기생에 대한 콘텐츠

1. 『유경の화』의 부록 '기생の화' 연구

이 장에서는 1938년에 발간된 관광 안내서 『유경の화(柳京の話)』(1938)의 부록 '기생の화(妓生の話)' 중심으로 내용 분석과 그 의미를 파악할 것이다. 일제강점기에 조선을 방문하는 관광단이 가장 보고 싶어 하는 것 중의 하나가 기생이었다. 당시 '조선색 농후한 전통적 미를 가진 기생'을 볼 수 있는 곳은 평양 기생학교뿐이라고 해도 과언이 아니었다. 사실 평양 기생학교는 1930년대 본래 명칭이 '평양 箕城券番 기생양성소'인데 3년 학제로 운영되었다. 대동강 부근에 있었고 그 부근 일대에 산재해 있는 10여 군데의 대규모 요릿집을 대상으로 운영하였다.[248] 수양버들이 축 늘어진 연광정에서 서쪽으로 돌아 한참 가노라면 채관리가 나오고 그곳에 평양 기성권번의 부설 기생학교가 구름 속 반달 모양으로 자리한다. 정문에 발을 들여놓으면 시조와 수심가 가락이 장구에 맞추어 하늘 공중 둥둥 높이 울려 나오고 연지와 분과 동백기름 냄새가 마취약같이

---

248 신현규(2021), 「일제강점기 권번 기생의 일람표 연구(1): 종로권번(1938년) 소속의 기생 중심으로」, 『문화와 융합』 43(5), 한국문화융합학회, 2021.

사람의 코를 찌를 정도였다고 알려졌다.[249]

일본의 청일, 러일전쟁의 승리는 일본의 국민들로 하여금 근대 국가 의식과 제국주의 의식을 고취시키는 계기가 됐다. 전쟁의 승리로 인한 일본의 국가적 위상은 시선에 있어서도 객체에서 주체로 변모시키는데, 이러한 변화는 관광행위를 통해 집약된다. 여기서 일본의 본격적인 관광이 러일전쟁이 끝난 직후라는 사실과 전승지인 만주, 조선이 일본의 대중적인 단체관광의 시발점이었다는 점은 이를 뒷받침해준다. 특히 만주 조선 관광을 추진하는 데 있어 일본이 국민들에게 호소하고자 한 것은 청일 러일전쟁의 승리에 대한 자부심과 이를 계기로 팽창하게 된 자국에 대한 애국심이었다.[250]

1910년 이후의 한일합병 이후의 일본의 한국에 대한 관심은 지대한 것이었다. 합병 이전부터 외지(外地)라고 부르며 만주 부근 타이완 조선 반도의 획득에 대한 야심을 키워왔고 이러한 지배적 욕망의 대상이었던 지역들이 하나하나 실제적인 통치구역으로서 자리 잡게 되었던 것이다. 특히 1910년에는 대륙 진출에 있어서 교두보가 되는 조선 반도의 통치권을 얻으면서 이들 외지에 대한 소개는 내지(內地)의 통치자들에게 있어서 중요한 관건이 아닐 수 없었다. 왜냐하면 이 외지들은 더 이상 일본의 외지가 아니라 새로운 내지가 되었기 때문이다. 신내지(新內地)를 어떻게 소개하느냐에 따라서 그곳으로 향할 여행자, 데카세기(出稼ぎ)이 주자들의 마음들을 움직일 수 있기 때문이다. 그렇기 때문에 1910년 이후 신내지를 소개하는 책자들이 수없이 출판되었다. 기행문

249 신현규(2007), 앞의 책.

250 전수연, 앞의 논문, 317-318쪽.

의 형태로 기차 시각표 역 안내를 중심으로 한 여행안내서의 형태로 또한 단체 수학여행을 통한 여행보고서 등의 각종 형태로 신내지는 소개되었다.[251]

『柳京の話』 관광자료(觀光資料)는 1938년(소화 13년) 평양관광협회에서 발간된 평양의 관광 안내서다. 소장처는 일본 국립국회도서관이며, 총 50쪽으로 크기는 가로 10cm, 세로 19cm이녀, 가격은 '정가금(定價金)'이라고 해서 '정하여 놓은 값의 돈'으로 20전이다.

류경(柳京)은 버드나무가 무성했던 평양에 별칭이며, 평양은 역사상 왕조에 따라 그 이름도 왕검성(王儉城)·기성(箕城)·악랑(樂浪)·서경(西京)·호경(鎬京)·류경(柳京) 등으로 많았다.

1) 『柳京の話』 觀光資料 내용

일제강점기에도 평양 여행은 인기였다. 지식인들은 고구려의 향수를 간직하고, 기독교와 서양 문물을 먼저 받아들인 개화된 도시라는 평양의 매력에 끌렸다. 일본은 낙랑군의 옛터이고 청일전쟁 승전지라는 타율성을 부각시키기 위해 평양 관광을 부추겼다. 막 개통된 경의선은 근대의 표상이 된 철도 여행을 자극했다. 박은식, 최남선, 이광수, 양주동은 여행기를 통해 평양의 과거와 미래를 그려냈다.

특히 옛날 평양에는 버드나무가 많았다. 주민의 성격이 강하고 사나워 버드나무를 심어 부드럽게 했다는 것이다. 그래서 평양을 류경(柳京)이라고도 한다. 류경호텔과 류경 정주영체육관, 버드나무 거리 등에 흔

---

251 서기재(2002), 앞의 논문.

『柳京の話』 표지

昭和十三年八月十三日印刷
昭和十三年八月二十日發行
【定價金貳拾錢】
發行所 平壤府廳內務課內 平壤觀光協會
印刷人 平壤府泉町四番地 脇坂武兵衛
印刷所 平壤府泉町四番地 合資會社 脇坂印刷所

『柳京の話』 판권지

적이 남아 있다고 알려졌다.[252] 당시 일본이 조선여행 안내서를 통해 '신내지'화된 조선을 묘사하는 방식은 크게 두 가지였는데, 그것은 '전근대적인' 조선과 일본에 의해 '근대화된' 조선이었다.[253]

신내지를 어떻게 소개하느냐에 따라서 그곳으로 향할 여행자, 데카세기(出稼ぎ), 이주자들의 마음들을 움직일 수 있기 때문이다. 그렇기 때문에 1910년 이후 신내지를 소개하는 책자들이 수없이 출판되었다. 기행문의 형태로 기차시각표 역 안내를 중심으로 한 여행안내서의 형태로 또한 단체 수학여행을 통한 여행보고서 등의 각종형태로 신내지는 소개되었다.[254]

---

252 조운찬, 「역사도시, 평양의 가능성」, 『경향신문』 2018.09.20.

253 전수연, 앞의 논문, 326쪽.

'京城'에 비해 '평양'의『柳京の話』관광자료는 다소 다른 양상이다. 조선의 역사를 평양 중심으로 설명하면서 과거의 유적에 모습을 보여 주고 있다. 부록에는 평양 기생이야기가 중심으로 서술되어 본래 의도한 바가 '평양'의 관광자료보다는 '평양'의 기생 소개 자료로 보일 정도다. 무려 도판 사진 31명의 평양 기생을 수록한 부록이 차라리 본문이 아닐까 한다. 물론 본문 도판에 편집되어 나온 기생 朴雪中月, 盧明花 등을 추가하면 총 33명이나 된다. 그 기생의 도판 사진 중에 1940년 〈모던일본〉 잡지사에서 개최한 '미스 조선'으로 당선된 '朴溫實'이 나온다. '박온실'이 기생이었다는 증거 사진이 처음 등장한 자료인 셈이다.

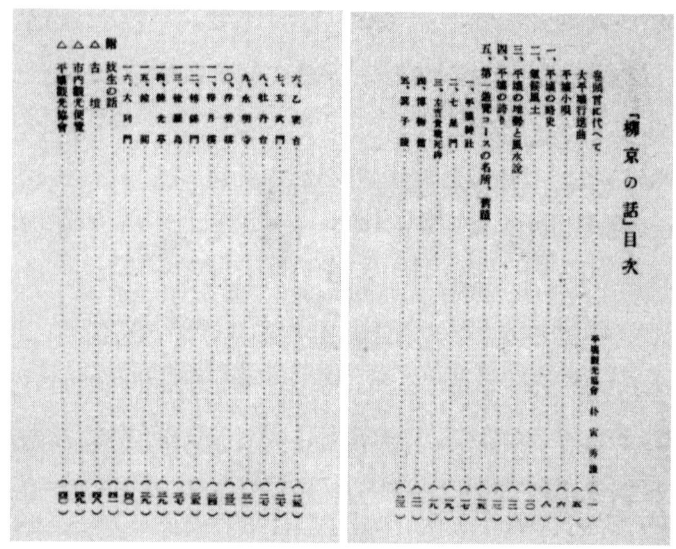
「柳京の話」目次

『柳京の話』 목차

254 서기재(2002), 앞의 논문.

目次

권두언(卷頭言)은 평양관광협회(平壤觀光協會) 박인수(朴寅秀)의 인사말이다. 내용은 일제를 찬양하는 만주사변의 비상시국이기에 일본 중심으로 대아시아(大亞細亞) 건설을 하자는 것이다.

이어서 대평양행진곡(大平壤行進曲)[255] 및 평양소패(平壤小唄)[256]가 차례로 소개되고, 평양(平壤)의 약사(略史)와 기후풍토(氣候風土), 평양의 지세(地勢)에 대한 풍수설(風水說), 평양의 자랑이 서술된다. 특히 '평양의 자랑'에서 평양의 명소는 직감적(直感的) 연상되는 대상으로 모란대, 기생, 평양밤, 평양고기 등을 내세운다.

평양시내교통계도에 제1유람(第一遊覽) 코스의 명소(名所)는 평양신사(平壤神社) – 칠성문(七星門) – 좌보귀전사비(左寶貴戰死碑) – 박물관(博物館) – 기자릉(箕子陵) – 을밀태(乙密台) – 현무문(玄武門) – 모단태(牡丹台) – 영명사(永明寺) – 부벽루(浮碧樓) – 득월루(得月樓) – 전금문(轉錦門) – 능라도(綾羅島) – 련광정(練光亭) – 종각(鐘閣) – 대동문(大同門) 등의 순서로 소개되었다. 제1유람 코스의 명소마다 기념 스탬프 란을 만들어 거쳐 가도록 하였다.

부록으로 기생(妓生)의 이야기가 있는데 조선의 역사에서부터 평양기생학교의 기생을 중심으로 설명한다. 수십 명의 기생의 사진에 게재

255 西元詩圖雄詩, 西條八十補詩에 中山晉平의 曲이다.

256 西條八十詩에 中山晉平의 曲이다.

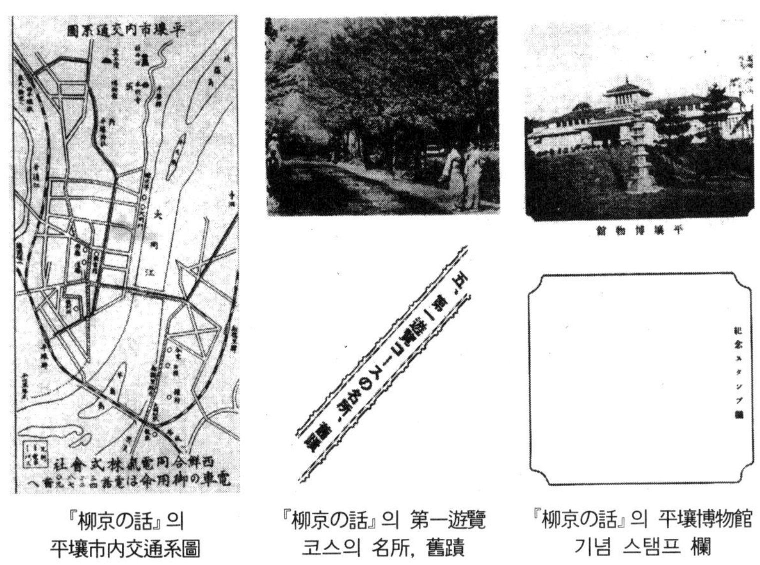

『柳京の話』의 平壤市内交通系圖

『柳京の話』의 第一遊覽 코스의 名所, 舊蹟

『柳京の話』의 平壤博物館 기념 스탬프 欄

하는데 그 순서가 바로 1937년 하반기 높은 순위라고 밝혀 있다.

기생 한정옥(韓晶玉), 임양춘(林陽春), 조진실(曺眞實), 조선녀(趙仙女), 차성실(車成實), 김복상(金福相), 리일지화(李一枝花), 김벽도(金碧桃), 안명옥(安明玉), 리소홍(李素紅), 차릉파(車陵波), 김련월(金蓮月), 리학봉(李鶴逢), 왕성숙(王成淑), 한란주(韓蘭珠), 최초월(崔初月), 최명주(崔明珠), 김옥심(金玉心), 홍도화(洪桃花), 현금녀(玄錦女), 한혜숙(韓惠淑), 리정희(李貞姬), 리금화(李錦花) 등의 23명을 순위대로 나열하였다.

흥미로운 것은 '신기피로(新妓披露)'라고 해서 '새로운 기생을 널리 알리는' 소개의 사진이 게재되어 있다. 기생 김명오(金明梧), 최춘심(崔春心), 한련실(韓蓮實), 김춘자(金春子), 박온실(朴溫實), 최순홍(崔順紅), 김화선(金花仙), 양춘실(楊春實) 등의 8명을 소개한다. 여기서 기생 '박온실(朴溫實)'이 바로 미스 조선이다.

부록에는 그 외에 고분(古墳), 시내관광편람(市內觀光便覽), 평양관광협회(平壤觀光協會) 등이 수록되었다. 古墳은 낙랑고분, 강서고분, 진지동고분 등이 소개한다. 시내관광 편람은 시내의 승용차 요금과 여관의 숙박료, 조선요리 가격, 기생의 부르는 방법, 기념사진의 촬영 가격 등을 서술되어 있다.

2) 『柳京の話』의 부록 '妓生の話' 고찰

'妓生の話'은 『柳京の話』의 부록으로 41~46쪽, 총 6쪽이다. '妓生の話'의 내용은 아래와 같이 번역을 해놓았다.[257]

'妓生の話'(기생의 이야기)

"조선에서 기생(妓生)의 기원(起源)에 대한 문헌의 근거는 없지만, 왕정(王廷)[258]에서 남상(濫觴)[259]되어 오락적(娛樂的) 기관이 점차 사회민중화(社會民衆化)된 것으로 미루어 생각된다.[260] 이조(李朝) 중세(中世) 시대까지도 기생은 주로 관기(官妓)로서 민간에 시중드는 경우는 매우(頗る) 이례(異例)적인 것이라 전(傳)해진다. 관기는 이것을 관부기안(官簿妓案)[261]에 기재되어 그 품성, 기예(技藝)의 우열에 따라 일패(一牌), 이패(二牌), 삼패(三牌)의 등급으로 구분하였다. 각자 궁정(宮廷), 중앙청(中央廳), 지

---

257 '妓生の話'의 번역은 김미영(일본 도호쿠대) 선생이 도와주었다.

258 왕정(王廷)은 임금이 직접 다스리는 조정(朝廷), 즉 왕조(王朝)를 말한다.

259 남상(濫觴)은 큰 하천도 그 근원은 술잔을 띄울 만큼 가늘게 흐르는 시냇물이라는 뜻에서, 사물의 처음이나 시작을 일컬음.

260 추지(推知)는 미루어 생각해 앎을 말한다.

261 관부기안(官簿妓案)은 관청(官廳)의 장부(帳簿)에 기록하여 두던 기생의 명부(名簿)를 말한다.

방청(地方廳)에 예속(隸屬)[262]되어 각각 그 보호에 혜택을 받는다. 고관(高官)의 연회(宴會) 때 술잔을 권하고 가무(歌舞)를 공연하는 일은 있지만 보수는 전혀 없었지만, 때로는 전두(纏頭)[263]를 주는 것에 불과하였다.

그런데 그 기생이 됨에 있어서는 별도로 자격(資格) 계통(系統)이 있으나, 비록 없어도 대부분 지방 관아(官衙)에 있는 사령(使令)의 자녀 또는 양가(良家)의 자녀가 그 허영(虛榮)에 자랑하기 위하고자 한 셈이다. 혹은 그 부모 형제가 이것을 연고로 권문귀족(權門貴族)에게 접근하여 영달(榮達)을 꾀하려는 부분도 있다. 기생이 나이가 들면, 그 자녀 또는 양녀를 세습적으로 자신의 업을 이어받아 노후(老後)를 맡기려는 경우가 많았다.

기생의 산지는 평양(平壤), 진주(晉州), 경성(京城), 전주(全州), 해주(海州), 대구(大邱) 등이 있지만 태도가 아리땁고 곱고, 눈치가 빠르고 행동이 민첩한[264] 기생은 평양 출신으로 그 수에 있어서도 단연 뛰어나다. 특히 예로부터 일정한 교양 기관을 설치해서 조직적으로 양성하는 것은 평양(平壤)과 진주(晉州) 두 지역만이다. 다른 지역은 명기(名妓) 집에 있어서 그들을 가르치고 기르는 것에 지나지 않는다.

기생은 갈보(蝎甫)[265]와 같이 오로지 매춘(賣春)을 한 것은 결코 아니다. 도리장(桃李墻)[266]처럼 자기가 선택하지 않은 사람이 들어오는 것을 거부하지는 않았다. 하지만 그 정취가 깊고 그윽함[267]을 얻기에 이르기까지는

---

262 예속(隸屬)은 남의 지배(支配)나 지휘(指揮·指麾) 아래 매임을 말한다.

263 전두(纏頭)는 광대, 기생(寄生), 악공(樂工) 등(等)에게 그 재주를 칭찬(稱讚)하여 사례(謝禮)로 주는 돈이나 물건(物件)을 말한다.

264 염려기민(艶麗機敏)은 태도가 아리땁고 곱고, 눈치가 빠르고 행동이 민첩함을 말한다.

265 갈보(蝎甫)는 조선 창기의 명칭을 말한다.

266 "문장(門墻)은 가르침을 받으려고 스승의 집에 드나드는 스승의 문하(門下)를 말하며, 도리(桃李)는 학문을 가르친 스승이 길러낸 우수한 제자를 가리킨다." 출전『해의(解義)』

267 은근(慇懃)은 정취가 깊고 그윽함을 말한다.

정중한 모습에 따라서는 그 가문이나 품격이 없는 것은 즉시 빈척(擯斥)[268] 될 수 있다. 상당한 지위를 가진 자라도 비록 이를 위해 수 천금을 주는 것도 드물지 않았다.

스스로 기생으로서 식견을 잃지 않으려고 애쓰면서 한편으로는 친밀하게 맺기 전에 손님(嫖客)에게 받은 돈으로 새롭게 실내 개장(改裝)[269]을 하여 특히 그 손님이 올 때에 그 방에서 접대하고 손님은 삼사일 또는 열흘간 동안 그 기생 집에 머문다. 축의금(祝儀金) 수수(授受)는 기생에게 직접 전달하는 것은 예의에 어긋나기 때문에 이별이 아쉬워도 기생의 어머니에게 전해주고 떠난다. 기생은 한 명의 손님만 소통한다는 소문이 절대로 다른 손님을 접대할 때 나서는 안 된다.

평양에서 기생양성소(妓生養成所)가 생긴 것은 이조 초기시대에 시작하여 일한합병(日韓合併) 후에 기생조합(妓生組合)을 조직하고 이후 기성[270] 권번(箕城券番)으로 고치고 기생양성소를 경영(經營)하였다. 현재 기생양성소, 속칭 기생학교(妓生學校)는 초등학교 3학년 수료 과정 이상의 지망자로부터 엄선해서 입소(入所)시켜 3년간의 수업 연간에 초등학교 6학년 과정을 학문과 기예를 가르쳤다. 조선의 가무는 물론, 일본가요, 무용, 서양 댄스를 전반적으로 교습하면서 서화(書畵)를 교습시키고 고전적(古典的)인 정조(情調)를 담아 특히 일본식 예절을 익혀 관광 평양의 일선(一線)에 설립되어 부끄럽지 않게 양성에 힘쓰고 있다.

그 소질(素質)의 우수함은 전국 조선(朝鮮)에 걸맞고 훌륭하다. 특히 평양에 있어서는 자신의 부모 곁에 있으면 기생의 면허를 부여하지 않고 완전히 온화(溫和)한 가정에서 정조를 지키는 것을 자유롭게 한다.

---

268 빈척(擯斥)은 싫어하여 물리침, 즉 배척을 말한다.

269 개장(改裝)은 장비(裝備)·포장(包裝)·치장·장식(裝飾) 따위를 고쳐 꾸밈을 말한다. 즉 고치어 다시 새롭게 함이다.

270 기성(箕城)은 평양에 다른 이름이다.

현재 영업 중인 기생 수는 약 470명, 양성소 재학 중인 생도 약 250명으로 매년 약 100명의 새로운 기생이 화려한 유경(柳京)[271]의 꽃거리에 데뷔하고 있다. 사실 모란대(牡丹臺)와 기생은 관광 평양의 가장 큰 관광자원(觀光資源)이라 할 수 있다."

'妓生の話'(기생의 이야기)에서는 이능화의 『조선해어사』에 근거해서 인용된 부분이 많다. 기생의 기원은 궁정에서 시작되어 조선시대까지도 관부기안(官簿妓案)에 기재되어 그 품성, 기예의 우열에 따라 일패, 이패, 삼패의 등급으로 구분하였다 하여 『조선해어사』의 내용을 근거로 삼고 있다. 그중에서도 '갈보'의 표현도 마찬가지이다.

1930년대 일제강점기에 우리나라를 방문하는 관광단이 가장 보고 싶어 하는 것 중의 하나가 기생이었다. 당시 '조선색 농후한 전통적 미를 가진 기생'을 볼 수 있는 곳은 평양 기생학교뿐이라고 해도 과언이 아니었다. 일본인들까지도 아름다운 평양 기생의 공연을 보기 위해 '기생학교'를 관광 일정에 꼭 포함시키기도 하였다. 따라서 평양의 관광안내서에는 평양이 조선 제일의 미인 산지라 홍보되었고, 전 조선의 유명한 기생의 배출처로서 단연 '평양 기생학교'가 꼽혔다. 이에 대한 사진과 설명이 거의 빠짐없이 소개되어 있을 정도 다. 물론 사진엽서는 기생학교의 양성과정에 주목하여 기생들이 수업하는 장면들을 중심으로 만들어졌다. 정규기생학교가 아니라 기생을 양성하는 학교라는 데에 관심의 초점이 맞추어지고 있었다. 현재 가장 많이 남아 있는 사진엽서가 바로 평양 기생학교를 찍은 사진들이다.

---

271 유경(柳京)은 평양의 다른 이름이다.

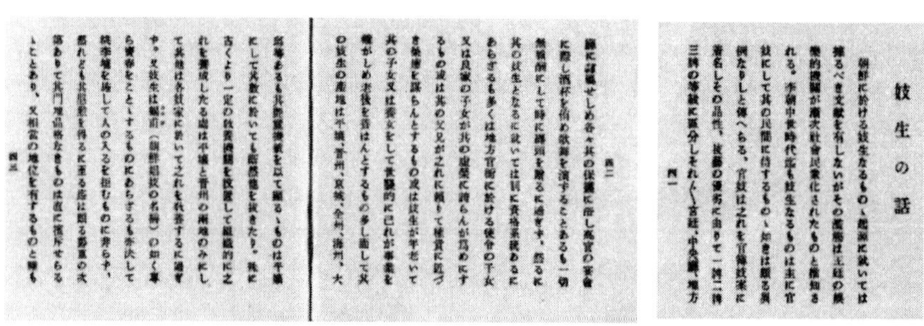

『柳京の話』의 부록 '妓生の話' 41-43

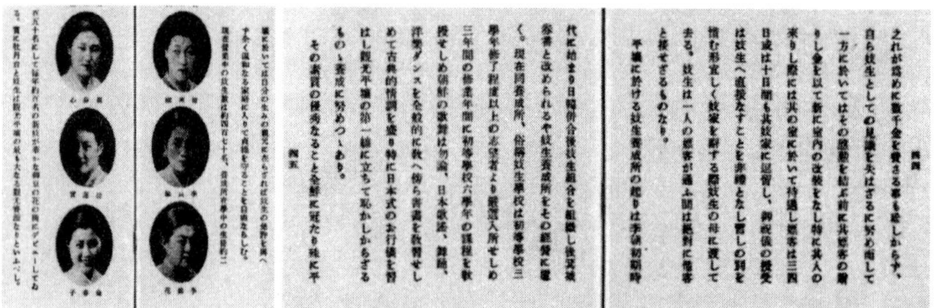

『柳京の話』의 부록 '妓生の話' 44-46

평양 기생이 다른 기생들보다 특별히 정조관념이 강한 것은 아니었다. 하지만 단골손님이나 평양손님과는 결코 관계를 맺지 않는다는 원칙이 있었던 듯싶다. 이는 늘 다니는 손님과 관계를 맺어놓으면 곧 소문이 나게 되어 있고, 그렇게 되면 자연히 다른 손님들이 외면하기 때문이었다.[272]

3) 『柳京の話』의 부록 '妓生の話' 의미

조선조에는 외국의 사신들을 맞이해 한강에 배를 띄우고 詩會를 열

272 신현규(2010), 앞의 책.

어 환영연을 베푸는 일이 많았다. 1450년(세종 32) 에도 중국 명나라 사신들에게 뱃놀이로 환영연을 베풀었다는 기록이 남아 있다. 그리고 이 기록 가운데 그때의 뱃놀이 광경이 자세하게 실려 있다. 배 모습에 대해서, "배는 세 척을 연결하였고 가운데에 작은 지붕을 만들어 덮었다"고 기록하고 있다.

1930년대에도 평양 기성권번의 기생들과 함께 놀이하는 데 가장 즐겨 사용됐던 것이 뱃놀이였다. 놀잇배 수백 척이 대동강에 두둥실 떠 있다가 손님과 기생이 오르면 모란봉 아래 능라도 주변 등지로 뱃놀이를 시작하였다. 기생들이 창을 시작하면 흥취는 절정에 이른다.

뱃놀이는 선유(船遊)·주유(舟遊)라고도 한다. 예로부터 선비들은 배를 강에 띄우고 연안의 아름다운 경치를 감상하면서 흥이 나면 시를 짓거나 소리를 했다. 그리고 물고기를 낚아 회를 치거나 찌개를 끓이고 술을 마시는 등 풍류를 즐겼다.

1934년 『삼천리』 제6권 제5호 잡지에도 아래와 같이 내용이 나와 있다.

> "평양 기생학교의 학생이 3년 동안의 업을 마치고는 평양, 서울, 대구, 의주 등지로 흩어져 가서 평양 기생의 성가(聲價)를 올렸다. 그리고 기생학교가 평양의 한 명물이 되었다. 상해, 남경 등지에서 오는 서양 사람이나 도쿄, 오사카 등지에서 오는 일본 사람이나 서울 기타 각처로부터 구경 오는 귀한 손님들이 그칠 새가 없이 구경하러 찾아왔었다."

당시 평양의 기성권번은 부속된 3년 학제의 기생학교를 운영하였다. '평양기생학교'는 본래 명칭이 '평양 기성권번 기생양성소'이며, 일제

침략기의 엽서에는 조선 유일의 기생학교라고 소개되어 있다. 연 60명이 입학하였고, 3년제로 총 180~200명 정도이며, 향후 210명까지 늘어났다.

1930년을 기준으로 평양 기성 기생 양성소 직원은 소장 1명, 학과교사 1명, 가무 교사 1명, 잡가 교사 1명, 음악 교사 1명, 서화 교사 1명, 일본창 교사1명, 사무원 1~2명 등이었다. 입학금은 2원이고, 학비는 1학년(1개월 단위) 2원, 2학년(1개월 단위) 2원 50전, 3학년(1개월 단위) 3원이었다. 또한 학기는 1년에 3학기로 1학기(4월1일~8월31일), 2학기(9월1일~12월31일), 3학기(1월1일~3월31일)로 구분되며, 매년 3월에 학기말 시험을 통과해야 되었다.[273]

1937년 당시 평양 기생은 국내외를 통해 명성을 떨쳤는데도, 실제로 화대는 서울에 비해 상대적으로 저렴했으며 시간당 50전이었다. 쌀 한 가마에 20원 하던 시절인데 5원 정도면 3, 4명이 실컷 즐길 수 있었으니, 유흥객에게는 그만이었다.

평양의 기성권번은 대동강 부근에 있었는데 그 부근 일대에 산재해 있는 10여 군데의 대규모 요릿집을 영업 대상으로 삼았다.

기생을 전문적으로 키우던 평양 기생학교에는 10대 소녀들이 모여 가무음곡을 익혔다. 1940년대 대동강변의 기생 수효는 무려 5, 6백 명에 이르렀다. 이는 조선말 1900년 '평양관기학교(平壤官妓學校)'에서 그 흔적을 찾을 수 있다.[274]

그전부터 기생 양성소라고 볼 수 있는 평양의 이름난 노래서재가 있었

---

273 초사(1930), 앞의 글.

274 德永勳美(1907), 앞의 책.

다. 노래서재에서 가무를 배우면 기적(妓籍), 즉 기생 호적에 올라가는 것이다. 노래서재에서는 '경소용(京所用)', 즉 서울에서 쓸모 있는 몸'이란 뜻으로 평양이 아닌 경성으로 보낼 기생이라 하여 구분하여 가르쳤다.

1937년 기준으로 살펴보면, '기성권번' 총인원은 252명으로, 그중에서 휴업이 19명, 임시휴업이 26명, 영업 기생은 207명이었다. 당시 하룻밤에 한 번 불리는 이가 66명, 두 번 불리는 이가 47명, 세 번 이상 불리는 이가 21명, 한 번도 못 불리는 이가 71명이나 되었다는 기록이 재미있다.

당시 기생학교의 무용은 검무와 승무로 상당히 유명하였다. 하지만 1930년대 후반부터 손님들 사이에 고전적인 취향이 엷어져 가자, 명목만으로 가르쳤다. 일본의 춤도 있었다. 하지만 그보다 더 즐거운 것은 레뷰식 춤과 사교댄스였다. 기생들로서는 가장 관심인 서비스 방법, 남자 손님을 다루는 방법은 '예의범절'과 '회화' 시간에서 배웠다. 걷는 법, 앉는 법에서부터 인사법, 술 따르는 법, 표정 짓는 법, 배웅하는 법 등에 이르기까지 연회 좌석에서의 일거수일투족에 대해서 자세히 가르쳤고, 무엇보다 수라간의 손님 접대 방법을 구분해서 상세하게 강의하였다.

그러나 물론 이 정도의 기법만으로 기생의 임무를 잘 수행해 낼 리는 없지만 타고난 소질이 있기 때문에 문제없었다. 그렇지만 확실히 기생들은 남자의 마음을 끄는 기술에 관한 한 가지를 가르치면, 열 가지를 아는 타고난 무언가 있었다.

게다가 기생들 주위에는 뛰어난 선배 기생들이 항상 모범을 보이고 있었다. 학교는 권번 사무소와 한 지붕 아래에 있었으며, 대기실에서는 언니들이 관능적인 에로 이야기로 대화의 꽃을 피웠다.

집에 돌아오면 집이 기생 거리에 있었던 만큼 그들 자신의 언니들이 기생이 아니어도 주변 여기저기서 듣고 뒷이야기들을 전해줄 수 있었다. 이와 같이 기생들은 겉과 속이 있고, 진실과 거짓도 있는 기생다운 기생으로 성장해 나갔다고 한다.[275]

일제강점기 관광안내서는 조선명물을 첫째 금강산, 둘째 기생, 셋째 인삼 등을 인용하고 재생산하여 확대시킨다.

일본은 1906년 러일전쟁에서 승리한 다음 해, 만주와 조선을 시찰하는 단체관광단을 최초로 조직했다. 이 시기 일본은 제국주의 국가로 부상한 국가의 위상을 국민들에게 전달하고자 하였는데, 이것이 바로 관광이라는 '보는' 경험을 통해서 실천되었던 것이다. 일본 국민들은 식민지를 시찰하는 것을 통해서 국가에 대한 자부심과 '미개한' 조선에 대한 지배의 정당성을 훈육받았다. 당시 일본을 비롯해 조선총독부에서 발행한 여행안내서에는 일본의 욕망이 잘 드러나 있다. 조선을 바라보는 일본 관광객들의 시선과 여행안내서를 이해하기 위해서 일본이 제국주의 국가로 팽창하면서 관광의 주체로 변모한 과정을 살펴볼 필요가 있다. 이러한 과정은 일본이 근대화와 제국주의를 실현하는 와중에 내재화된 서구의 오리엔탈리즘으로 설명할 수 있을 것이다. 또한 조선총독부에서 발행한 여행안내서의 분석은 일본의 제국주의 이데올로기가 어떻게 시각화되었는지를 확인하는 중요한 자료가 될 것이다.[276]

일제강점기에도 평양 여행은 인기였다. '평양'의 다른 말인 '유경' 안내서 중에 『柳京の話』 관광자료(觀光資料)는 1938년(소화 13년) 평양관광협회에서 발간된 것이다. '경성(京城)'에 비해 '평양'의 『柳京の話』 관광

---

275 한재덕(1939), 앞의 책.

276 전수연(2010), 앞의 논문, 313~314쪽.

자료는 다소 다른 양상이다. 조선의 역사를 평양 중심으로 설명하면서 과거의 유적에 모습을 보여주고 있다. 부록에는 평양 기생이야기가 중심으로 서술되어 본래 의도한 바가 '평양'의 관광자료보다는 '평양'의 기생 소개 자료로 보일 정도다.

우리나라를 방문하는 관광단이 가장 보고 싶어 하는 것 중의 하나가 기생이었다. 당시 '조선색 농후한 전통적 미를 가진 기생'을 볼 수 있는 곳은 평양 기생학교뿐이라고 해도 과언이 아니었다. 일본인들까지도 아름다운 평양 기생의 공연을 보기 위해 '기생학교'를 관광 일정에 꼭 포함시키기도 하였다. 따라서 평양의 관광안내서에는 평양이 조선 제일의 미인 산지라 홍보되었고, 전 조선의 유명한 기생의 배출처로서 단연 '평양 기생학교'가 꼽혔다. 이에 대한 사진과 설명이 거의 빠짐없이 소개되어 있을 정도다. 물론 사진엽서는 기생학교의 양성과정에 주목하여 기생들이 수업하는 장면들을 중심으로 만들어졌다. 정규기생학교가 아니라 기생을 양성하는 학교라는 데에 관심의 초점이 맞추어지고 있었다. 현재 가장 많이 남아 있는 사진엽서가 바로 평양 기생학교를 찍은 사진들이다.

'妓生の話'(기생의 이야기)에서는 이능화의 『조선해어사』에 근거해서 인용된 부분이 많다. 기생의 기원은 궁정에서 시작되어 조선시대까지도 관부기안에 기재되어 그 품성, 기예의 우열에 따라 일패, 이패, 삼패의 등급으로 구분하였다 하여 『조선해어사』의 내용을 근거로 삼고 있다. 그중에서도 '갈보'의 표현도 마찬가지이다. 이처럼 조선총독부에서 발행한 여행안내서에서 기생에 대한 기록의 고찰은 앞으로 좀더 연구가 필요하다고 판단된다.

2. 『만선여행안내』에 나타난 평양 기생학교 탐방기

『만선여행안내』는 1920년(大正 9)에 발간된 일본어로 된 단행본이다. 저자는 金岡助九郎으로 발행소는 駸駸堂書店이며, 총 302쪽이면서 가로 18cm, 세로 10cm이다.[277] 소장처는 일본 국회도서관이고, 판매 가격은 1원이다. 지자에 대한 기록은 거의 찾을 수 없고, 확인되지 않는다. 다만 駸駸堂書店에서 책 소개를 하는 광고 정보는 확인된다. '駸駸堂旅行案內部編纂' 책들은 『朝鮮新地圖』, 『日本旅行里程全圖(附 歐亞連絡一覽)』, 『(最新)鐵道旅行新地圖』, 『(鐵道明細重要物産記載)支那全圖』, 『滿洲全圖(附 大連市街)地圖』, 『(新舊對照)世界改造地圖』 등을 소개하고 있다. 이를 미루어 보면, 『滿鮮旅行案內』도 駸駸堂의 旅行案內 시리즈로 보인다.

일본의 청일, 러일전쟁의 승리는 일본의 국민들로 하여금 근대 국가 의식과 제국주의 의식을 고취시키는 계기가 됐다. 전쟁의 승리로 인한 일본의 국가적 위상은 시선에 있어서도 객체에서 주체로 변모시키는데, 이러한 변화는 관광행위를 통해 집약된다. 여기서 일본의 본격적인 관광이 러일전쟁이 끝난 직후라는 사실과 전승지인 만주, 조선이 일본의 대중적인 단체관광의 시발점이었다는 점은 이를 뒷받침해준다. 특히 만주 조선 관광을 추진하는 데 있어 일본이 국민들에게 호소하고자 한 것은 청일 러일전쟁의 승리에 대한 자부심과 이를 계기로 팽창하게 된 자국에 대한 애국심이었다.[278]

1920년 『만선여행안내』는 일제강점기 조선과 만주를 여행하도록 안

---

277 일본국회도서관 소장 Microform/Online/Digital; 302p 圖版10枚 肖像; 18cm

278 전수연(2010), 앞의 논문, 317~318쪽.

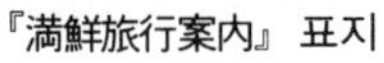
『滿鮮旅行案內』 표지

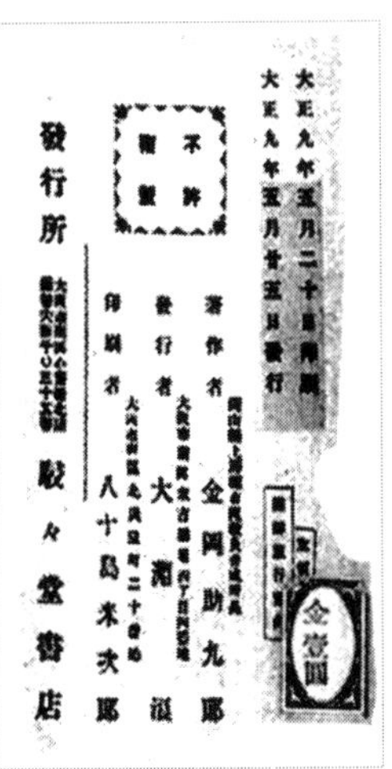
不許複製

著作者 金岡助九郎

發行者 大淵 滋

印刷者 八十島米次郎

發行所 駸々堂書店

金壹圓

『滿鮮旅行案內』 판권지

내해주는 책자인 셈이다. 당시 철도국 여행안내서에 비해 『만선여행안내』에는 사진 삽화가 많고, 여행 일정의 기록도 108개의 장소를 소개하고 있다. 그중에서 32번째 여행 장소로 "平壤で見た妓生の學校"를 소개하고 있다.

1) 『만선여행안내』 목차

『만선여행안내』에서 조선 여행은 부산에서부터 시작해서 경성, 인천, 평양, 신의주에 이르기까지 주로 철도로 여행하는 일정을 보여준다. 이러한 철도 여행은 식민지의 정치, 경제적 이익을 위한 철도의 선로를 중심으로 형성되었다고 볼 수 있다.[279] 물론 평양에서는 '기생학교'의 탐방기를

279 여행안내서에 드러난 제국주의 의식은 조선에 대한 전근대적 혹은 '신내지로서의

중심으로 다룬다. 만주 여행은 무순, 봉천, 청도, 대련, 여순, 안산, 요양 등을 거쳐서 다시 봉천을 거쳐 다시 조선으로 돌아가는 일정이다. 일본으로 돌아가는 일정에서는 개성, 경성, 수원, 부산 등을 소개한다.

『만선여행안내』에 수록된 목차를 살펴보면, 조선인의 특질, 사립 경성 유치원, 경성여자고등보통학교, 어의동보통학교, 조선교육의 일반, 총독치하의 조선, 경성보통학교 등에서처럼 주로 교육기관을 소개하고 있다는 점이 다소 이채롭다. 특히 평양의 여행 일정에서 평양의 학교를 순례하는데 그중에서 기생학교도 함께 소개하고 있다.

이처럼 1910년 이후의 한일합병 이후의 일본의 한국에 대한 관심은 지대한 것이었다. 합병 이전부터 외지(外地)라고 부르며 만주 부근 타이완 조선반도의 획득에 대한 야심을 키워왔고 이러한 지배적 욕망의 대상이었던 지역들이 하나하나 실제적인 통치구역으로서 자리 잡게 되었던 것 이다. 특히 1910년에는 대륙진출에 있어서 교두보가 되는 조선 반도의 통치권을 얻으면서 이들 외지에 대한 소개는 내지(內地)의 통치자들에게 있어서 중요한 관건이 아닐 수 없었다. 왜냐하면 이 외지들은 더 이상 일본의 외지가 아니라 새로운 내지가 되었기 때문이다. 신내지(新內地)를 어떻게 소개하느냐에 따라서 그곳으로 향할 여행자, 데카세기(出稼ぎ) 주자들의 마음들을 움직일 수 있기 때문이다. 그렇기 때문에 1910년 이후 신내지를 소개하는 책자들이 수없이 출판되었다. 기행문의 형태로 기차 시각표 역 안내를 중심으로 한 여행안내서의 형태로 또한 단체

왜곡된 이미지 형성을 도모했을 뿐 아니라 조선이라고' 하는 식민지 공간의 탈맥화를 주도했다. 이러한 탈맥락화는 조선의 전통적인 지리 인식과는 다른 방식으로 '조선이라는 공간을 재편하였는데', 이것은 식민지의 정치, 경제적 이익을 위한 철도의 선로를 중심으로 형성되었다. (전수연(2010), 앞의 논문, 328쪽)

수학여행을 통한 여행보고서 등의 각종 형태로 신내지는 소개되었다.[280]

『만선여행안내』의 목차를 보면 평양 기생학교에 대한 내용은 108개 여행지 중에서 32번째로 "平壤で見た妓生の學校"를 서술하고 있다.

〈目次〉

一	準備は周到に過ぎた	/1
二	発端	/2
三	出発の光景	/4
四	釜山上陸	/6
五	釜山見物	/9
六	朝鮮の小供	/14
七	鮮人の特質	/15
八	釜山より京城へ	/16
九	私立京城幼稚園	/20
一〇	京城女子高等普通学校	/21
一一	於義洞普通学校	/23
一二	朝鮮教育の一班	/25
一三	朝鮮問題は未解決	/29
一四	総督治下の朝鮮	/32
一五	京城普通学校	/33
一六	京城瞥見	/36
一七	経学院と科挙	/38
一八	昌慶宮拝観	/40
一九	景福宮拝観	/42

280 서기재(2002), 앞의 논문.

2) '平壤で見た妓生の學校' 자료 내용 및 번역 소개[281]

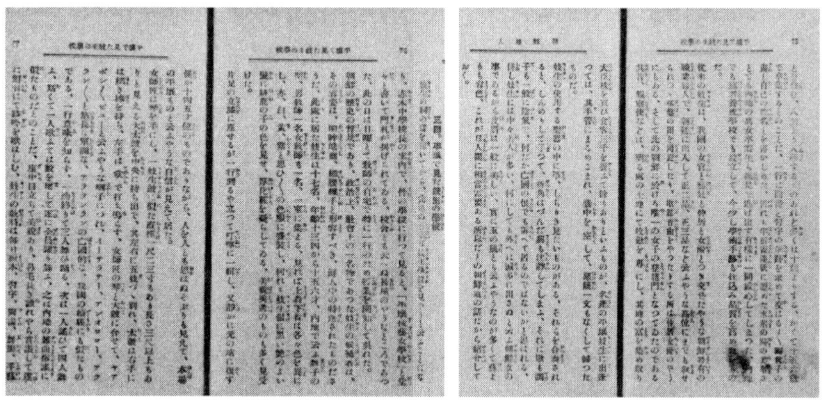

『満鮮旅行案内』 34. 平壤で見た妓生の學校, 74-79쪽.

281 일본 도쿄대학교 CBF연구소 이정남 소장의 번역을 수정 보완한 것임을 밝힌다.

1920년 평양 기생학교의 기생 사진들로 추정(신현규 소장자료)

"〈계월향(桂月香)〉 기생 사당(祠堂)의 이야기를 듣고 나니, 이 지역의 유명한 기생학교(妓生學校)에 가보고 싶어져서, 평양중학교(平壤中學校) 아카기 만지로(赤木萬二郎) 교장의 안내로, 기생학교에 가보니, "평양기예여학교(平壤技藝女學校)"라고 당당히 쓰여 있는 문패가 걸려 있었다. 학교 건물이라고도 할 수 없는 일본 전통의 나가야(長屋)[282]와 비슷한 건물이었다. 이날은 일요일이어서 교사의 자택에서 특별히 일행을 위해 수업을 개시해주었다.

조선 역사의 배경이고, 정치적이면서 사회적 명물이었던 기생 후보자들은, 그 얼굴과 자태가, 명모호치(明眸皓齒)[283], 세요섬수(細腰纖手)[284]라고

282 일본 나가야의 경우는 遊女屋の一。最下級の遊女である局つぼね女郎のいる切見世。また、そこで商売する局女郎。라고 설명하였지만, 유녀(遊女) 중에서도 최하급 여랑(女郎)으로 비하한 셈이다.

283 '아름다운 눈과 하얀 이'를 말한다. 즉 미인을 일컫는 말로, 당나라 시인 두보(杜甫)의 애강두(哀江頭) 시에 양귀비를 묘사하는 구절이다.

284 '가는 허리와 가냘픈 손'을 말한다. 즉 미인을 일컫는 말로, 남조(南朝) 양(梁) 무제(武帝) 시인 소연(蕭衍)의 "정업부(浄業賦)" 병서(并序)에 나온다.

형용할 수밖에 없고, 조선인들 중에서도 특별히 선별된 인물들이라고 한다. 이곳에 있던 기생은 17명, 연령은 13~14세부터 15~16세, 내지(內地)의 마이코(舞子)[285]와 유사한 존재이다. 남자 교사 1명, 여자 교사도 1명, 한 공간에 모인다. 살펴보면 상의와 하의는 각각 색을 다르게 하여, 빨간색, 흰색, 노란색, 보라색 등 다양한 색깔의 옷으로 화려하게 차려입고, 모든 기생의 머리모양은 검고 윤기 있는 머리에, 진홍색에 흰 얼룩무늬색을 보이고, 짙은 화장을 하고 있다. 미모가 뛰어나게 우수한 이들도 많이 보았다.

한쪽 무릎을 세우고 앉아있었는데, 일행이 당도하자 일어나서 정중히 하나로 모이고, 또다시 조용하게 원래의 자리로 되돌아간다. 겨우 14, 15세 정도의 이들이지만, 손님을 손님으로도 보지 않는 기색도 보여서, 본고장인 평양기생이다라고 말하는 것 같은 자신감이 보였다.

여자 스승은 거문고를 손에 들고, 한 기생은 일본의 쓰즈미(鼓)와 비슷한, 직경이 1척 2,3촌이나 되고, 길이도 3척 이상이나 돼 보이는 큰 북[286]을 중앙에 가지고 나오고, 그 좌우에 5명의 기생들이 각각 나누어진다. 북(장구)은 오른손에는 가는 봉을 쥐고, 왼손은 손바닥으로 쳐서 소리를 낸다. 여자 스승의 거문고와 북(장구)에 맞춰서, '야뽕뽕퓨-'라고 들리는 듯한 반주 음악에 따라, '이-사라사-, 안오로로-, 아라랑랑'이라고 느긋하고 단조로운 음조(單調)로, '아라랑랑'의 망국적(亡國的)인, 일본의 도쿄(讀經)와 비슷한 것이었다. 일행은 의미를 알지 못했다.

한 곡이 끝나고 3명의 기생이 춤을 추었다. 그 다음에는 1명의 기생이 노래를 부르고 4명의 기생이 춤을 추었다. 이런 식으로 1명의 기생이 노래를 부르고 사람 수를 증가시켜 마지막에는 모든 기생이 춤을 추었다. 이것은 내지(內地)의 잡곡속요와 비슷한 것이라고 한다. 그 기생들 중에는 눈에

---

285 京都의 祇園에서 연회석에서 춤을 추는 동기(童妓)를 말한다.

286 대태고(大太鼓), 즉 큰 북을 말하는데, 장구를 말한다.

『滿鮮旅行案内』 妓生の歌舞 사진 삽화, 7쪽

띄는 미모를 가진 이가 있었는데, 그 기생에게 반한 누군가가 엄청난 칭찬을 하고, 결국에는 조선의 음악으로 시음(詩吟)을 노래했다.

기생의 교육과정은 매일 독본(讀本), 습자(習字), 도화(圖畫), 무악(舞樂), 수예(手藝)를 배운다. 8살부터 입학하는 이도 있지만, 대부분은 10살부터 시작한다. 그리하여 15-16살에 졸업한다고 한다. 일행은 도화와 습자의 필적을 요청하여 사군자(四君子)의 그림과 자신의 성명을 써달라고 했다. 모두 반으로 접은 서화용 종이에 썼는데, 그 필적의 뛰어남이 너무 대단해서 내지(內地)의 여고 졸업생도 맨발로 도망갈 정도였고, 이에 일행 모두가 감탄했다. 내지(內地)에서도 '게이샤 양성학교'라도 설립해서 이제부터라도 조금씩 학술수예(學術手藝)도 습득시켜 품질(品質)[287]을 높였으면 좋겠다.

예전의 기생은 일본의 여관(女官) 게이샤(藝妓)와 나카이(仲居)[288]와 조유(女優)[289]를 섞어놓은 듯한 조선 특유의 직업부인(職業婦人)으로, 조정에

287 품질(品質)은 품위(品位)와 바탕을 말한다.

288 요릿집·유곽에서 손님을 응대하는 하녀를 말한다.

289 여배우를 말한다.

출입도 하고, 정이품(正二品), 정삼품(正三品) 등과 같은 높은 지위에까지 도 올랐다. 술잔과 쟁반 사이를 주선(周旋)하고, 가무음곡(歌舞音曲)을 하기도 하는 점은 나카이와 조유 같은 존재이기도 하다. 그리고 이 조선에 있어서 유일한 여자의 등용문(登龍門)이었던 것이다. 옛날 관찰사 등은 모든 곳의 토지에 세금징수를 마음대로 하고, 그 지역의 부를 모아들여 식객(食客) 3천 명을 부양하고도 남을 정도의 존재였는데, 명산지인 평양 기생을 만나서 그 교묘한 술책에 농락당해 재산을 탕진하고, 단돈 한 푼도 없이 돌아가는 일도 있었다고 한다.

기생이 사용하는 악기 중에 아쟁(牙箏) 같은 것이 있다. 그것들을 합주(合奏)하면 침울해져서 모처럼 오른 흥(興)도 떨어진다. 게다가 노래 역시 곡조도 일반적으로 음울하고, 왠지 망국(亡國)의 한(恨)이라도 호소(呼訴)하고 있는 것은 아닌가 하는 생각이 든다. 하지만 기생에는 꽤 미인들이 많은데, 무엇보다 밖에 거의 못 나가게 하는 조선 여성이기 때문에 피부는 일반적으로 아름답다. 실로 옥(玉)과 같은 피부라고 할 수 있는 기생이 많아서 기예보다는 아름다운 용모, 이것이 일본인들 사이에서 상당한 수요(需要)가 있는 이유라는 조선통(朝鮮通)의 이야기이니 소개해둔다."

3) 평양기생학교 소개 자료에 대한 의미

「여행안내서」의 기술의 주체가 되는 것은 일본의 제국주의 지배세력이라는 것을 알 수 있다. 식민지 관광이라고 하는 것은 식민지관광을 통한 경제적 이윤을 얻기 위함이라는 목적성이 있지만, 그 이외에도 식민지의 소개를 통하여 그 나라의 문화를 소개함으로써 문화의 주도권을 쥐려고 하는 의도가 있는 것이다. 실지로 「여행안내서」의 서문에는 여행서를 기록하는 주체가 여행지의 설명권, 해설권을 쥐고 그곳에 대한 극히 한정적인 소개를 하게 된다. 또한 단순히 관광지 소개에서 그치는 것이 아니라 중간 중간에 관광지와 관련한 설화나 민화 등을 삽입함으로써 읽는 즐거움을 증가시키며 여행에 대한 기대감을 증가시킨다.[290]

이와 같이 1920년 발행된 『만선여행안내』는 일제강점기 다양하게 배포된 여행안내서로 현재 많이 남아 있다. 특히 평양기생학교를 탐방한 내용은 다른 시기에 알려진 탐방기에 비해 간략하고 내용이 추후 재인용된 부분이 많다. 『만선여행안내』에 소개된 기생학교는 1924년 정식 설립되기 이전에 기생 교육 시설이었다. 이처럼 정식 인가가 되지 않았던 1920년 5월의 발간된 탐방기이기에 대략 1919년에 여행을 한 것으로 볼 수 있다. 이 때문에 '노래서재'의 성격이 강할 것이다. 아마도 평양에 있었던 4개의 기생학교 중에 신창리(新倉里) 23번지 김은혜학교(金恩惠學校)를 본 것이라고 추측된다.(신현규, 2019:278)

1915년 평양에 있었던 기생학교는 4개로 알려져 있고, 학생 수는 54명이었다. 신창리(新倉里) 23번지 김은혜학교(金恩惠學校) 10명, 신창리 27번지 김해사학교(金海史學校) 7명, 신창리 59번지 박명하학교(朴明河學校) 27명, 신창리 김인호학교(金仁鎬學校) 10명 등이 있었다.

1917년 무렵 평양 소재 세 곳의 기생 교육 시설을 통합하여 평양음악강습소(平壤音樂講習所)가 설립되었고, 평양 기성권번 학예부와 기성기

---

290 "예를 들어 1921년 조선척식자료조사회에서 발행된 카메오카 에이키치(龜岡榮吉) 『사계의 조선』(『四季の朝鮮』)에는 위와 같은 여행에 대한 호기심과 즐거움을 자극하는 형태로 신내지를 소개하고 있다. 사계절로 나누어서 조선의 명승지를 기록하며 기술추체가 문화전달자 임을 밝히면서 편리한 교통시설과 조선의 명승지를 소개하고 있다. 각각의 「여행안내서」가 관광지를 소개하면서 조선을 보는 가장 중요한 관점으로 내비치고 있는 것이 조선 속의 일본이다. 일본 내지에서 이식된 형태로 조선 내부의 여기저기에 산재해 있는 일본식 풍경을 기술함으로써 위화감 없이 여행자나 이주자들이 생활 할 수 있다는 것을 제시해 주고 있다." (서기재(2002), 앞의 논문.)

생양성소로 이어졌다.(「지방통신: 평안남도-妓生學校 근황(평양)」, 『每日申報』, 1915.2.5.) 『내외진담집(內外珍談集)』의 '平壤妓生學校'에서 방문한 곳은 '대흥면 1리'로 신창리를 말한다. 그곳 노래서재는 신창리 27번지 '김해사 노래서재'로 추정된다. 기생의 수가 7명이었고 진홍(眞紅) 기생이 있었다는 사실로 미루어 추측할 수 있다.

당시 평양지역은 다른 지역에 비해 독립적인 기생 기예 교육의 전통이 있어서, 노래서재·가무학교·기생서재(書齋)·기생학교 등에서 기생에게 음악과 노래를 교육 시키고 있었다.

아직도 소개되지 않은 평양기생학교의 자료가 많다. 현재 1930년대 『삼천리』 잡지에는 2번에 걸쳐 "평양기생학교 인터뷰 방문기"가 남아 있다.[291] 그 외에 '평양기생학교 탐방기'는 1910년대, 1920년대, 1940년대에 1, 2편씩 알려져 있다. 이에 대한 연구는 기생의 음악과 춤을 매개로 활동함으로써 단절된 위기에 있었던 여악(女樂)과 전통 예술을 비롯한 민속 음악을 교육하고 전승한 공로를 확인하는 데 중요한 자료가 될 것이라고 판단된다.

3. 문헌 자료에 나타난 평양 교방 '노래서재[歌齋]' 연구

교방은 우리나라에서 고려시대부터 1910년까지 천년 이상 지속된 기관으로서의 전통을 지니고 있다. 교방에서는 기녀들의 춤과 노래 악

---

291 草士, 「西道一色이 모힌 平壤妓生學校」, 『삼천리』 7, 1930.7.1.; 「平壤妓生學校求景, 西都 平壤의 花柳淸調」, 『삼천리』 6-5, 1934.5.1.

기 연주는 물론, 시서화 등에 관한 종합적인 예술교육을 했다. 이러한 교방의 교육을 통해 발전되고 예술적인 경지를 이룩한 것이 바로 교방문화이다. 이 교방문화는 한국에서 부(府)와 목(牧) 단위 이상의 지역에 설치되어 발달되었는데, 대표적으로 한강 이북에는 평양과 그 남쪽에는 진주가 대표적 도시이다. 진주는 고려시대부터 형성된 교방문화의 자산이 현재까지도 전승되고 보존되고 있다. 현재 교방을 통해 계승되고 있는 무형문화 유산 종목만 해도 5종목[292]에 해당된다.

고려시대 기녀들은 당악·향악의 창(唱)과 무(舞)로써 국왕의 사사로운 즐거움이나 궁중연회, 외교사절의 접대연희에 참석하였다. 문종 때에는 팔관·연등회 같은 국가적인 의식과 그 외에 왕의 거둥이나 궁중의 여러 의식에도 정제(呈提)하였다. 고려의 기녀는 여악과 관기라는 형태로 나타나는데, 이는 교방 및 지방관청에 속한 관기로서 주로 관료양반만 상대할 수 있었음을 알려준다. 이처럼 고려 초기부터 중국을 본떠 교방이 설치되고 여악을 두었다.

조선시대에 들어와 이러한 여성들은 제도적으로 관청에 소속되어 있었으며, 신분상으로는 천인(賤人)에 속했다.[293]

---

292 국가무형문화재 제12호 진주검무, 경남무형문화재 제3호 한량무, 경남무형문화재 제12호 진주포구락무, 경남 무형문화재 제21호 진주 교방굿거리춤, 경남 무형문화재 제25호 신관용류가야금 산조가 있다. 이러한 문화유산은 진주의 문화예술을 대표하는 정체성을 지니고 있다. 교방문화는 교방의 기적(妓籍)에 정식적으로 등록된 관기(官妓)를 통해서 전승되었다.

293 "조선시대에 와서 주로 '기생(妓生)'이라고 칭하게 되었는데, 시대의 변천에 따라 기녀의 성격과 생활내용도 달라진다. 즉 종래의 기녀가 의미하던 기능직이 약화되고 사대부나 변경지방 군사의 방직기(房直妓) 구실이 주 임무가 되었다. 조선은 고려시대의 제도 문물을 답습하였지만, 도덕을 중시했던 조선왕조의 유교 질서 속에서 창기 폐지에 대한 논의가 태종·세종 때 활발히 제기되기도 했다. 그리고 후대로 내려올

현재까지 교방에 관한 사료로 가장 많이 활용되는 것은 1872년 정현석이 편찬한 교방가요(敎坊歌謠)이다. 이 책은 진주교방에서 연행되던 연행물건과 악기 등에 관한 기록물로 교방 문화 자체를 기록한 책으로는 유일하게 전해지고 있다.

지금까지 지방의 기녀를 중앙으로 뽑아 올리는 선상(選上)에 대한 연구(권도희 2005)와 지방 관기에 관한 연구물[294], 그리고 평양교방이란 특정지역을 연구한 성과물[295], 그리고 조선시대 궁중연향에 참가한 지방관기에 대한 단행물[296]도 있다.

교방에서 활동한 관기는 크게 경기(京妓)와 외방기(外方妓)로 구분된다.(이규리 2003) 경기는 중앙관서에 소속되어 기업(妓業) 외에도 의녀(醫女)와 침선비(針線婢) 등 특수한 역할을 전개했고, 외방기는 지방관아에 속한 기녀로서 외방기(外方妓), 외방여기(外方女妓), 외방관기(外方官妓)·향기(鄕妓) 등으로 지칭된다.

조선 후기 공연문화사에서 가무를 전문적으로 익힌 외방여기가 궁중과 지방 관아에서 동시에 활동했다는 점은 매우 주목할 만하다. 왜냐하면 외방여기가 관아의 여러 행사에 참여하여 지방의 관변 문화를 주도했기 때문이다.[297]

경국대전(經國大典)에 의하면 조선의 중앙 정치 기구는 의정부(議政

수록 그 수는 더욱 증가하였다. 그러나 관기는 사실상 이미 고려 이전부터 제도화되어 내려오던 것이 조선의 기녀제도 연장으로 이어진 것에 불과하다." (신현규(2007), 앞의 책.)

294 황미연(2008), 앞의 논문.

295 김은자(2003), 앞의 논문.

296 김종수(2001), 앞의 책.

297 성무경(2003), 앞의 논문, 315-345쪽.

府)와 육조(六曹)를 골간(骨幹)으로 구성되었다. 지방은 경기·충청·경상·전라·황해·강원·함경·평안 등 8도(道)로 나누고 아래에는 부(府)·목(牧)·군(郡)·현(縣)을 두었다.

교방이 많이 분포된 지역인 평안도·황해도·전라도·경상도는 각각 중국 사신과 일본 사신이 오가는 사행로(使行路)에 포함된다.[298] 사신을 접대하기 위해 교방이 존재했으며 관기가 동원되었던 것을 알 수 있는 사료들이다. 결국 분포현황을 통해 교방 밀집지역은 사행로와 거의 유사했다. 실제로 한성부터 의주까지의 연행로 총 18곳[299] 중 평양·정주·의주 등에서 교방이 나타난다.[300]

1) 내외진담집(內外珍談集) 서지 내용 소개

내외진담집(內外珍談集)은 1915년(大正4년)에 발간된 일본어로 된 단행본이다. 저자는 鏡陽學人 編으로 출판사는 정헌사(靖獻社)이며, 총 256p이면서 19cm이다.[301] 소장처는 일본 국회도서관이다. 저자에 대한 기록은 거의 찾을 수 없고, 확인되지 않는다. 다만 출판사는 1910년대에 책을 출간한 기록만 있다.[302] 제목에 나타내는 것처럼 '내외진담(內外

---

298 함경도 향흥부에서는 '교방'을 '백화원'으로 불렀다. 지금에 "백화원 영빈관(百花園迎賓館)"은 외국 국빈이 이용하는 북한 평양의 호텔이다. 흔히 "백화원 초대소"라고도 한다.

299 박기중(2001), 앞의 책.

300 황미연(2008), 앞의 논문.

301 일본국회도서관 소장 Microform/Online/Digital; 256p; 19cm

302 '靖獻社' 출판사에 대한 발간 정보는 아래와 같이 1910년대 기록만 남아있다고 보인다.
智囊 : 新訳, 馮夢竜 輯, 島内柏堂 訳, 東京, 靖献社, 1913.
谷干城遺稿 上, 島内登志衛 編, 東京, 靖献社, 1912.

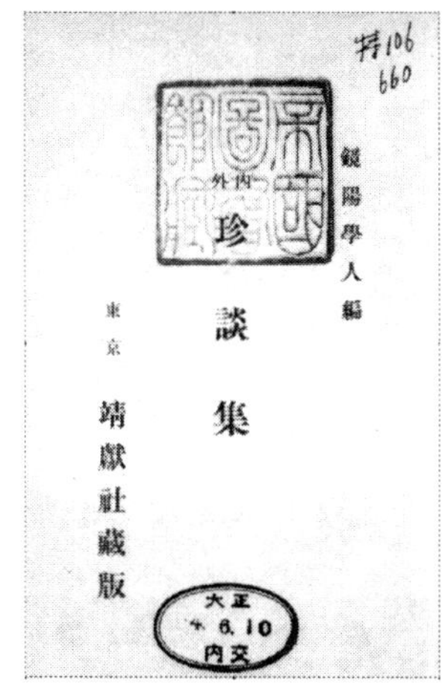

내외진담집(内外珍談集) 앞표지

珍談)'은 일본 내외의 진귀하고 기이한 이야기로, 이를 모은 책이 내외진담집이다. 목차를 보면 '평양 기생학교'에 대한 내용은 진담(珍談) 60개 중에 하나로 여겨 수록되어 있다.

1930년대 일제강점기 '평양 기생학교' 탐방기는 삼천리 잡지에 의해 널리 알려져 있다. 특히 1930년 7월 "西道一色이 모힌 平壤妓生學校"[303], 1934년 5월 "平壤妓生學校求景, 西都 平壤의 花柳淸調"[304] 제목으로 발간된 '평양 기생학교' 탐방기는 당시의 모습을 알 수 있는 중요한 문헌 기록들이다. 특히 1915년 이른 시기에 내외진담집 '평양 기생학교'는 옛 모습 '노래서재[歌齋]' 내용을 알 수 있는 희귀 자료로 판단된다.

본래 '가재(歌齋)'는 가객(歌客)과 금객(琴客)이 시와 시조를 읊는 서재라는 뜻이지만 평양에는 주로 정가(正歌), 즉 가곡(歌曲), 가사(歌詞), 시조(時調) 등을 노래하는 서재이었다. 한양에 있었던 1760년(영조 36)에는 김수장(金壽長)을 중심으로 형성된 가객(歌客)들의 모임이던 '노가재(老歌齋)'와 비견된다.

일제강점기에 조선을 방문하는 관광단이 가장 보고 싶어 하는 것 중의 하나가 기생이었다. 당시 '조선색 농후한 전통적 미를 가진 기생'을 볼

---

303 삼천리 제7호, 草士, 1930.7.1., "西道一色이 모힌 平壤妓生學校"

304 삼천리 제6권 제5호, 1934.5.1., "平壤妓生學校求景, 西都 平壤의 花柳淸調"

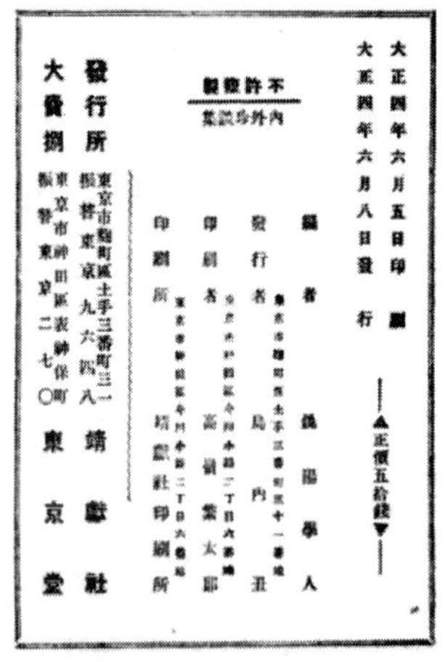
大正四年六月五日印刷
大正四年六月八日發行
正價五拾錢
不許複製
内外珍談集
編者 鐵陽學人
發行者 島内 丑
印刷者 高[illegible]
印刷所 靖獻社印刷所
發行所 東京市麴町區土手三番町三一 振替東京九六四八 靖獻社
大賣捌所 東京市神田區表神保町 振替東京二七〇 東京堂

내외진담집(内外珍談集) 판권지

수 있는 곳은 평양 기생학교뿐이라고 해도 과언이 아니었다. 사실 평양 기생학교는 1930년대 본래 명칭이 '평양 기성권번(箕城券番) 기생양성소'인데 3년 학제로 운영되었다. 대동강 부근에 있었고 그 부근 일대에 산재해 있는 10여 군데의 대규모 요릿집을 대상으로 운영하였다. 수양버들이 축 늘어진 연광정에서 서쪽으로 돌아 한참 가노라면 채관리가 나오고 그곳에 평양 기성권번의 부설 기생학교가 구름 속 반달 모양으로 자리한다. 정문에 발을 들여놓으면 시조와 수심가 가락이 장구에 맞추어 하늘 공중 둥둥 높이 울려 나오고 연지와 분과 동백기름 냄새가 마취약같이 사람의 코를 찌를 정도였다고 알려졌다.[305]

기생양성소라고 볼 수 있는 평양의 이름난 노래서재가 적지 않게 있었다. 노래서재에서 가무를 배우면 기적(妓籍), 즉 기생 호적에 올라가는 것이다. 노래서재에서는 '경소용(京所用)', 풀이하면 '서울에서 쓸모 있는 몸'이란 뜻이다. 평양이 아닌 경성으로 보낼 기생이라 하여 구분하여 가르쳤다.[306]

305 신현규(2007), 앞의 책.
306 신현규(2010), 앞의 책.

2) 내외진담집(內外珍談集) 목차 분석

내외진담집은 총 60개 국내외의 진귀하고 기이한 이야기를 모았다. 60개마다 별도의 내용으로 이루어졌다. 그중에서도 46번째의 진귀하고 기이한 이야기가 바로 '平壤の妓生學校'로 앞뒤의 이야기와 거의 상관없는 개별적 내용이다.

내외진담집의 60개 이야기 중에 조선과 관련된 내용은 3개로 파악된다. 제목으로만 검토해보면 8번째 怖しい朝鮮怪談, 31번째 三韓踊と鯨行列, 46번째 平壤の妓生學校 등으로 확인할 수 있다. 추후 검토를 통해서 조선과 관련된 것을 번역 및 분석해서 원고를 발표할 예정이다.

3) '平壤の妓生學校' 내용 및 번역 소개

평양의 기생학교[307]

307 내외진담집(內外珍談集) 목차 46. 平壤の妓生學校, 192쪽.

조선의 평안남도는 미인의 산지로 알려져 있다. 특히 평양은 기생의 본고장으로 유명하다. 기생의 본고장인 평양에는 기생을 양성하는 특별한 학교가 있다. 일본에서도 유곽에는 '뇨코바(女紅場)'라고 하는 예창기(藝娼妓)에게 학예를 가르치는 곳은 있지만, 이미 숙련된 예창기(藝娼妓)에게 보습적(補習的)인 교육을 실시하는 데 지나지 않는다. 어릴 때부터 교육해서 숙련된 예기(藝妓)를 양성하는 신묘하고 기발한 학교는 아직 없었다.

아무튼 기생학교 방문은 방문을 쉽게 승낙하지 않은 학교로 알려져 있었다. 평양에 온 관광객은 이 학교의 참관을 희망하고 싶은 이가 많았다. 예상외로 평양에 재류하는 일본인은 소문으로만 알고 있을 뿐 실제로 어디에 학교가 있는지 몰랐기에 언제나 생각만으로 끝났다. 어느 날 일본통의 한국인 안(安) 서방과 함께 탐색하러 나섰다.

"대다수 일본인은 '기생학교', '기생학교' 말하지만, 학교가 있을 턱이 없지요. 어떤 기생을 양성하는 곳이라면 맞지요."

"그래도 '기생학교'라고 하지 않을까?"

"아니, '기생학교'라고 하지 않고, 그런 곳을 조선에서는 '노래서재'[歌齋][308]라고 하지요."

"그 '노래서재'가 보고 싶네."

이런 대화를 하면서 관찰도(觀察道)의 동남쪽에 있는 '대흥면 1리'라고 하는 곳에 오게 되었다. 물론 큰길부터 돌아서 굴곡 있는 좁은 길로

---

308 평양에 있던 '노래 서재'를 말한다.

들어가는 마을이었다. 간판을 보니 "기생조합소(妓生組合所)"라 씌어있는 간판이 걸려있었다.

안(安) 서방은 "이곳이 노래서재다."라 하였다. 대문은 잠겨 있었지만, 안쪽 정원에 홍(紅), 자(紫), 녹(綠), 황(黃), 여러 색의 치마저고리를 입은 아름다운 여인들이 웃는 모습들을 보았다. 우리의 시선을 보고는 놀라며 어찌할 바를 몰라[309], 내실(內室)로 깊이 숨어버렸다. 그녀들이 바로 기생학교의 생도이었다.

'기생조합소'의 구조는 계단도 없는 보통 민가(民家)이었다. 물론 학교식의 건물도 아니었다. 안(安) 서방을 통해서 명함을 주고 노래서재의 주인에게 면회를 청하였다. 안내받은 곳은 기생학교에 자그마한 교실의 온돌방이었다. 좌우 벽 위에는 경운제(景雲齋)라고 편각해서 "客有親疎俱握手 酒無賢聖捻濡唇"[310]라고 의미 있을 것 같은 연구(聯句)가 붙여져 있었다.

윗자리에 앉으니 주인이 공손하게 명함을 주었다. "전주사(前主事) 이달화(李達華)". 예전에 관리인이었지만, 지금은 노래가재의 주인이라고 했다. 둘러보니 한쪽에 육십이 넘은 할머니가 툇마루에 앉아있었다. 이를 마주 보던 진한 진홍색, 홍색, 녹황색, 갈색, 보라색 등의 치마저고리를 입은 소녀 일곱 명이 아주 신기한 듯 이쪽을 바라보고 있었다.

안(安) 서방의 통역으로, 그 할머니는 이 노래서재의 스승으로 올해 56세이며, 반백머리에 주름이 새겨진 얼굴이지만 삼십 년 전에는 계연

---

309 주장낭패(周章狼狽)는 놀랍고 곤란해서 어찌할 바를 모르는 것을 말한다.

310 "冬夕闲咏" 宋 陆游 "柳眼梅须漏泄春, 江南又见物华新。终年幽兴遗身世, 半夜孤吟怆鬼神。客有疏亲俱握手, 酒无贤圣总濡唇。放翁自命君无笑, 家世从来是散人"

1900년대 관기(官妓)학교 기생사진(평양 노래서재로 추정)

선(桂蓮仙) 기생으로 꽤 이름 있었다고 나중에 알게 되었다. 여전히 옛 모습이 남아있는 듯하였다. 일곱 명의 생도는 모두 열 살 이하의 어린 아이로 매일 계연선 스승의 지휘로 창가(唱歌), 주악(奏樂)을 배운다고 한다. 옛날의 방탕아(放蕩兒)이었지만, 이젠 노인이 되어 유흥의 재미를 잊지 못해 각자의 악기를 가르치러 오는 스승들이 많다고 한다. 실내에 긴 담뱃대에 담배를 피면서 태평스럽게 앉아있었던 네댓 명의 남성이 그들이었다. 방 구석구석에는 오현금(五絃琴), 거문고, 호궁(胡弓), 작은 피리, 장구, 북 종류가 난잡하게 어지럽혀져 있었다. 생도 중에서 제일 나이가 많은 진홍(眞紅)은 15세, 장차 피는 꽃봉오리처럼 모습도 아름다웠다. 가장 나이가 적은 이가 은희(銀姬)라는 11세, 쌍꺼풀에 빈틈없는 완벽한 모습의 입매가 자연스러운 미소를 띴다. 그 외에 모두 12, 13세 나이에 미인도 있고 미인이 아닌 사람도 있었다.

생도는 15, 6세까지 기생으로서의 소양을 부여받고 처음으로 노래서재를 떠나 기생으로서 세상에 나가게 된다고 한다. 본인 능력에 따라 경성에 올라가 훌륭한 관기가 되고 정3품의 귀한 지위도 받을 수 있었다. 그리고 평양에 있어도 예전부터 명기(名妓)로 알려진 기생도 적지 않다. 특히 계월향(桂月香)과 같은 죽은 후, 사당(祠堂)이 세워져서 그 명성을 300년 후까지 남겼다고 한다.

주인에게 계월향의 경력을 말해주었으면 했기에 재촉하였다. 그는 긴 담뱃대를 자리 잡고 조용히 말하였다. 사실 임진왜란을 관계한 비극적 이야기다. 비극적인 기생의 최후는 지난 300년 전 임진왜란 시대의 이야기로 상세하게 의열사비문(義烈祠碑文)에 알려져 있다. 단편적 담화보다도 비문 쪽이 확실하기 때문에 그것을 의역해서 보면 다음과 같다.

도요토미 히데요시가 군사를 크게 일으켜 조선을 정벌할 때 좌군(左軍)의 선봉 고니시 유키나가는 평양을 점령했다. 그때 행장의 부장, 유리키제와에게 선봉 제일의 공을 인정하여 포로 포획에 대해 포상을 주었다. 그 포로 중에는 만록(萬綠) 총중(叢中)의 홍일점(紅一點) 뛰어난 미인이 있었다. 바로 기생 계월향(桂月香)으로 스물아홉 나이에 복숭아꽃과 자두꽃이 가지런히 가다듬듯 농염한 자태가 황홀할 정도였다. 왜장은 한눈에 그 자색을 훌륭하다고 여겨 사랑하였다. 전쟁의 시름을 쓸어내려고 진중하게 애정을 쏟아부었다. 계월향은 어제까지 세상을 주연행락(酒宴行樂)의 화류계로만 생각하고 있던 것을 꿈처럼 지나가고, 이제는 조선 사람이 증오하는 왜노(倭奴) 때문에 전쟁터 한복판에서 마치 삶은 생선처럼, 새장에 갇힌 새처럼, 속박되어 벗어나려고 해도 벗어날 수 없었다. 죽으려고 해도 죽을 수 없을 정도이었다. 비경에 잠겼지만, 오히려 적을 속이고 원수(怨讎)로 갚을 생각을 했다. 어느 날 계월향은 성루(城樓)에 서서 두견새의 울음소리에 슬픔 소리로 짜내서 "형님아, 우리 형님아"로 불렀다. 그 슬픔의 소리를 듣고 분발한 이가 바로 성루 아래에 조선의 장수, 유명한 양의공(襄毅公) 김경서(金景瑞)[311]이었다. 계월향은 기쁨이 극에 달해 눈물을 글썽이었다. 김경서를 향해 "씩씩한 그대요. 불쌍한 첩을 왜군으로부터 구해

평양 노래서재의 기생 사진들

주기를" 말하였다. 이에 김경서의 마음을 움직이게 하여 스스로 계월향의 오라버니라고 칭하고 성안으로 들어갔다. 왜장이 심야에 숙면할 때를 노렸다. 왜장의 목을 베어 왼쪽에 들고, 오른쪽에 미인의 손을 잡고, 성문을 나가려고 했다. 허나 순식간에 적병들에게 포위되어 진퇴양난에 빠져 계월

---

311 金景瑞(1564~1624)는 본관은 김해(金海). 초명은 김응서(金應瑞), 자는 성보(聖甫), 용강에서 살았다. 일찍이 무과에 급제, 1588년(선조 21) 감찰(監察)이 되었으나 집안이 미천한 탓으로 파직되었다가, 1592년 임진왜란이 일어나자 다시 기용되었다. 그 해 8월 조방장(助防將)으로 평양 공략에 나섰으며, 싸움에서 여러 차례 공을 세워 평안도방어사에 승진되었다. 1593년 1월 명나라 이여송(李如松)의 원군과 함께 평양성 탈환에 공을 세운 뒤, 전라도병마절도사가 되어 도원수 권율(權慄)의 지시로 남원 등지에서 날뛰는 토적을 소탕하였다. 1595년 경상우도병마절도사가 되었을 때, 선조가 임진왜란이 일어난 지 이틀 만에 동래부에서 장렬하게 전사한 송상현(宋象賢)의 관을 적진에서 찾아오라고 하자 그 집 사람을 시켜 일을 성사시켰다. 또한, 이홍발(李弘發)을 부산에 잠입시켜 적의 정황을 살피게 하고, 일본 간첩 요시라(要時羅)를 매수해 정보를 수집하기도 하였다. 1597년 도원수 권율로부터 의령의 남산성(南山城)을 수비하라는 명을 받았지만 불복해 강등되었다. 그 뒤 1603년 충청도병마절도사로 군졸을 학대하고 녹훈(祿勳)에 부정이 있어 파직되었다가, 1604년 전공을 인정받아 포도대장 겸 도정(捕盜大將兼都正)이 되었다. 시호는 양의(襄毅)이다.

향에게 향해 "이상한 인연으로 몸을 구하려 했지만, 뜻대로는 되지 않았구나, 인정을 모르는 것은 비슷하지만 생명을 우리에게 주었다"고 하였다. 결국 계월향은 처음부터 죽을 각오를 하였기에 비장한 최후를 맞이했다. 그래서 김경서는 홀로 성벽을 넘어 군영에 도착하였다. 그 후도 많은 전공을 세웠다고 하였다.

계월향의 소설적 전기에 비창(悲愴)한 정(情)을 일으킬 때, 기생학교에서는 그날에도 노래가 불리여 지고 있었다. 예컨대 가야금, 호궁, 피리, 장구를 가지고 장단을 맞추면 일곱 명의 생도는 일렬이 되어 스승의 영(令)을 기다렸다. 머지않아 스승으로부터 영이 떨어지면, 일곱 명의 소녀는 붉고 아름다운 입술을 움직여 노래한다. 노래의 대체적 의미는 다음과 같다.

산에 번창한 나무, 그 나무를 잘라 배를 만들고, 그 배에 기생과 술로 쌓아 대동강의 부벽루에 띄워 절경을 상(床)으로 삼으며 즐거움에 술잔을 주고받는구나.

아직 많은 기생의 노래는 알지 못하지만, 경성에서 자주 듣는 노래는 유행하는 속요로 알아보면 비천한 내용이지만, 당시 들은 생도의 노래는 아득한 고상한 곳이 있어서 매우 재미있게 들었다.

주인의 친절을 기뻐하고 약간의 사례금을 두고 이별을 고하였다. 일곱 명의 생도는 창문에 기대어 웃으면서 교태스러운 미소를 떠올리며 "안녕히 가세요."라고 언제까지나 배웅하고 있었다고 전해 들었다.

4) '노래서재' 서술 내용 분석 및 의의

'노래서재'는 1924년 평양 기생학교[312]가 설립되기 이전에 평양에 있었던 기생 교육 시설이었다. 당시 경성에도 기생학교를 설립하고자 한 기록들이 많이 남아 있다.[313] 평양 지역은 다른 지역에 비해 독립적인 기생 기예 교육의 전통이 있어서, 노래서재·가무학교·기생서재(書齋)·기생학교 등에서 기생에게 음악과 노래를 교육시키고 있었다.

1915년 평양에 있었던 기생학교는 4개로 알려져 있고, 학생 수는 54명이었다. 신창리(新倉里) 23번지 김은혜학교(金恩惠學校) 10명, 신창리 27번지 김해사학교(金海史學校) 7명, 신창리 59번지 박명하학교(朴明河學校) 27명, 신창리 김인호학교(金仁鎬學校) 10명 등이 있었다.[314] 1917년 무렵 평양 소재 세 곳의 기생 교육 시설을 통합하여 평양음악강습소(平壤音樂講習所)가 설립되었고, 평양 기성권번 학예부와 기성기생양성소로 이어졌다. 내외진담집의 '平壤の妓生學校'에서 방문한 곳은 '대흥면 1리'로 신창리를 말한다.[315] 그곳 노래서재는 신창리 27번지 '김해사 노래서재'로 추정된다. 기생 수가 7명이었고 진홍(眞紅) 기생이 있었다는 사실로

---

312 기성(箕城)권번은 1924년에 설립되었고 1932년 9월 23일에는 주식회사로 전환하였다. 대표자는 윤영선, 주소지는 평양 신창리36이었다. 中村資良, 朝鮮銀行會社組合要錄(1932년, 1937년, 1939년, 1942년판), 東亞經濟時報社.

313 "京城妓生學校 正式으로 許可 樂園偵에 校舍新築", 每日申報, 1937.7.31.

314 "지방통신: 평안남도: 妓生學校 근황(평양)", 每日申報, 1915.2.5.

315 "1896년에 평안도 평양부 인흥부 대흥부를 개편하여 평안남도 평양부에 신설했던 면이 대흥면이다. 16개 동을 관할하였는데, 1910년대 초에 대흥면 전체를 상수리, 상수구리, 설암리, 창전리, 경상리, 경제리, 신창리, 기림리 등 8개 리로 병합 개편하여 평안남도 평양부에 직속시키고 면을 폐지하였다."국가지식포털 북한지역정보넷 http://www.cybernk.net/(2021.5.2.)

1928년 평양 기성권번 기생 양성소

미루어 추측할 수 있다.

이 글에서의 '平壤の妓生學校'는 저자의 이방인 시각으로 노래서재, 즉 가재(歌齋)를 이해하기에 다소 무리가 있어 보인다. '기생학교'와 '노래서재'의 구분을 제대로 이해하지 못하고, 보고 싶은 것만 기억해서 서술한 셈이다.

내외진담집의 '平壤の妓生學校' 내용은 예전에 노래서재, 즉 가재(歌齋)의 존재를 알려준 자료이기에 의의가 있다. 앞서도 언급된 바와 같이 '가재(歌齋)'는 가객(歌客)과 금객(琴客)이 시와 시조를 읊는 서재라는 뜻으로 한양의 '노가재(老歌齋)'를 예를 들 수 있다. 평양에는 주로 정가(正歌), 즉 가곡(歌曲), 가사(歌詞), 시조(時調) 등을 노래하는 서재로 기생들에게 이를 가르치는 '양성소(養成所)'의 역할을 담당하였다. 이처럼 기생의 음악과 춤을 매개로 활동함으로써 단절된 위기에 있었던 여악(女樂)과 전통예술을 비롯한 민속 음악을 교육하고 전승한 공로가 있다는 사실을 재확인하게 되었다.

4. 일본 도쿄의 명월관과 지방의 프랜차이즈 명월관

1) 일본 도쿄 고지마치(麴町) 명월관

예전 명월관 본점은 원래 현재의 동아일보사 사옥 자리에 있었고, 1919년 이후 본점 자리는 현재 피카디리극장 자리로 옮겨졌다. 1971년 『중앙일보』에 글을 연재한 조선권번 출신 이난향의 회고에서 보더라도, '명월관'은 요릿집 '공간' 이상의 의미를 가지고 있음을 쉽게 알 수 있다.

특히 일본 도쿄의 명월관은 비교적 후대에서야 비로소 알려진 곳이었다.

명월관은 일본의 정관계 인사들이 식민지 조선 통치를 기획하고, 의견을 나누던 밀실정치의 거점이었다. 조선총독부 고위관들과 당대 부호들이 드나들던 서울의 명월관과 마찬가지로, 도쿄에서 고급 사교클럽 역할을 했던 셈이다.

명월관이 자리잡은 도쿄 고지마치구 나가타초는 일본 국회의사당과 수상관저 인근으로, 고급 레스토랑과 요정(料亭)이 밀집한 곳이다. 요즘도 한국인들이 자주 찾는 술집 지역 아카사카가 지척에 있다.

2001년 3월 27일 자 『조선일보』 기사를 보면 이에 대한 구체적인 내용을 볼 수 있다.

> "일본의 조선 관련 고위 인사들은 최고급 조선요리와 전통 공연을 레퍼토리로 갖춘 명월관을 자주 찾은 것으로 나타났다. 당시 이곳에 서 조선총독부 인사들의 송별식·환영식이 자주 열렸다. 춘원 이광수도 동경 명월관을 방문한 기록을 『조광』 1937년 3월호의 '동경문인 회견기'에 남겼다. 와세다대 은사였던 요시다 교수와 야마모토 개조사 사장 등 문인들과 일본

일본 도쿄 고지마치에 있었던 조선요릿집 명월관 전경

식 고급 요정에서 저녁을 함께한 춘원은 조선 요정에 가보고 싶다는 주위 권유에 따라 2차로 명월관을 찾는다.

'명월관은 상당히 고급 건물이었다. 집도 좋거니와 정원도 밤에 보아 자세히는 알 수 없어도 상당한 모양이었다. 어린 기생도 4~5인 있었다.'

춘원은 그러나 음식은 그다지 맛이 없었다고 기록하고 있다. 명월관은 '조선 문화의 창구'라는 나름대로의 인식 아래, 식당을 찾는 일본 엘리트 계층에게 우리 문화를 소개하기 위해 노력했다."

이처럼 서울 명월관의 인기와 명성에 힘입어, 일제강점기 도쿄의 나가타 초 명월관과 시기를 앞서거니 뒤서거니 하면서, 간다(神田)와 신주쿠(新宿) 등 몇 군데에서도 '명월관'이란 이름의 요릿집을 영업했던 것으로 문헌들은 전한다.

일본 도쿄의 명월관 정원

2) 신문 광고 문안 『동아일보』

신문 광고 문안 『동아일보』 1932년 1월 10일 자

일본 제일의 조선요리

동경東京 명월관明月館

동경시 고지마치구麴町區 나가타초永田町(山王下)

전화 긴자銀座 57-0057번, 57-3009번

최고의 역사를 두고 찬란한 광채를 가젓든 우리 문화가 세월의 추이됨을 따라 부지중 소멸되어감은 누구나 다 통탄하는 바이외다. 그 잔해(殘骸)의 일부나마 외인(外人)에게 소개함으로써 우리의 존재를 인식케 하는 것이 해외에 있는 우리들로서 마땅히 할 의무의 한 가지가 아닌가. 확신하여 통속적으로 고국을 선전하는 기관으로 명월관을 경영하던 바 사회의 동정과 원조를 받아 소기(所期) 이상의 성과를 얻었음으로 그의 일단을 보고함도 무익한 일이 아닌가 합니다.

조선인 생활의 양식과 습관, 고유의 문화를 소개하려는 명월관은 비록 태생한 지는 수개월에 불과하나, 영업 방침이 조선을 대표한다는 대국하에 있음으로 경영자 자신일지라도 사리사욕을 불허합니다. 그럼으로 설비라든지 음식물이라든지 일익(日益) 연구하여 내임으로 조선에 이해가 없던 손님과 이상(飴商)의 소녀를 보고 조선을 논하든 인사의 이목을 경악케 합니다.

그뿐만 아니라 간평(干坪) 부지에 포위된 광대한 건물과 금강산을 모사한 듯한 정원의 수지(樹枝)까지라도 조선 정신이 결정되지 아니한 곳이 없습니다. 그럼으로 명월관을 '소조선(小朝鮮)' 또는 '조선의 축소경' 이라는 별명을 어떠함도 우연이 아닌가 합니다.

명월관의 출생은 동경 사회에 일대 '센세이션'을 일으키게 되어, 일류 인사가 운하(雲霞)와 같이 모여 개점 만 2개월 이래 연일연야(連日連夜) 만원의 대성황으로 증축까지 하게 된 것은 오직 관주(館主)의 큰 영예일 뿐 아니라 애호하여 주시는 만천하 동포 첨위께서도 함께 기뻐해주실 것으로 믿습니다.

동경 명월관 주인백主人白

1932년 2월호 『삼천리』 잡지 기사에는 '삼천리 벽신문' 소식란이 '도쿄 명월관'의 내용을 소개하고 있다.

일본 도쿄 고지마치에 있었던 명월관 내실에서의 기생 서화 사진

"동경 명월관의 번창은 최근 동경서 온 사람의 이야기를 듣건대 동경에 명월관이란 조선요리점이 생기었는데 그것은 건물도 순(純) 조선식의 주란화벽(朱欄畵壁)이요, 음식도 신선로에 김치깍둑이요, 음악도 에-이- 하는 3현 6각이요, 노래도 '추심가(愁心歌)'요, 육자박이며 서비스하는 이도 전부 화용월태(花容月態)의 치마저고리 입은 기생 10여 명이라는데 손님의 대부분은 일본인들로 요즈음 많은 날의 하로 매상고가 5천 원을 초과하였고 그렇지 못한 날도 2천 원, 3천 원을 보통 된다는데 어째서 이렇게 명월관이 유명하게 발달하는가 하면 조선 기생의 요염한 자태에다가 조선의 독특한 음식이 그네의 호기심을 끄은 까닭인 듯하다고."

당시 1932년 『동아일보』 광고에는 '기생의 말'도 소개되어 있다.

기생의 말

우리들이 기생 생활하든 중 동경 명월관에 종사하게 된 오늘처럼 행복으로 생각되는 때는 없습니다. 기생의 행복이라 할 것 같으면 봉이나 물었거나, 미남자의 새서방이나 얻었다고 생각하시는 분도 있겠지만 기생의 영업

대조는 그것이 아닌 줄 믿습니다. 동경 명월관에서 제일 행복으로 생각되는 것은 처신 명절을 잘 배운 것이외다. 우리 조선서는 기생이 불러주신 손님의 손님이 되어 손님의 접대라는 것은 아주 모르고 심한 자는 손님 앞에서 버릇없는 것, 무례한 짓을 막합니다.

이러한 것은 우리 기생들의 타락을 의미하는 것이니 위신 향상을 위하여 고쳐야 될 줄은 믿으나 문견이 업는 탓으로 고칠 기회가 업더니 이곳 와서 상류의 상류 손님만 접대하게 되니 자연히 고쳐졌습니다. 그뿐만 아니라 가정생활의 양식도 많이 배워서 지금은 살림을 간다하더라도 가정의 통활자인 주부의 일을 능히 할 것 같습니다. 아침잠, 낮잠 물론 고쳤습니다.

그 다음의 행복으로 생각하는 것은 우리 미약한 여자의 몸이 우리 문화를 외지 사람에게 소개함으로써 조선을 이해하여 주는 사람이 날마다 늘어가는 것이올시다. 그럼으로 우리들이 춤추는 순간 가야금, 거문고 듣는 동안 그 잠시 사이라도 국제적 중대한 사명을 가지고 있다는 생각이 떠나지 않습니다.

끝으로 행복하게 생각되는 것은 우리들의 벌이도 좋다는 것이외다. 매일 밤이 되면 권객만래의 몸이 열 쪽이나 내고 싶으니 바쁩니다. 그럼으로 우리 가족도 동경 명월관에 있음으로써 생활이 안정되었습니다. 이렇게 전황한 세월에 이외에 더 행복한 일이 어떻게 있겠습니까? 이곳 동경 명월관에서는 언제든지 고국서 오시는 기생은 채용합니다. 여러 동무들에게 참고하시기 위하야 채용하는 표준을 써 드립니다.

一. 조선 사람으로 빠지지 아니할 만한 얼굴과 태도.
二. 일본말 아시는 분.
三. 각색춤, 거문고, 가야금, 양금 잘하시는 분.

이상에 한 가지 또는 두 가지 이상 적합하시는 이면 채용하여 드립니다. 희망하시는 분은 전신(全身) 사진에 의사의 신체 검사증을 첨부하여 보내시면 우리들이 잘 말씀하여 드리겠습니다.

끝으로 행복을 일신에 지고 있는 우리들의 이름이 이렇습니다.

경성 출신
죽향(竹香), 영월(英月), 산월(山月), 난향(蘭香), 추월(秋月), 금월(琴月), 금주(錦珠)

평양 출신
보석(寶石), 산옥(山玉), 소희(素姬), 춘사(春史), 기화(奇花)

남도 출신
옥란(玉蘭), 매월(梅月), 채월(彩月), 명옥(明玉), 도화(桃花)

참고문헌

1. 자료

『북한의 자연지리와 사적』, 통일원, 1994.

『매일신보』 1928.9.21. 4면.

경상남도읍지(1832년경), 영남읍지(1871년경), 영남읍지(1895년경), 경남읍지(1871년경).

李癸生, 『梅窓集』 [刊寫地未詳]開巖寺, 顯宗 9(1668) 木板本, 국립중앙도서관 소장본.

李瀷 撰 『星湖僿說』 卷23.

문일평, 『湖岩全集』 第三卷, 조광사, 1940.

미상, 「사상」, 『삼천리』 제6권 제5호, 1934.5.1.

송방송, 『한겨레음악대학사전』, 보고사, 2012.

심재완, 『歷代時調全書』, 세종문화사, 1972.

滝川政次郎, 『遊女の歴史』, 日本歴史新書, 東京, 至文堂, 1967.

이능화, 「조선해어화사」, 학문각(1968년도 영인본).

周亮工 撰, 『因樹屋書影 卷4』.

中山太郎, 『賣笑三千年史』, 東京, 春陽堂, 1927.

________, 『日本巫女史』, 東京, 大岡山書店, 1930.

"京城妓生學校 正式으로 許可 樂園僓에 校舍新築", 每日申報, 1937.7.31.

"미스조선심사평", 모던일본 제11권 제9호 조선판, 모던일본사, 1940, 320쪽.

"평양 기생학교 구경, 서도 평양의 화류 청조", 『삼천리』 제6권 제5호, 1934.5.1.

「朝鮮出版警察月報」 第15號, 出版警察槪況 - 不許可 差押 및 削除 出版物 記事要旨.

「지방통신: 평안남도-妓生學校 근황(평양)」, 『每日申報』, 1915.2.5.

『觀光の京城』, 朝鮮總督府 鐵道國, 1929.

『내외진담집(外珍談集)』, 鏡陽學人編, 靖獻社, 1915.
『施政五年紀念朝鮮物産共進會報告書』, 朝鮮總督府, 1916.3.
德永勳美, 한국총람, 동경 박문관, 1907.
요시미 순야, 『박람회: 근대의 시선』, 이태문 옮김, 논형, 2004.
中村資良, 朝鮮銀行會社組合要錄, 1932.
陳緣星, 『大京城案內』, 大京城案內社, 1929.
靑柳綱太郎, 『조선미인보감』, 朝鮮研究會, 序文, 1918, 1면(民俗苑 1985년 復刻).
초사, "서도 일색이 모힌 평양 기생학교", 『삼천리』 7호, 1930.7.1.
草士, 「西道一色이 모힌 平壤妓生學校」, 『삼천리』 7호, 1930.7.1.
『觀光の京城』, 朝鮮總督府 鐵道國, 1929.
『滿鮮旅行案內』, 일본국회도서관 소장 Microform/Online/Digital.
洪萬宗 『小話詩評』 / 『石洲集』 卷之七 嬋娟洞 / 『老稼齋燕行日記』.
『遣閑雜錄』.
『薊山紀程』 卷之一.
『老稼齋燕行日記』.
『綠波雜記』 綠波雜記 二.
『端宗實錄』 『世宗實錄』 『世祖實錄』.
『大東野乘』 卷71.
『林白湖集』 卷之三.
『三國史記』·『三國遺事』·『高麗史節要』·『高麗史』.
『書言故事』 『左傳』.
『石洲別集』 卷之一.
『石洲集』 卷之七.
『惺所覆瓿藁』 卷15.
『惺所覆瓿藁』 『小華詩評』 『朝鮮解語花史』 『芝峯類說』 『村隱集』.
『星湖僿說』 卷23.
『小話詩評』 「嬋娟洞」.
『續東文選』 卷21.
『松溪漫錄』.
『詩話叢林』 하권.
『心田稿』 제1권 燕薊紀程.
『燃藜室記述』 제18권 宣祖朝故事本末.

『吳越春秋』.
『五洲衍文長箋散稿』 필사본. 60권 60책. 규장각도서.
『운초 김부용』, 천안향토사연구소, 2004.
『雲楚奇玩』(筆寫本), 국립중앙도서관 소장본.
『雲楚堂詩稿』(규장각 소장) / 『雲楚集』 / 『芙蓉集』.
『紫海筆談』.
『佔畢齋集』 詩集 제2권.
『朝鮮王朝實錄』 燕山君日記.
『朝鮮王朝實錄』 『世宗地理志』 / 『平安南道誌』.
『조선향토대백과』, (사)평화문제연구소, 2008.
『贈越崇侍御』.
『芝峯類說』 卷十二 文章部五 唐詩.
『芝峯先生集』 卷之十六 續朝天錄.
『靑莊館全書』 권 32~35 『淸脾錄』.
『聽天遺閑錄』.

2. 단행본

가와무라 미나토, 『말하는 꽃 기생』, 유재순 번역, 소담출판사, 2002.
강한영, 『한국古時調 오백선』, 서문당, 1983.
경성제대, 『청구영언』, 경성, 1930.
김근태·백승명, 『국역 운초기완』, 성환문화원, 2010
김대행, 『한국시가구조연구』, 삼영사, 1976.
______, 『한국시의 전통연구』, 개문사, 1980.
김용숙, 「韓國女俗史」, 『韓國文化史大系』 4, 고대민족문화연구소. 1971.
______, 『이조의 여류문학』, 한국일보사, 1975.
______, 『조선조여류문학의 연구』, 숙대출판부, 1979.
김함득, 『한국여류고전문학고』, 광림사, 1974.
박기중 역, 「연행로정도」, 『연행록전집 100』, 동국대, 2001.
박노정 번역, 『진주대관』, 진주신문사, 1996.
박을수, 『한국고시조사』, 서문당, 1979.
박철희, 『입문을 위한 문학개론』, 형설출판사, 1989.

송준호·안대회 역, 『정유집』, 『한국고전문학전집』 28, 고려대 민족문화연구소, 1996.
신은경, 『풍류: 동아시아 미학의 근원』, 보고사, 1999.
신현규, 『기생: 문화콘텐츠 관점에 본 권번기생 연구』, 연경문화사, 2022.
______, 『일제강점기 기생인물·생활사: 꽃을 잡고』, 경덕출판사, 2005.
______, 『평양기생 왕수복: 10대가수 여왕되다』, 경덕출판사, 2006.
______, 『기생, 푸르디푸른 꿈을 꾸다』, 북페리타, 2014.
______, 『기생이야기』, 살림지식총서, 살림출판사, 2007.
______, 『왕수복』, 북페리타, 2014.
______, 『조선 기생 선연동 연구』, 보고사, 2017.
______, 『일제강점기 권번기생연구』, 북페리타, 2016.
______, 『기생, 조선을 사로잡다』, 어문학사, 2010.
신현규 편역, 『중국창기사』, 어문학사, 2012.
심경호, 『한시기행』, 이가서, 2005.
심재완, 『時調의 문헌적 연구』, 세종문화사, 1972.
王書奴, 『中國娼妓史』, 團結出版社, 2004.
우종호, 『동시대의 시와 진실』, 민음사, 1982.
이각규, 『한국의 근대박람회』, 커뮤니케이션북스, 2010.
이경민, 『경성, 카메라, 산책』, 아카이브북스, 2012.
______, 『기생은 어떻게 만들어 졌는가: 근대 기생의 탄생과 표상공간』, 아카이브연구소, 2005.
이경복, 『고려시대 기녀연구』, 민족문화문고간행회, 1986.
이능우, 『古詩歌論攷』, 숙대출판부, 1983.
이능화, 『조선해어화사』, 이재곤 역, 동문선, 1992.
이석래, 『이조의 여인상』, 을유문화사, 1982.
이혜순, 『한국고전여성작가의 시세계』, 이화여대 출판부, 2005.
이혜순 외, 『한국고전여성문학의 세계』, 이화여대 출판부, 1998.
임종찬, 『시조문학의 본질』, 대방출판사, 1986.
장덕순, 『黃眞이와 妓房文學』, 중앙일보사(주), 1983.
조병화, 『현대문장론』, 열화당, 1977.
최남선, 『朝鮮常識問答續編』, 삼성문화재단(1972. 재발간), 1947.
최승범, 『한국고시조선』, 삼중당, 1986.

츠베탕 토도로브, 『構造詩學』, 곽광수 역, 문학과 지성사, 1987.
토도로프, 『구조주의 란 무엇인가』, 고려원, 1985.
한재락, 『녹파잡기(개성 한량이 만난 평양 기생 66인의 풍류와 사랑)』, 이가원 역, 김영사, 2007.
허경진, 『허균의 시화』, 민음사, 1982.
_____, 『梅窓詩選』, 평민사, 1986.
_____, 「운초 김부용 시선」, 『한국의 한시』 37, 평민사, 1993.
허미자, 『이매창 연구』, 성신여대 출판부, 1998.
_____, 「한국여류문학론」, 성신여대출판부, 1991.
황순구, 「청구영언연구」, 금방울사, 1980.
황재군, 「한국고전여류시연구」, 집문당, 1982.
황패강 외, 「한국문학작가론」, 형설출판사, 1989.
M. 마렌, 「문학연구의 방법론」, 장영태 역, 홍성사, 1986.

3. 논문

권도희, 「호남지역 근대 음악사 연구」, 『한국음악연구』 38, 한국국악학회, 2005.
권순희, 「〈古今歌曲〉의 원본 발굴과 轉寫 경로」, 『우리어문연구』 34, 우리어문학회, 2009.
김경미, 「조선후기의 새로운 여성문화공간 삼호정 시사」, 『여성이론』 5, 여성문화이론연구소, 2001.
김덕수, 「이매창의 한시에 나타난 의식세계」, 『國語文學』 29, 국어문학회, 1994.
김동욱, 「李朝妓女史序說(士大夫와 妓女): 李朝士大夫와 妓女에 대한 風俗史的 接近」, 『아세아女性硏究』 5, 숙명여대 아세아여성연구소, 1966.
_____, 「교수임용에 학위만이 필요한가」, 『대학교육』 19, 한국대학교육협의회, 1986.
_____, 「나의 학구생활과 논문집필」, 『대학교육』 9, 한국대학교육협의회, 1984.
_____, 「이조기녀사서설(사대부와 기녀): 이조사대부와 기녀에 대한 풍속사적 접근」, 『아세아여성연구』 5, 숙명여대 아세아여성연구소, 1966.
_____, 「학문 성취에 밑거름된 '잡동산이'」, 『출판저널』 12, 대한출판문화협회, 1988.
_____, 「허균과 여성: 이조관원의 一生에 관한 연구 중에서」, 『아세아여성연구』 6, 숙명여대 아세아여성연구소, 1968.

______, 「黃眞伊의 허난설헌」, 『현대문학』 9, 1955.
김용숙, 「黃眞伊의 전기적 연구」, 『청파문학』 2, 숙명여대, 1960.
김명희, 「최초의 조선 여성 문단인: 운초시의 특질」, 『여성문학연구』 11, 한국여성문학학회, 2004.
김미란, 「19세기 전반기 기녀, 서얼시인들의 문학사적 위치」, 『문학과 사회집단』, 집문당, 1995.
김여주, 「김운초의 한시연구」, 성균관대학교 박사학위논문, 1991.
______, 「운초 시의 특징」, 『한국한문학연구』 15, 한국한문학회, 1992.
김영숙, 「규중문학과 기녀작품의 위치」, 『문호』 1, 건국대, 1960.
김영정, 「지역연구의 동향과 전망」, 『한국사회』 15(1), 한국사회학회, 2014.
김용숙, 「조선조 여류문학의 특질」, 『아세아여성연구』 14, 아세아여성문제연구소, 1975.
김은자, 「조선후기 평양교방의 규모와 공연활동: 『평양지』와 『평양감사환영도』를 중심으로」, 『한국음악사학보』 31, 한국음악사학회, 2003.
김일근, 「기녀와 문학」, 『정대』 5, 건국대, 1958.
김정녀, 「권번의 춤에 대한 연구」, 『한국무용연구』 7, 한국무용연구학회, 1989.
김종수, 『조선시대 궁중연향과 여악 연구』, 민속원, 2001.
김지용, 「매창문학연구」, 『수도여자사범대학 논문집』 6, 1974.
______, 「삼호정시단의 특성과 작품」, 『아세아여성연구』 16, 아세아여성문제연구소, 1977.
김창식, 『林白湖詩 一考』, 『한양어문』 3, 한국언어문화학회, 1985.
김창현, 「기녀 작품 소고」, 『어문논집』 8, 안암어문학회, 1964.
남기웅, 「1929년 조선박람회와 '식민지 근대성'」, 『동아시아문화연구』 43, 한양대학교 동아시아문화연구소, 2008.
남선희, 「진주지역 교방춤 전승 연구」, 『영남춤학회』 2(1)(통권 제2호), 영남춤학회, 2014.
남종진, 「당(唐) 교방(敎坊)의 성립과 변천에 있어서의 몇 가지 문제점」, 『동양예술』 36, 한국동양예술학회, 2017.
류자, 「한·중 고전소설에 나타난 기녀 양상 비교 연구: 조선 기녀 등장 소설과 중국 『삼언(三言)』을 중심으로」 경성대 대학원 박사논문, 2018.
리양, 「한·중 기녀시문학의 비교연구: 조선조와 명·청시기의 기녀시문학을 중심으로」, 대구대 대학원 박사논문, 2016.

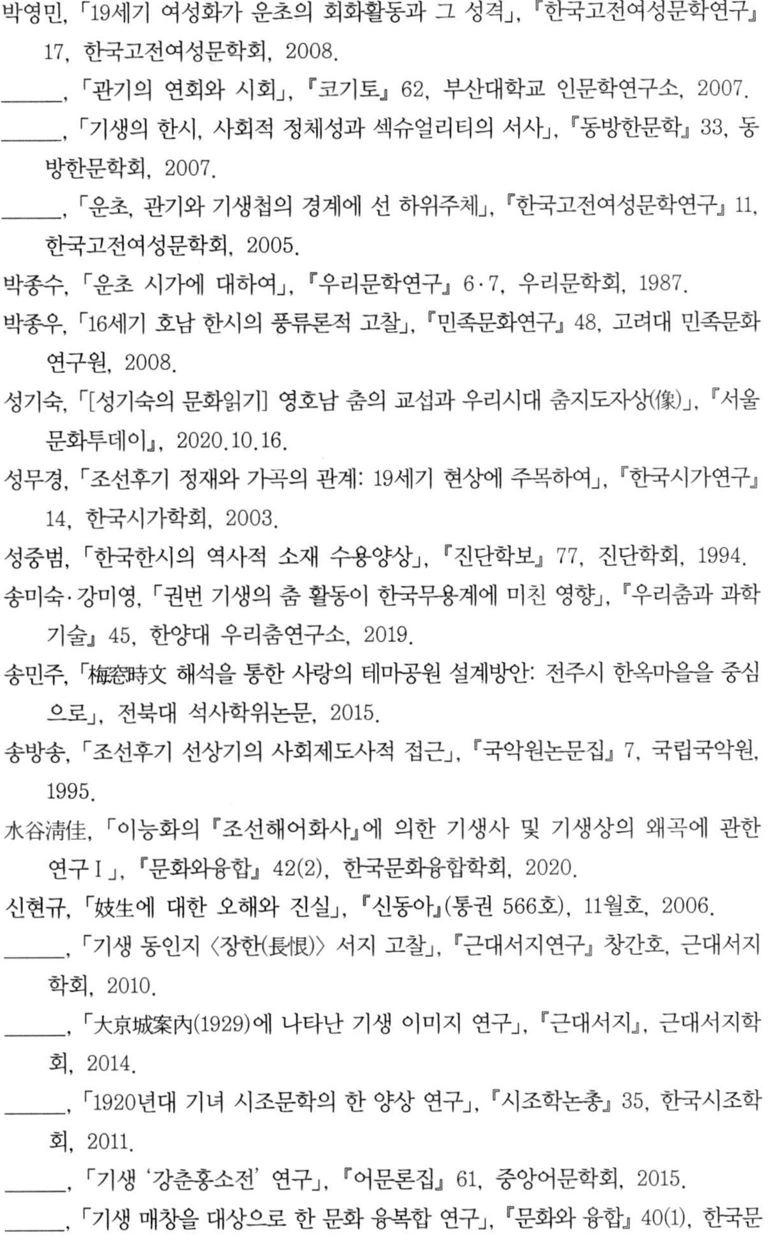

박영민, 「19세기 여성화가 운초의 회화활동과 그 성격」, 『한국고전여성문학연구』 17, 한국고전여성문학회, 2008.

_____, 「관기의 연회와 시회」, 『코기토』 62, 부산대학교 인문학연구소, 2007.

_____, 「기생의 한시, 사회적 정체성과 섹슈얼리티의 서사」, 『동방한문학』 33, 동방한문학회, 2007.

_____, 「운초, 관기와 기생첩의 경계에 선 하위주체」, 『한국고전여성문학연구』 11, 한국고전여성문학회, 2005.

박종수, 「운초 시가에 대하여」, 『우리문학연구』 6·7, 우리문학회, 1987.

박종우, 「16세기 호남 한시의 풍류론적 고찰」, 『민족문화연구』 48, 고려대 민족문화연구원, 2008.

성기숙, 「[성기숙의 문화읽기] 영호남 춤의 교섭과 우리시대 춤지도자상(像)」, 『서울문화투데이』, 2020.10.16.

성무경, 「조선후기 정재와 가곡의 관계: 19세기 현상에 주목하여」, 『한국시가연구』 14, 한국시가학회, 2003.

성중범, 「한국한시의 역사적 소재 수용양상」, 『진단학보』 77, 진단학회, 1994.

송미숙·강미영, 「권번 기생의 춤 활동이 한국무용계에 미친 영향」, 『우리춤과 과학기술』 45, 한양대 우리춤연구소, 2019.

송민주, 「梅窓時文 해석을 통한 사랑의 테마공원 설계방안: 전주시 한옥마을을 중심으로」, 전북대 석사학위논문, 2015.

송방송, 「조선후기 선상기의 사회제도사적 접근」, 『국악원논문집』 7, 국립국악원, 1995.

水谷淸佳, 「이능화의 『조선해어화사』에 의한 기생사 및 기생상의 왜곡에 관한 연구 I」, 『문화와융합』 42(2), 한국문화융합학회, 2020.

신현규, 「妓生에 대한 오해와 진실」, 『신동아』(통권 566호), 11월호, 2006.

_____, 「기생 동인지 〈장한(長恨)〉 서지 고찰」, 『근대서지연구』 창간호, 근대서지학회, 2010.

_____, 「大京城案內(1929)에 나타난 기생 이미지 연구」, 『근대서지』, 근대서지학회, 2014.

_____, 「1920년대 기녀 시조문학의 한 양상 연구」, 『시조학논총』 35, 한국시조학회, 2011.

_____, 「기생 '강춘홍소전' 연구」, 『어문론집』 61, 중앙어문학회, 2015.

_____, 「기생 매창을 대상으로 한 문화 융복합 연구」, 『문화와 융합』 40(1), 한국문

화융합학회, 2018.
_____, 「기생에 대한 오해와 진실」, 『신동아』(통권 566호), 11월호, 2006.
_____, 「문헌에 나타난 '기'의 기원 연구: 〈화동기원변증설〉을 중심으로」, 『한민족문화연구』 23, 한민족문화학회, 2007.
_____, 「선연동 시 연구: 기생의 무덤을 소재로 한 시가 중심으로」, 『우리문학연구』 29, 우리어문학회, 2010.
_____, 「운초 시에 나타난 선연동 연구」, 『우리문학연구』 49, 우리문학회, 2016.
_____, 「일제강점기 권번 기생의 일람표 연구(1): 종로권번(1938년) 소속의 기생 중심으로」, 『문화와 융합』 43(5), 한국문화융합학회, 2021.
_____, 「일제강점기 기생의 권번시조 연구」, 『시조학논총』 39, 한국시조학회, 2015.
_____, 「일제강점기 권번 기생의 일람표 연구(2): 조선권번(1938년) 소속의 기생 중심으로」, 『문화와 융합』 43(10), 한국문화융합학회, 2021.
_____, 「기생 '백운선'을 콘텐츠로 한 스토리텔링의 가능성 고찰: 『매일신보』에 연재된 「백운선의 비밀」을 중심으로」, 『어문론집』 43, 중앙어문학회, 2010.
안대희, 「평양기생의 인생을 묘사한 小品書 綠波雜記 연구」, 『한문학보』 14, 우리한문학회, 2006.
윤정로, 「黃眞伊 소고」, 『이대 국어국문학연구 2호』, 1959.
윤채근, 「林悌의 시문학: 일상과 초일상의 분열」, 『한문학논집』 19, 근역한문학회, 2001.
윤홍로, 「한국문학의 수사변천과 意識변화의 상관관계」, 『성곡논총』 7, 1976.
이경복, 「고려기녀 풍속과 문학의 연구」, 중앙대 대학원 박사논문, 1985.
이규리, 「조선후기 외방관기 연구」, 동국대 석사학위논문, 2003.
이려추, 「한·중 기녀시인 김운초와 류여시 비교연구」, 서울대 대학원 박사논문, 2009.
이말애, 「진주교방굿거리춤사위에 대한 고찰」, 명지대학교 석사학위논문, 2006.
이병기, 「黃眞伊의 예술」, 『반도사회와 낙토만주』 1호, 만선학해사, 1942.
이신복, 「한국기류문학연구」, 단국대 대학원, 석사논문, 1976.
이은상, 「黃眞伊의 일생과 그의 예술」, 『신가정』 1권 7호, 신동아사, 1933.
이임수, 「古時調 構造分析의 한 실험」, 『시조학논총』, 한국시조학회, 1985.
이정민·김영희, 「일제강점기 기생의 임금 구조와 분쟁에 대한 시론적 고찰」, 『무용역사기록학』, 무용역사기록학회, 2021.
이혜순, 『한국고전여성작가연구』, 태학사, 1999.

이화형, 「기생 梅窓 시의 존재적 갈등」, 『우리문학연구』 19, 우리문학회, 2006.
_____, 「李梅窓과 薛濤의 漢詩에 나타난 세계인식의 차별성고찰」, 『우리문학연구』 44, 우리문학회, 2014.
_____, 「황진이와 이매창의 漢詩비교 고찰」, 『우리문학연구』 41, 우리문학회, 2014.
장남원, 「朝鮮後期 李圭景의 陶磁認識」, 『미술사논단』, 한국미술연구소, 1988.
전재옥, 「기녀와 국문학」, 『명지어문학』 2, 명지어문학회, 1961.
정혜원, 「時調에 있어서의 空間意識의 방법」, 『시조학논총』, 한국시조학회, 1985.
조광국, 「기녀담·기녀등장소설의 기녀 자의식 구현 양상에 관한 연구」, 서울대 대학원 박사논문, 2000.
조동일, 「時調의 이론, 그 가능성과 방향 설정」, 『고전문학을 찾아서』, 문학과 지성사, 1981.
조선희, 「근세 한·일 기녀복식의 조형특성 비교연구: 풍속화와 문학작품을 중심으로」, 경성대 대학원 박사논문, 2015.
조성옥, 「조선시대 기녀 트레머리 고찰과 재현에 관한 연구」, 서울벤처대학원대학교 박사논문, 2013.
조운제, 「黃眞伊의 시와 동서시의 비교」, 『사상계 국판』 18(4), 1970.
_____, 「黃眞伊의 시와 한국시의 전통」, 『우석대논문집』 2·3, 우석대학교, 1969.
_____, 「黃眞伊의 時調와 한국시가의 전통」, 『국어국문학』 통권 41호, 국어국문학회, 1968.
조운찬, 「역사도시, 평양의 가능성」, 『경향신문』 2018.09.20.
진주시, 「진주시 교방문화 활성화 기본계획 수립」, 연구용역의 최종보고서」, 2022.
최용진, 「黃眞伊」, 『한양』 1권 3호, 1962.
하경숙, 「스토리텔링을 통한 여성 인물의 가치와 의미: 운초 김부용의 문화콘텐츠를 중심으로」, 『온지논총』 41, 온지학회, 2014.
한혜순, 「黃眞伊의 생애와 문학」, 『성심어문논집』 1집, 1966.
한재덕, 「기생학교에서는 무엇을 가르칠까?」, 『모던일본』 10권 조선판, 모던일본사, 1939.
현문자, 「기녀고」, 동아대 대학원 석사논문, 1967.
황미연, 「조선후기 전라도 교방의 현황과 특징」, 『한국음악사학보』 40, 한국음악사학회, 2008.
_____, 「전라북도 권번의 운영과 기생의 활동을 통한 식민지 근대성 연구」, 전북대

박사논문, 2010.

4. 인터넷 자료 검색

북한 지역 정보넷 (http://www.cybernk.net)

한국고전번역원 (www.minchu.or.kr)

〈[경제학자가 본 한국사] (13) 조선시대의 인구 - 장기 변동〉『한국경제신문』 https://sgsg.hankyung.com/article/2014051670741 (검색일자: 2022.10.22.)

부록 1

교방 관련 논문(1977~2022년)

강경호, 「『교방가요』 가곡부의 편찬 특징과 가곡문화사적 함의」, 고전문학한문학연구학회, 2021.

______, 「교방가요 수록 가곡 작품들의 특징과 지역성」, 한국어문학국제학술포럼, 2022.

______, 「문학, 문화콘텐츠의 지역성과 세계화 – 제주를 중심으로: 제주의 교방 문화와 기생 활동에 대한 문헌 검토 – 제주 교방, 기생 문화의 문화원형 탐색을 위하여」, 반교어문학회, 2015.

______, 「제주 교방 예술의 전통과 가창 문학의 전승」, 동양고전학회, 2020.

______, 「제주 교방(敎坊) 관련 예술의 전통과 문화원형 탐색을 위한 이론적 고찰: 문헌 자료를 중심으로」, 국제어문학회, 2018.

강민주, 「의암별제 형성 및 과제」, (사)한국전통예술협회, 2021.

강연희, 「조선전기 흉례 중 부묘의 고찰」, 국립국악원, 2009.

강인숙, 「『교방가요』에 나타난 당악정재의 변모양상」, 한국무용기록학회, 2006.

______, 「교방가요에 나타난 당악정재의 변모양상」, 무용역사기록학회, 2006.

고유미, 「한국춤에 나타난 교태미의 표상과 그 의미: 임이조의 전통춤을 중심으로」, 무용역사기록학회(구 한국무용사학회), 2015.

공영호, 「근대무용의 개념과 기점에 관한 연구: 갑오경장(甲午更張)을 기점으로」, 무용역사기록학회, 2003.

歐燕(Ouyan), 「論唐代太常樂戶的平民化」, 경북대학교 아시아연구소, 2010.

권순희, 「계명대학교 동산도서관 소장 국문시가 자료의 가치」, 계명대학교 한국학연구원, 2008.

권혜경, 「조선후기 교방(敎坊)의 연행활동 연구: 춤을 중심으로」, 한국춤문화자료원, 2006.

김경남, 「지식 생산과 전수 방법의 보편성과 특수성의 관점에서 본 조선시대 여성 지식인 형성 배경」, 부경대학교 인문사회과학연구소, 2020.

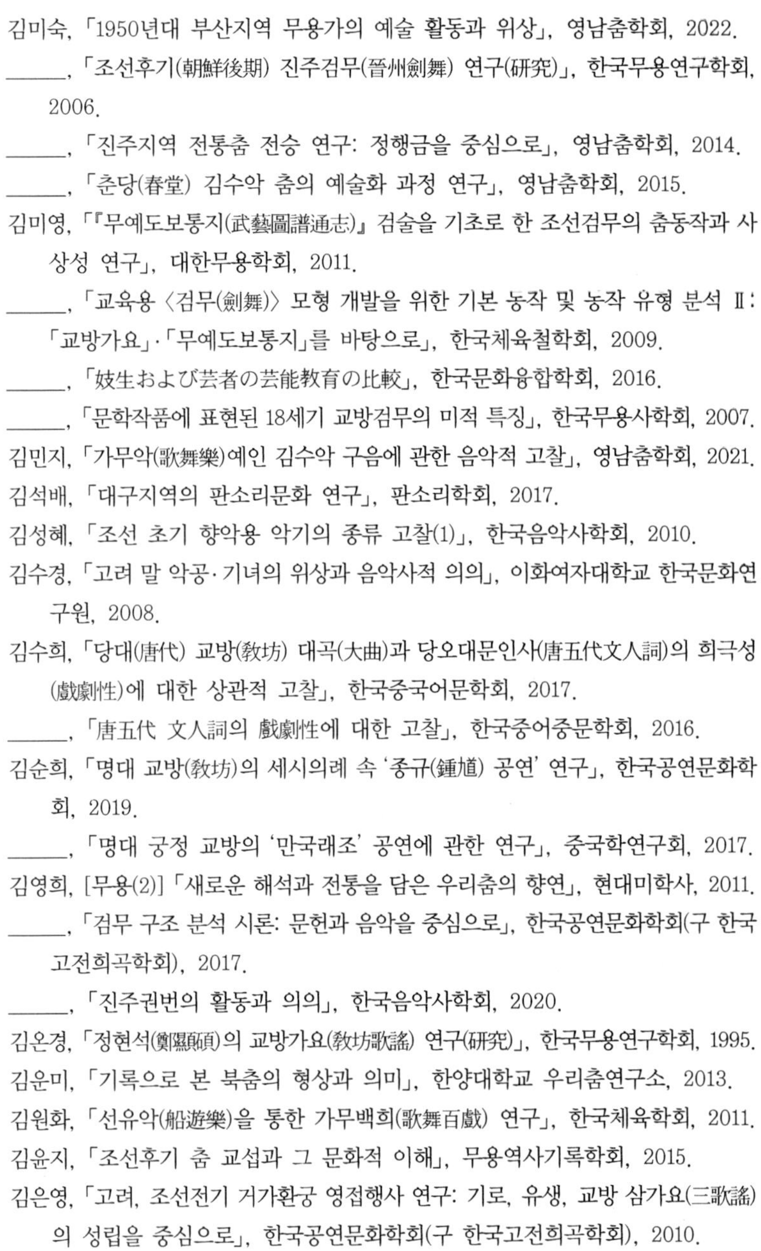

김미숙, 「1950년대 부산지역 무용가의 예술 활동과 위상」, 영남춤학회, 2022.
______, 「조선후기(朝鮮後期) 진주검무(晉州劍舞) 연구(研究)」, 한국무용연구학회, 2006.
______, 「진주지역 전통춤 전승 연구: 정행금을 중심으로」, 영남춤학회, 2014.
______, 「춘당(春堂) 김수악 춤의 예술화 과정 연구」, 영남춤학회, 2015.
김미영, 「『무예도보통지(武藝圖譜通志)』 검술을 기초로 한 조선검무의 춤동작과 사상성 연구」, 대한무용학회, 2011.
______, 「교육용 〈검무(劍舞)〉 모형 개발을 위한 기본 동작 및 동작 유형 분석 Ⅱ: 「교방가요」·「무예도보통지」를 바탕으로」, 한국체육철학회, 2009.
______, 「妓生および芸者の芸能教育の比較」, 한국문화융합학회, 2016.
______, 「문학작품에 표현된 18세기 교방검무의 미적 특징」, 한국무용사학회, 2007.
김민지, 「가무악(歌舞樂)예인 김수악 구음에 관한 음악적 고찰」, 영남춤학회, 2021.
김석배, 「대구지역의 판소리문화 연구」, 판소리학회, 2017.
김성혜, 「조선 초기 향악용 악기의 종류 고찰(1)」, 한국음악사학회, 2010.
김수경, 「고려 말 악공·기녀의 위상과 음악사적 의의」, 이화여자대학교 한국문화연구원, 2008.
김수희, 「당대(唐代) 교방(教坊) 대곡(大曲)과 당오대문인사(唐五代文人詞)의 희극성(戲劇性)에 대한 상관적 고찰」, 한국중국어문학회, 2017.
______, 「唐五代 文人詞의 戲劇性에 대한 고찰」, 한국중어중문학회, 2016.
김순희, 「명대 교방(教坊)의 세시의례 속 '종규(鍾馗) 공연' 연구」, 한국공연문화학회, 2019.
______, 「명대 궁정 교방의 '만국래조' 공연에 관한 연구」, 중국학연구회, 2017.
김영희, [무용(2)] 「새로운 해석과 전통을 담은 우리춤의 향연」, 현대미학사, 2011.
______, 「검무 구조 분석 시론: 문헌과 음악을 중심으로」, 한국공연문화학회(구 한국고전희곡학회), 2017.
______, 「진주권번의 활동과 의의」, 한국음악사학회, 2020.
김온경, 「정현석(鄭顯奭)의 교방가요(教坊歌謠) 연구(研究)」, 한국무용연구학회, 1995.
김운미, 「기록으로 본 북춤의 형상과 의미」, 한양대학교 우리춤연구소, 2013.
김원화, 「선유악(船遊樂)을 통한 가무백희(歌舞百戲) 연구」, 한국체육학회, 2011.
김윤지, 「조선후기 춤 교섭과 그 문화적 이해」, 무용역사기록학회, 2015.
김은영, 「고려, 조선전기 거가환궁 영접행사 연구: 기로, 유생, 교방 삼가요(三歌謠)의 성립을 중심으로」, 한국공연문화학회(구 한국고전희곡학회), 2010.

김은자, 「선유락(船遊樂)의 전승양상과 공연미학적 성격」, 한국예술종합학교 세계민족무용연구소, 2005.
______, 「조선후기 성천 교방의 공연활동 및 공연사적 의미: 『성천지(成川誌)』를 중심으로」, 한국예술종합학교 세계민족무용연구소, 2005.
______, 「朝鮮後期 平壤敎坊의 規模와 公演活動: 『平壤志』와 《平壤監司歡迎圖》를 중심으로」, 한국음악사학회, 2003.
김정녀, 「권번의 춤에 대한 연구: 진주권번을 중심으로」, 국립문화재연구소, 1988.
김종덕, 「역사상(易思想)을 통해서 본 호흡과 대삼소삼(大衫小衫)의 연관성 연구: 이매방류 살풀이춤을 중심으로」, 한양대학교 우리춤연구소, 2014.
김종수, 「교방고(敎坊鼓)와 좌고(座鼓)에 대한 소고(小考)」, 한국국악학회, 2010.
김죽엽, 「문헌별 홀기해석에 의한 포구락 진행절차 비교분석」, 한국무용연구회, 2010.
김지원, 「육화대의 전승 양상 고찰: 조선시대에서 대한제국기까지의 문화사적 관점을 중심으로」, 한양대학교 우리춤연구소, 2020.
김지혜, 「퇴계학파의 경(敬)사상을 기준으로 한 〈의암별제〉 춤 구조 분석」, 한양대학교 대학원 박사학위논문, 2022.
金昌賢, 「고려시대 음악기관에 관한 제도사적 연구」, 한국예술종합학교 전통예술원, 2001.
김태웅, 「19세기 초반 가집 서울대본 『악부』의 성격과 시가사적 의미」, 우리어문학회, 2016.
김현주, 「당악정재(唐樂呈才) 헌선도(獻仙桃)에 관한 연구: 문헌상의 헌선도와 현행 헌선도의 비교」, 한국무용기록학회, 2003.
김혜영, 「향악정재 〈아박무(牙拍舞)〉의 변천양상」, 영남춤학회, 2022.
김혜은, 「진주교방굿거리춤에 대한 연구」, 대한무용학회, 2005.
김호연, 「한량무의 전승 양상과 그 서사구조 연구: 한성준 계열 강선영류를 중심으로」, 무용역사기록학회(구 한국무용사학회), 2018.
남선희, 「김수악의 진주교방굿거리춤 연구」, 영남춤학회, 2013.
______, 「진주지역 교방춤 전승 연구」, 영남춤학회, 2014
______, 「춘당 김수악 춤의 전승 양상」, 영남춤학회, 2019.
남종진, 「당(唐) 교방(敎坊)의 성립과 변천에 있어서의 몇 가지 문제점」, 한국동양예술학회, 2017.
______, 「당대 교방의 성립과 변천에 있어서의 몇 가지 문제점」, 한국예술종합학교 세계민족무용연구소, 2017.

_____, 「태종(太宗), 무칙천(武則天), 현종(玄宗)의 당대(唐代)전기 악무(樂舞)발전 에 대한 공헌」, 한국동양예술학회, 2014.

노성미, 「「송조선가」의 민속적 고찰」, 경상대학교 배달말학회, 2009.

董錫玖, 「唐代宮廷樂舞機構: 教坊與崔令欽《教坊記》」, 한국예술종합학교 세계민족 무용연구소, 2006.

류속영, 「16세기 士大夫 계층의 彈琴 趣味와 거문고: 『默齋日記』를 중심으로」, 한국 고전번역원, 2014.

문주석, 「19세기 古樂譜·歌集의 音樂論 考察」, 한국시조학회, 2007.

_____, 「『教坊歌謠』 所載 '教坊呈才' 硏究: 項莊舞·僧舞를 中心으로」, 영남대학교, 2003.

민태혜, 「고려시대 중국사신영접의례와 전통연희」, 남도민속학회, 2015.

박시종, 「지방무형문화재의 가치와 보존의 문제점에 관한 제언: 진주교방굿거리춤을 중심으로」, 한양대학교 우리춤연구소, 2013.

박영민, 「19세기 지방관아의 교방정책과 관기의 경제현실: 강계부(江界府)의 「교방절목(教坊節目)」을 중심으로」, 고려대학교 민족문화연구원, 2009.

박은영, 「조선 후기 궁중·교방 정재 및 민속무용의 상호교섭과 변모 양상」, 숭실대학교 한국문학과예술연구소, 2008.

박자은, 「官妓制度를 중심으로 한 기생(춤)의 기원 및 변천에 관한 고찰」, 한국무용사학회, 2006.

박지웅, 「경주 교방 '신라십무(新羅十舞)'의 성격과 형태연구: 『동경유록(東京遊錄)』을 중심으로」, 한국무용연구학회, 2022.

방학봉, 「발해의 음악」, 국학연구소, 2005.

배인교, 「19세기 남성음악인들의 保와 朔料에 對한 연구: 19세기의 관찬읍지를 대상으로」, 한국국악학회, 2006.

_____, 「조선후기 충청도지역 읍지(邑誌)의 음악 기사 검토: 군액(軍額)항과 읍사례(邑事例) 기록을 중심으로」, 한국국악학회, 2005.

백재민, 「조선시대(朝鮮時代) 교방정재(教坊呈才) 〈포구락(抛毬樂)〉 연행고(演行考)」, 대한무용학회, 2012.

백정희, 「조선 儺禮舞에 끼친 『周禮』의 영향 연구: 易의 사상적 解義를 중심으로」, 한국사상문화학회, 2008.

_____, 「한국(韓國)의 문화(文化): 조선 나례무(儺禮舞)에 끼친 『주례(周禮)』의 영향 연구 - 역(易)의 사상적 해의(解義)를 중심으로」, 한국사상문화학회, 2008.

백현순, 「무용: 당락정재(唐樂呈才) 포구락(抛毬樂)에 대한 고찰(考察)」, 한국체육학회, 1998.
서지영, 「이미지와 환상을 넘어서: 조선시대 기생의 현실과 타자의 목소리」, 도서출판여이연, 2005.
성기숙, 「교방가요 소재 선악(仙樂) 연구」, 한국무용교육학회, 2010.
_____, 「기녀(妓女) 및 교방(敎坊)춤에 대한 사적(史的) 고찰(考察)」, 한국무용연구학회, 1993.
_____, 「영·호남춤 전승의 역사와 예술사적 의의」, 한국전통공연예술학회, 2021.
_____, 「운창 성계옥과 진주교방춤 복원의 의의」, 한국음악사학회, 2020.
_____, 「입춤의 생성배경과 류파에 따른 전승맥락 연구」, 한국무용연구회, 1996.
성무경, 「『敎坊歌謠』를 통해 본 19세기 중·후반 지방의 官邊 풍류」, 한국시조학회, 2001.
_____, 「呈才 〈項莊舞〉의 연희전승과 극 연출 방식」, 고려대학교 민족문화연구원, 2002.
_____, 「조선후기 呈才와 歌曲의 관계: 19세기 현상에 주목하여」, 한국시가학회, 2003.
성은미, 「육화대(六花隊)의 문화변용」, 무용역사기록학회, 2021.
손선숙, 「조선후기 진주 교방의 정재 공연양상: 敎坊歌謠를 중심으로」, 한국음악사학회, 2011.
손태룡, 「대구기생조합 소속의 기생 고찰: 「조선미인보감」을 중심으로」, 한국음악문헌학회, 2015.
_____, 「대구지역의 기생단체 연구: 일제강점기를 중심으로」, 계명대학교 한국학연구원, 2012.
송미숙, 「평안감사향연도에 나타난 교방정재 고찰」, 한국무용연구학회, 2017.
송방송, 「中世 樂論 理論의 登場과 그 樣相」, 고려대학교 민족문화연구소, 1999.
송보라, 「고려 현종 즉위년 '罷敎坊' 기사의 해석과 정치적 의미」, 한국중세사학회, 2020.
송안나, 「『해동가요』 박씨본에 반영된 가창전승의 특징적 국면」, 민족어문학회, 2021.
송정은, 「『교방가요』와 『평양감사향연도』에 나타난 헌반도에 대한 연구」, 한국무용연구학회, 2013.
송지원, 「조선시대 궁중학무(鶴舞)의 연행 양상 연구」, 한국공연문화학회(구 한국고

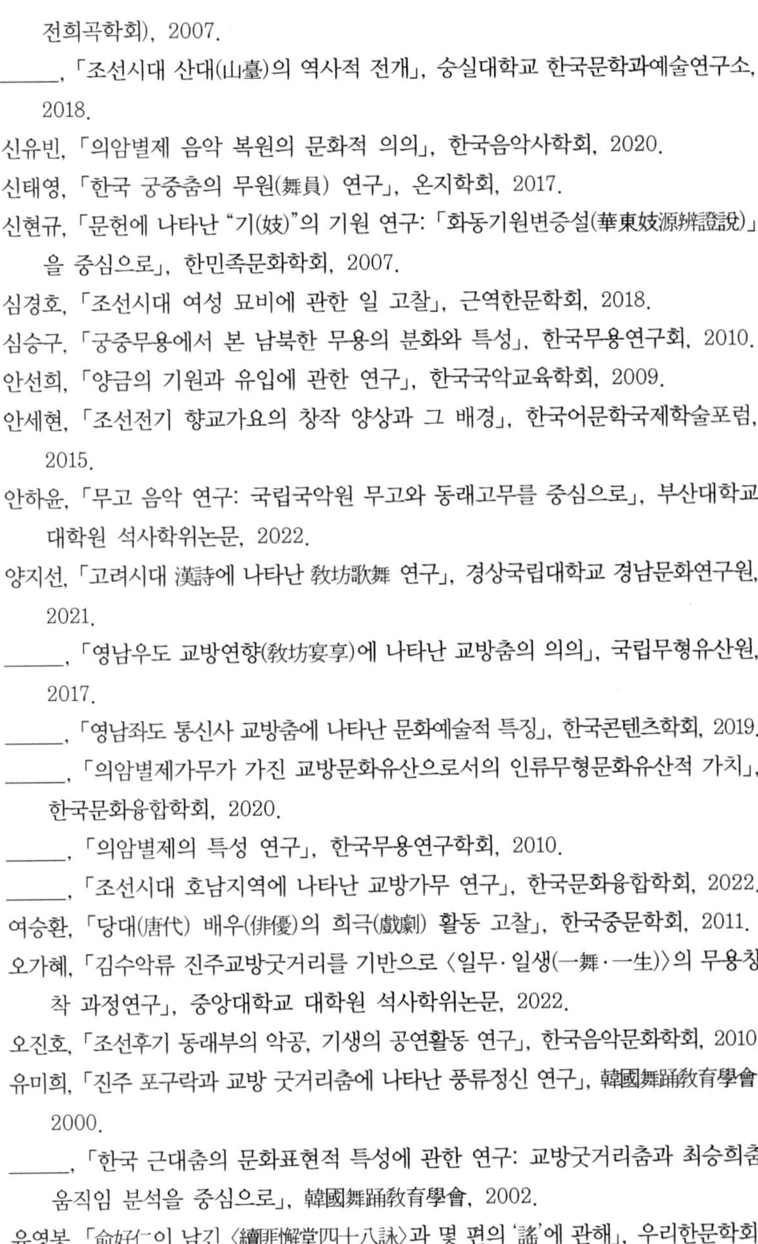

전희곡학회), 2007.
______, 「조선시대 산대(山臺)의 역사적 전개」, 숭실대학교 한국문학과예술연구소, 2018.
신유빈, 「의암별제 음악 복원의 문화적 의의」, 한국음악사학회, 2020.
신태영, 「한국 궁중춤의 무원(舞員) 연구」, 온지학회, 2017.
신현규, 「문헌에 나타난 “기(妓)”의 기원 연구: 「화동기원변증설(華東妓源辨證說)」을 중심으로」, 한민족문화학회, 2007.
심경호, 「조선시대 여성 묘비에 관한 일 고찰」, 근역한문학회, 2018.
심승구, 「궁중무용에서 본 남북한 무용의 분화와 특성」, 한국무용연구회, 2010.
안선희, 「양금의 기원과 유입에 관한 연구」, 한국국악교육학회, 2009.
안세현, 「조선전기 향교가요의 창작 양상과 그 배경」, 한국어문학국제학술포럼, 2015.
안하윤, 「무고 음악 연구: 국립국악원 무고와 동래고무를 중심으로」, 부산대학교 대학원 석사학위논문, 2022.
양지선, 「고려시대 漢詩에 나타난 教坊歌舞 연구」, 경상국립대학교 경남문화연구원, 2021.
______, 「영남우도 교방연향(教坊宴享)에 나타난 교방춤의 의의」, 국립무형유산원, 2017.
______, 「영남좌도 통신사 교방춤에 나타난 문화예술적 특징」, 한국콘텐츠학회, 2019.
______, 「의암별제가무가 가진 교방문화유산으로서의 인류무형문화유산적 가치」, 한국문화융합학회, 2020.
______, 「의암별제의 특성 연구」, 한국무용연구학회, 2010.
______, 「조선시대 호남지역에 나타난 교방가무 연구」, 한국문화융합학회, 2022.
여승환, 「당대(唐代) 배우(俳優)의 희극(戲劇) 활동 고찰」, 한국중문학회, 2011.
오가혜, 「김수악류 진주교방굿거리를 기반으로 〈일무·일생(一舞·一生)〉의 무용창착 과정연구」, 중앙대학교 대학원 석사학위논문, 2022.
오진호, 「조선후기 동래부의 악공, 기생의 공연활동 연구」, 한국음악문화학회, 2010.
유미희, 「진주 포구락과 교방 굿거리춤에 나타난 풍류정신 연구」, 韓國舞踊教育學會, 2000.
______, 「한국 근대춤의 문화표현적 특성에 관한 연구: 교방굿거리춤과 최승희춤 움직임 분석을 중심으로」, 韓國舞踊教育學會, 2002.
유영봉, 「兪好仁이 남긴 〈續匪懈堂四十八詠〉과 몇 편의 ‘謠’에 관해」, 우리한문학회,

2007.
유진희, 「송대 교방(教坊)의 조직과 직무 변화 고찰」, 중앙대학교 중앙사학연구소, 2014.
윤아영, 「문화: 연등회(燃燈會) 소회일과 대회일의 의식형태 및 백희잡기에 관한 연구: 『고려사』 예지의 상원연등회(上元燃燈會) 기록에 의하여」, 온지학회, 2004.
______, 「문화: 조선전기 나례(儺禮)와 그에 수반된 악가무(樂歌舞)의 형태에 관한 연구」, 온지학회, 2005.
______, 「조선 환궁의식(還宮儀式)과 중국 환궁의식(還宮儀式)의 변별에 관한 연구」, 한국국악학회, 2013.
윤여숙, 「동래교방의 춤, 동래고무의 전승과 전망」, 영남춤학회, 2018.
이강산, 「해금의 역사적 변천 연구: 기원, 형태, 운지법을 중심으로」, 한양대학교 대학원 박사학위논문, 2022.
이경호, 「영·호남 문화재 춤의 현황과 특색에 관한 비교 고찰」, 한국체육사학회, 2022.
이규리, 「《邑誌》로 본 朝鮮時代 官妓運用의 實狀」, 한국사연구회, 2005.
이동준, 「김수악류 전통춤의 전승 양상과 정착 과정 연구」, 무용역사기록학회(구 한국무용사학회), 2017.
이명성, 「조선후기 궁중 공연공간의 소통적 역할」, 동양고전학회, 2019.
______, 「조선후기 궁중공연예술의 공연형태」, 영산대학교 동양문화연구원, 2014.
이미영, 「무위자연 관점에서 본 진주교방 굿거리춤」, 한국무용연구회, 2007.
______, 「전통춤 공연현장에서의 융복합예술 패러다임」, 한국무용연구학회, 2013.
이병옥, [서평] 「현존 교방검무 7종의 예술형식과 지역특성을 분석한 종합적 연구서: 『한국의 교방검무』, 임수정, 민속원, 2011」, 한국무용사학회, 2012.
이상원, 「권익륭의 〈풍아별곡〉 연구」, 한민족문화학회, 2011.
______, 「취승(醉僧)의 정체와 〈취승곡(醉僧曲)〉의 성격」, 한국시가학회, 2022.
이성임, 「일기를 통해 본 조선시대 妓女의 立役과 運用」, 대동한문학회, 2009.
이소정, 「남북한 민속무용의 차이점 연구」, 한국동양예술학회, 2011.
李信馥, 「韓國 妓流文學 研究」, 단국대학교, 1977.
이옥하, 「论唐五代词调来源归类的偏失」, 한국중국문화학회, 2010.
이은영, 「영, 호남지역 입춤에 나타난 지역성에 관한 연구」, 한국무용교육학회, 2013.
이은주, 「〈청해별곡(靑海別曲)〉 연구」, 국문학회, 2017.
이종숙, 「경주교방 〈황창무〉 복원 재현을 위한 연구 I: 악부시(樂府詩)를 기반으로」, 무용역사기록학회(구 한국무용사학회), 2018.
______, 「조선시대 지방 교방 춤 종목 연구」, 순천향대학교 인문학연구소, 2012.
______, 「조선후기 외방향기(外方鄕妓)의 교방(敎坊) 춤 연구」, 국립무형유산원, 2021.
이채문, 「중국 중세 '서역 3대무'의 중원 유입과 전개양상: 호선무·호등무·자지무를 중심으로」, 무용역사기록학회(구 한국무용사학회), 2015.
이태형, 「역사학: 고려시대 3대 국가음악기관의 분석적 고찰」, 대구가톨릭대학교 인문과학연구소, 2010.
이화선, 「한국 대중가요에 나타난 술의 양태: 일제강점기와 한국전쟁 전·후, 1960년대까지 중요 대중가요를 중심으로」, 한국문화융합학회, 2018.
이희병, 「지역별 한량무의 파생과 전승에 관한 고찰」, 한국엔터테인먼트산업학회, 2011.
임미선, 「고려시대 정재의 음악과 공연미학」, 한국국악학회, 2006.
林美善, 「『敎坊歌謠』 소재 船樂의 형성 배경과 연행방식」, 국어문학회, 2000.
임수정, 「관서지방 배따라기 연행고(演行考)」, 한국공연문화학회(구 한국고전희곡학회), 2011.
______, 「조선시대 궁중검무의 유형별 고찰(考察)」, 한양대학교 우리춤연구소, 2009.
______, 「호남검무의 공연양식 비교」, 한양대학교 우리춤연구소, 2012.
임영선, 「고려시대 교방(敎坊)에 대한 재고찰」, 국립국악원, 2019.
임주미, 「임이조류 교방 살풀이춤의 양식 연구」, 대한무용학회, 2018.
임현선, 「민속무용의 분류에 관한 연구」, 한국무용연구회, 1999.
장희선, 「영남지역 전통음악계의 전승양상: 판소리, 시조, 줄풍류를 중심으로」, 한국국악학회, 2014.
전영국, 「학무와 연화대 합설의 역사적 변용과정 고찰 및 현대 창작 가능성 탐구」, 무용역사기록학회, 2020.
정경운, 「근대기 광주권번 운영의 변화과정 연구」, 택민국학연구원, 2016.
정영문, 「국내 '通信使 길'에 나타난 地方公演文化의樣相과 意味 考察」, 열상고전연구회, 2009.
______, 「문학: 사행록에 기록된 지방공연문화의 변모양상」, 溫知學會, 2010.
______, 「조선시대 지방관아에서의 공연양상 고찰」, 한민족어문학회, 2010.
정은경, 「고려시대 교방가무희(敎坊歌舞戱)」, 한국예술종합학교 세계민족무용연구소, 2003.

______, 「조선시대 선상기(選上妓)에 의한 궁중정재와 민간연희의 교섭」, 한국민속학회, 2004.

조경아, 「조선시대 일본 사신의 춤 향유」, 무용역사기록학회(구 한국무용사학회), 2015.

조득창, 「교양 중국어 교육의 활성화와 원어민 교원 운용 방안」, 中國語文硏究會, 2008.

조혁상, 「조선조 검무시(劍舞詩) 연구」, 한국예술종합학교 세계민족무용연구소, 2004.

최고경, 「菱洋 朴宗善의 〈小江南曲〉 연구」, 대동한문학회(구 교남한문학회), 2019.

최석민, 「수건 활용 민속춤의 비교 연구」, 대구가톨릭대학교 대학원 박사학위논문, 2022.

최선아, 「〈중대엽〉과 〈삭대엽〉의 연창(連唱)방식에 관한 연구」, 한국국악학회, 2009.

최성애, 「18세기 통신사행록에 표현된 연희현황: 국내여정을 중심으로」, 조선통신사학회, 2013.

최식, 「황창(黃昌)과 황창무(黃昌舞)의 문헌적 고찰」, 한국예술종합학교 세계민족무용연구소, 2004.

崔永俊, 「開化期 慶尙南道 聚落의 中心性과 順位規模 分布」, 한국문화역사지리학회, 2006.

최윤실, 「흥청무(興淸舞), 춤사위 구조와 구성의 의미」, 한국무용학회, 2014.

최윤영, 「고려 궁중연희의 공연미학 연구」, 성균관대학교 대동문화연구원, 2007.

______, 「침향산(沈香山) 조설방식의 특성과 연행양상」, 한국구비문학회, 2009.

최지녀, 「項莊舞의 여성배우와 남성관객」, 한국어문교육연구회, 2014.

최지원, 「류별 살풀이춤에 나타난 미적 특이성에 관한 고찰: 호남지역을 중심으로」, 한국콘텐츠학회, 2021.

최진형, 「당악 정재 〈연화대〉의 변천과 전승」, 한국예술종합학교 세계민족무용연구소, 2004.

최흥기, 「울산병영교방: 지방관아 소속 국악원인 교방의 유래와 의의」, 한국예술종합학교 한국예술연구소, 2021.

한영숙, 「일제 강점기 예인들의 사회적 역할과 연주활동」, 한국국악교육연구학회, 2007.

한정호, 「觀海亭·檜原書院의 연원과 장소성 고증」, 제주대학교 탐라문화연구원, 2020.

한효림, 「역사적 맥락에서 살펴본 기방무용: 소화권번을 중심으로」, 한국예술종합학교 세계민족무용연구소, 2006.
허동성, 「교방정재 승무와 탈춤 중과장의 구조비교를 통한 영향관계 연구」, 한국체육철학회, 2005.
허영일, 「『교방가요』에 나타난 당악정재의 변모양상」, 한국무용기록학회, 2006.
______, 「한국 근대 전통춤의 변모 양상과 그 원인」, 대한무용학회, 2005.
허왕욱, 「만전춘(滿殿春)의 가창 방식과 의미 구조 연구」, 한국문학교육학회, 2006.
홍순석, 「포은 정몽주의 〈단심가〉 연구」, 포은학회, 2014.
황규선, 「한량무의 춤사위와 서사구조 연구: 한성준 계열 강선영류를 중심으로」, 무용역사기록학회(구 한국무용사학회), 2018.
황미연, 「조선후기 전라도 교방의 현황과 특징」, 한국음악사학회, 2008.

〈교방〉 관련 학위논문 총목록(2023~2022년)

이수정, 「승무의 구성미(構成美)와 무용 미학적 의의」, 고려대학교 대학원 국내박사, 2023.
이재은, 「검무에 내재된 표현적 상징성에 관한 연구」, 부산대학교 국내석사, 2023.
이지현, 「〈통영검무〉 춤사위의 지역적 특성에 관한 연구」, 이화여자대학교 대학원 국내석사, 2023.
하현주, 「박(拍) 연주 문화 연구: 통일신라부터 조선전기까지, 韓國學中央研究院 韓國學大學院」, 국내석사, 2023.
한지윤, 「전통굿거리춤의 춤사위 분석 연구」, 한양대학교 대학원 국내석사, 2023.

〈敎坊〉 관련 학위논문 총목록(2022년)

김지혜, 「퇴계학파의 경(敬)사상을 기준으로 한 〈의암별제〉 춤 구조 분석」, 한양대학교 대학원 국내박사, 2022.
박지웅, 「경주교방 '新羅十舞' 연행양상 고찰: 東京遊錄을 중심으로」, 고려대학교 대학원 국내박사, 2022.
안하윤, 「무고 음악 연구: 국립국악원 무고와 동래고무를 중심으로」, 부산대학교 대학원 국내석사, 2022.
오가혜, 「김수악류 진주교방굿거리를 기반으로 〈일무·일생(一舞·一生)〉의 무용창착 과정연구」, 중앙대학교 대학원 국내석사, 2022.
이강산, 「해금의 역사적 변천 연구: 기원, 형태, 운지법을 중심으로」, 한양대학교 대학원 국내박사, 2022.
최석민, 「수건 활용 민속춤의 비교 연구」, 대구가톨릭대학교 대학원 국내박사, 2022.

〈권번〉 관련 학위논문 총목록(2024-2022년)

금용웅, 「일제강점기 근대식 실내공간에서의 전통음악 공연 양상: 서울지역을 중심으로」, 중앙대학교 대학원 국내박사, 2022.
김예진, 「20세기 송서의 전승성과 음악 특징 연구」, 한양대학교 대학원 국내박사, 2022.
김은경, 「근대 이후 전라북도 무용 발전에 관한 연구」, 전북대학교 일반대학원 국내박사, 2023.
김율희, 「강태홍류 산조춤」의 전승과정 및 작품 연구」, 이화여자대학교 대학원 국내박사, 2023.
김지혜, 「일제강점기 권번 소속 전통예인 기생의 예술 콘텐츠 연구」, 한국외국어대학교 대학원 국내박사, 2024.
박진희, 「20세기 전기 가사(歌詞) 가창 양상 고찰」, 한국예술종합학교 국내석사, 2023.
송가영, 「무형문화재 춤 보유자 2세대 고선아의 내러티브에 관한 생애사 연구」, 상명대학교 일반대학원 국내박사, 2023.
연하정, 「20세기 전기 줄풍류의 전승과 향유 양상 연구」, 한국예술종합학교 국내석사, 2023.
이도영, 「동래지역 무형 문화재 전승실태 분석에 따른 시대적 과제 연구」, 부산대학교 국내석사, 2023.
이지혜, 월북 명인 안기옥(安基玉)의 민족기악(民族器樂) 연구」, 고려대학교 대학원 국내박사, 2022.
최석민, 「수건 활용 민속춤의 비교 연구」, 대구가톨릭대학교 대학원 국내박사, 2022.
최재헌, 「정재만의 「선비춤」에 대한 분석 연구」, 한성대학교 대학원 국내석사, 2022.

〈교방〉 관련 국내학술논문 총목록(2024-2022년)

강경호, 「『교방가요』 수록 가곡 작품들의 특징과 지역성」, 고려대학교 한국언어문화학술확산연구소, 2022.
강지혜, 「일제강점기 『경성명기일람(京城名妓一覽)』 연구」, 한국교방문화학회, 2023.

고유미, 「임이조 전통춤에 나타난 전통적 가치의 동시대적 표현 양상」, 인문사회 21, 2023.
공진희, 「광주지역 교방과 권번, 광주시립국악원의 한국전통춤 교육 연구」, 영남춤학회, 2023.
김덕환, 「璞園 鄭顯奭의 생애 고증 연구」, 경상국립대학교 경남문화연구원, 2023.
김미숙, 「1950년대 부산지역 무용가의 예술 활동과 위상」, 영남춤학회, 2022.
김상원, 「진주교방문화 콘텐츠 연구」, 한국교방문화학회, 2022.
김석배, 「대구지역의 기생조합과 권번 연구」, 국립무형유산원, 2023.
김혜영, 「향악정재 〈선유락(船遊樂)〉의 변천 양상」, 영남춤학회, 2023.
______, 「향악정재 〈아박무(牙拍舞)〉의 변천 양상」, 영남춤학회, 2022.
박지웅, 「경주 교방 '신라십무(新羅十舞)'의 성격과 형태연구: 『동경유록(東京遊錄)』을 중심으로」, 한국무용연구학회, 2022.
성지혜, 「경남무형유산 전통무용 종목의 발전 방안 연구: 진주한량무와 진주포구락무를 중심으로」, 영남춤학회, 2023.
송나경, 「십이체 장고춤의 춤사위에 내재된 상징성에 관한 연구」, 한국무용연구학회, 2023.
신유빈, 「여말선초(麗末鮮初) 혼전악(魂殿樂) 고찰」, 한국음악사학회, 2023.
신현규, 「진주교방문화의 역사와 가치」, 한국교방문화학회, 2022.
양지선, 「교방해체기 기생 예술의 정체성 연구」, 한국리터러시학회, 2023.
______, 「선상기 최순이의 진주검무 계승과 국가무형유산 지정」, 한국교방문화학회, 2024.
______, 「영남 교방연향의 음식」, 한국교방문화학회, 2023.
______, 「영남 교방의 기능과 공연양상에 나타난 특성」, 한국문화융합학회, 2023.
______, 「조선시대 호남지역에 나타난 교방가무 연구」, 한국문화융합학회, 2022.
이경호, 「영·호남 문화재 춤의 현황과 특색에 관한 비교 고찰」, 한국체육사학회, 2022.
이상원, 「취승(醉僧)의 정체와 〈취승곡(醉僧曲)〉의 성격」, 한국시가학회, 2022.
이해원, 「진주검무와 통영검무의 구성적 특징 고찰」, 영남춤학회, 2023.
이화선, 「조선시대 궁중연향과 교방문화의 술」, 한국교방문화학회, 2023.
홍은지, 「연행록(燕行錄)과 교방가요(敎坊歌謠)에 나타난 지방 관아의 항장무(項莊舞)」, 한국전통공연예술학회, 2022.

〈권번〉 관련 국내학술논문 총목록(2024-2022년)

강지혜, 「일제강점기 『경성명기일람(京城名妓一覽)』 연구」, 한국교방문화학회, 2023.
______, 「일제강점기 대정권번과 권번시조」, 바른역사학술원, 2024.
______, 「일제강점기 한남권번과 권번시조」, 한국교방문화학회, 2024.
______, 「일제강점기 한성권번과 권번시조」, 한국교방문화학회, 2023.
공진희, 「광주지역 교방과 권번, 광주시립국악원의 한국전통춤 교육 연구」, 영남춤학회, 2023.
권은영, 「1950~60년대 남원 '권번예술' 패트론의 후원 문화와 여성농악단의 발생·분파와의 연관성」, 남도민속학회, 2024.
김석배, 「대구지역의 기생조합과 권번 연구」, 국립무형유산원, 2023.
______, 「조학진과 박지홍 명창 연구」, 판소리학회, 2022.
김율희, 「강태홍류 산조춤의 전승과정 연구」, 한국무용연구학회, 2023.
김은경, 「일제강점기 전북 무용 교육 연구」, 한국체육사학회, 2022.
김지원, 「일제강점기(非)제도권 국악 교육 양상 고찰: 비형식교육과 사회교육의 기관 및 조직을 중심으로」, 한국국악교육학회, 2023.
김지혜, 「영화 〈해어화〉에 나타난 전통예인 기생의 특징연구」, 인문사회 21, 2023.
김하늬, 「『가곡보감』 수록 〈영산회상전(靈山會像全)〉 연구」, 서울대학교 동양음악연구소, 2023.
문순희, 「근대 인천의 권번에 대한 연구」, 인천대학교 인천학연구원, 2023.
박규리, 「20세기 전반 서도소리 여류창자 최섬홍 연구」, 전북대학교 예술문화연구소, 2024.
배연형, 「판소리의 고제·중고제·신제」, 판소리학회, 2023.
사은영, 「〈사랑가〉 연창의 변화양상」, 한국전통공연예술학회, 2022.
성기숙, 「밀양검무의 복원 전승과 문화유산적 가치」, 한국전통공연예술학회, 2022.
송안나, 「20세기 초 라디오 방송에 반영된시조 예술의 전승상」, 배달말학회, 2023.
신현규, [民俗 書誌] 「『韓國案內』(1902년) 書誌에서의 '妓生' 항목과 '釜山券番' 연구」, 근대서지학회, 2023.
______, 「일제강점기 권번 기생의 일람표 연구(3): 기성권번(1929년) 소속의 기생 중심으로」, 바른역사학술원, 2023.
심지우, 「『가곡보감(歌曲寶鑑)』의 '상령산가락' 연구」, 국립국악원, 2022.
양지선, 「선상기 최순이의 진주검무 계승과 국가무형유산 지정」, 한국교방문화학회, 2024.

우현식, 「〈券番〉 관련 학위논문 및 국내학술 논문 총목록(연도순)」, 한국교방문화학회, 2022.

이경호, 「영·호남 문화재 춤의 현황과 특색에 관한 비교 고찰」, 한국체육사학회, 2022.

이병옥, 「송화영의 10명의 명무와의 만남과 춤습득(1)」, 현대미학사, 2022.

이예원, 「20세기 전반기 전남지역 풍류의 전개양상과 경향: 신문 기사를 중심으로」, 전남대학교 호남학연구원, 2022.

이정숙, 「전통문화 복원 가치로서의 전주검무(全州劍舞) 연구」, 한국체육사학회, 2023.

이진아, 「식민지 조선의 기생 가수와 미디어, 젠더 담론」, 한국사회이론학회, 2022.

이진원, 「일해 한국근대음악사 연구 성과 검토」, 한국음악사학회, 2022.

이현주, 「호남권번의 기예전승 연구」, 영남춤학회, 2023.

이화선, 「조선시대 궁중연향과 교방문화의 술」, 한국교방문화학회, 2023.

정혁준, 「권번교육이 한국춤 전승에 미치는 영향」, 한국무용교육학회, 2023.

조아름, 「『가곡보감(歌曲寶鑑)』 소재 양금 "상령산가락(上靈山加樂)" 연구: "상령산(上靈山)"과의 비교를 중심으로」, 한국음악사학회, 2023.

최하은, 「일제의 판소리 권력화 과정과 그 영향에 대한 연구」, 판소리학회, 2023.

최희영, 「1934년 三南 水災民을 위한 기생들의구제 활동」, 성균관대학교 대동문화연구원, 2022.

황문주, 「일제강점기 우리나라 권번의 역사와 현황: 장홍심 조선권번을 중심으로」, 한국예술문화학회(구 (사)한국전통예술협회), 2023.

황혜원, 「20세기 전반 전집류 창극 분석 연구: 일축조선소리판, 콜럼비아판, 빅타판 《춘향가》 음반을 중심으로」, 전북대학교 예술문화연구소, 2024.

〈기녀〉 관련 학위논문 총목록(2024-2022년)

고상, 「세 자녀 정책이 중국 직장여성에게 미치는 영향 조사 연구」, 이화여자대학교 대학원 국내석사, 2022.

권정란, 「조선시대의 여성의 12가지 머리모양 및 장신구 고찰」, 서경대학교 국내석사, 2023.

김승란, 「정재(呈才) 창사(唱詞) 선율 연구: 장사훈 『한국전통무용연구』의 〈무고〉와 〈가인전목단〉을 중심으로」, 한국예술종합학교 국내석사, 2022.

김재효, 「석재 윤행임의 「해동외사」 연구」, 원광대학교 대학원 국내석사, 2024.
박은정, 「1730년 《이원기로회계첩》의 장악원 관리와 공연자 복식」, 안동대학교 한국문화산업전문대학원 국내석사, 2023.
박점옥, 「『万葉集』研究: 女流歌人の出自と歌を中心に」, 신라대학교 일반대학원 국내박사, 2024.
박지웅, 「경주교방 '新羅十舞' 연행양상 고찰: 東京遊錄을 중심으로, 고려대학교 대학원 국내박사, 2022.
배경진, 「晩唐 杜牧·李商隱·溫庭筠의 艶情詩 硏究」, 韓國外國語大學校 大學院 국내박사, 2023.
양혜영, 「수묵담채화 특성을 응용한 젤네일아트 디자인 연구: 신윤복의 작품을 중심으로」, 남부대학교 일반대학원 국내석사, 2024.
왕샤오위, 「상호문화능력의 신장을 위한 한국 기녀시가 교육 연구: 중국인 고급 학습자를 대상으로」, 서울대학교 대학원 국내석사, 2022.
왕우맹, 「『천예록』과 『열미초당필기』에 나타난 18세기 한·중 여성인식 비교연구」, 중앙대학교 대학원 국내석사, 2023.
우천신, 「신중국 초기 上海시의 娼妓개조 연구」, 성균관대학교 일반대학원 국내석사, 2024.
원정문, 「한·중 위안부 영화의 상처 서사 연구」, 중앙대학교 예술대학원 국내석사, 2023.
유해인, 「19세기 한문소설에 나타난 하층여성의 형상과 소설사적 위상: 강남홍(江南紅)·향랑(香娘)·초옥(楚玉)을 중심으로」, 고려대학교 대학원 국내박사, 2023.
육안환, 「황진이 시가 연구」, 中央大學校 大學院 국내석사, 2022.
윤병용, 「이세보 시조 연구」, 서울대학교 대학원 국내박사, 2022.
임혜진, 「'杜十娘'제재 소설·희곡 작품 비교 연구」, 전남대학교 국내석사, 2023.
정아영, 「고려(高麗) 당악정재(唐樂呈才)의 연극성 연구」, 서울대학교 대학원 국내석사, 2022.
조하늘, 「조선후기 하층민전 연구」, 서울대학교 대학원 국내석사, 2023.
초림청, 「19세기 한·중·일 여성문인의 자아실현 욕망과 여성상 비교 연구: 김금원(金錦園), 오조(吳藻), 하라 사이힌(原采蘋)을 중심으로」, 고려대학교 대학원 국내석사, 2023.
하성희, 「이재관(李在寬)의 《고사인물도(故事人物圖)》와 김운초(金雲楚)」, 서울대학교 대학원 국내석사, 2023.

〈기녀〉 관련 국내학술논문 총목록(2024-2022년)

곽명, 「从老舍的《月牙儿》分析民国时期妓女形象」, 한국중문학회, 2023.
권순긍, 「평양의 문학과 문학지리」, 숭실대학교 한국기독교문화연구원, 2022.
김경미, 「17세기 문사와 기녀의 사랑의 노트, 『尹晴詩卷』: 17세기 애정전기소설의 창작 배경」, 한국고전문학회, 2023.
김꽃지, 「여령처용무의 현대적 재현 탐색: 지방정재연구《평양정재 부벽루연회》중 처용무를 중심으로」, 2023.
김명신, 「『快士傳』: 독특하고 불완전한 인물의 초상」, 한국중국학회, 2022.
김성혜, 「15세기와 18세기 경주에서의 처용무」, 민족음악학회, 2023.
김원동, 「《柳如是 尺牘》의 特色」, 한국중국어문학회, 2022.
김일환, 「曺文秀의 시로 쓴 瀋陽使行」, 온지학회, 2022.
김준희, 「〈여우누이〉 설화에 나타난 그로테스크와 그 의미」, 한국고전연구학회, 2022.
김지영, 「중화인민공화국 수립 후 중국공산당의 유민(遊民)정책: 관문도시 상하이(上海)를 중심으로」, 현대중국학회, 2023.
김지은, 「나르시시즘으로 바라본 황진이와 그 문학 연구」, 한국시조학회, 2022.
김태웅, 「근현대 고시조 앤솔로지 편찬방법 연구(2): 동아일보 수록 고시조를 대상으로」, 반교어문학회, 2023.
김태웅, 「근현대 고시조 앤솔로지 편찬방법 연구(3): 『애송시조집』을 대상으로」, 단국대학교 동양학연구원, 2024.
미즈타니 사야카, 「기생 및 창기에 관한 서류철의 해제(解題)와 '근대식 기생제도의 시작'에 관한 연구: 1908년 9~10월, 1909년 3월에 작성된 '기생(妓生) 관련 서류들'을 중심으로」, 한국음악사학회, 2022.
박나빈, 「명대(明代) 말기(末期) 여성화가 연구: 기녀화가(妓女畵家)와 규수화가(閨秀畵家)를 중심으로」, 미술사학연구회, 2022.
박연호, 「統營 千尺樓 宴會에서의 歌曲唱과 時調唱의 연행 양상」, 한국문학회, 2023.
박은정, 「1730년《이원기로회계첩》속 등장인물의 복식 고찰」, 단국대학교 석주선기념박물관, 2023.
박종훈, 「남용만(南龍萬)의 「십로시(十老詩)」 양상 일고찰: 유극장(劉克莊)의 십로시(十老詩)와의 비교를 중심으로」, 국제언어문학회, 2023.
서수민, 「허우샤오셴(侯孝賢) 영화 〈해상화(海上花)〉에 나타나는 중층적 공간의식」, 중국문화연구학회, 2023.

서지영, 「조선후기 여악의 민간 활동과 기(妓)·창(娼)의 분화: 명명과 분류법을 중심으로」, 한국여성사학회, 2022.
서철원, 「〈청산별곡〉의 3단 구성과 산수(山水) 시어의 시가사적 위치」, 한국시가문화학회, 2023.
서희연, 「명 말 기녀 서화가 마수진의 난죽화에 관한 연구」, 한국서예학회, 2022.
성기숙, 「밀양검무의 복원 전승과 문화유산적 가치」, 한국전통공연예술학회, 2022.
성은미, 「문화교류 관점에서 본 조선시대 무용의 전파구조」, 한양대학교 우리춤연구소, 2023.
송정화, 「영화 〈존 라베〉와 〈진링의 13소녀〉에 나타난 난징의 도시공간에 대한 기억」, 중국어문학회, 2023.
신재홍, 「〈쌍화점〉의 장소성과 대화 맥락」, 한국시가문화학회, 2024.
______, 「〈정석가〉의 소재와 구조 고찰」, 한국고전문학교육학회, 2024.
신현규, 「나손 김동욱 선생의 기녀사: '기녀/기생/창기' 개념의 정의」, 근대서지학회, 2022.
______, 「진주교방문화의 역사와 가치」, 한국교방문화학회, 2022.
왕샤오위, 「상호문화능력의 신장을 위한 기녀시가 교육 탐구」, 서울대학교 국어교육과, 2023.
우채리, 「〈춘향전〉의 '번역 불가능성'과 그 번역양상: 나카라이 도스이(半井桃水)의 〈계림정화 춘향전〉을 중심으로」, 고전문학한문학연구학회, 2023.
유순영, 「명 말의 기녀 이미지: 《吳姬百媚》와 《金陵百媚》의 젠더적 측면을 중심으로」, 성균관대학교 대동문화연구원, 2022.
윤병용, 「이세보 〈상사별곡〉의 쟁점과 의미에 대한 재해석」, 한국시가학회, 2023.
윤혜지, 「지역과 중국 고대 여성작가의 시사 작품Ⅰ: 山東省 李淸照와 四川省 薛濤를 중심으로」, 한국중국언어문화연구회, 2022.
이가연, 「반옥량(潘玉良, 1895-1977)의 여성인물화 연구」, 명지대학교(서울캠퍼스) 인문과학연구소, 2022.
이경호, 「영·호남 문화재 춤의 현황과 특색에 관한 비교 고찰」, 한국체육사학회, 2022.
이기대, 「〈성종대왕실긔(成宗大王實記)〉의 소재원(素材原)과 성종(成宗)의 형상에 대한 연구」, 국어국문학회, 2022.
이민호, 「〈곽장양문록〉의 기녀 담론 연구」, 한남대학교 한남어문학회, 2023.
이상원, 「조선 전기 시조 연구의 현황과 과제」, 한국시가학회, 2024.

이선이, 「일본군 전범의 자필진술서를 통해서 본 일본군 '위안부' 문제」, 이화여자대학교 이화사학연구소, 2022.
이채영, 「TV 드라마 〈황진이〉의 시조 재현 양상과 스토리텔링 기법의 의미 고찰」, 한국시조학회, 2022.
이철헌, 「분황 원효와 나옹 혜근의 서민교화」, 동국대학교 세계불교학연구소, 2023.
이해원, 「진주검무와 통영검무의 구성적 특징 고찰」, 영남춤학회, 2023.
장경준, 「대한제국기 경상남도 동래군의 주거지 분포와 가옥 소유 현황: 1904년 〈경상남도 동래군 가호안〉 분석 결과를 중심으로」, 부산광역시사편찬위원회, 2022.
장풍석, 「19세기 한강 兩性 詩會 연구: 五江樓와 三好亭 시회를 중심으로」, 동양한문학회(구 부산한문학회), 2023.
전상욱, 「나손 김동욱 선생의 춘향전 연구」, 근대서지학회, 2022.
조태성, 「기녀(妓女)의 '사랑', 감정의 진위(眞僞)」, 한국시가문화학회, 2023.
최수경, 「제국의 도시, 꿈에서 깨어나다: 『揚州夢』의 기녀 서술과 새로운 揚州 공간의 구축」, 한국중국학회, 2022.
최지녀, 「금강산의 여성 유객(遊客): 고려시대부터 20세기 초까지」, 동악어문학회, 2023.
하성희, 「이재관(李在寬)의 《고사인물도(故事人物圖)》 연구: 19세기 협기(俠妓) 이미지의 성립과 관련하여」, 미술사와 시각문화학회, 2023.
하지영, 「기녀, 정녀(貞女)와 유녀(遊女) 사이」, 이화어문학회, 2023.
한성금, 「조선 후기 여성시회의 지향의식과 문학사적 의미: 삼호정시회(詩會)를 중심으로」, 동아인문학회, 2022.
황수연, 「하위주체의 역사적 재현: 『본조여사』의 기녀를 중심으로」, 열상고전연구회, 2024.

부록 2

〈조선왕조실록〉의 교방 기사 내용

1. 태조실록 1권, 총서 51번째 기사 / 태조가 서모의 자식인 이화 등과 우애가 돈독하다. 서모의 노비문서를 불사르다

○初, 桓祖薨, 太祖迎定安翁主 金氏至京第, 事之甚謹, 每進見, 常跪於階下。恭愍王敬重太祖之故, 寵待金氏子和, 常令侍禁中, 數辦宴席, 賜和令享母, 且賜教坊音樂, 以示褒寵。太祖榮君之賜, 多給纏頭, 又與和及庶母兄元桂, 常相共處, 友愛益篤, 悉焚其母賤案。

2. 태종실록 1권, 태종 1년 4월 4일 壬戌 1번째 기사 / 임금이 환궁할 때 산붕·결채·나례·백희를 베풀어 환영하다

○壬戌/上還宮。留司群臣設山棚結綵儺禮百戲, 以公服迎于崇仁門外, 成均館生徒、教坊倡妓等, 獻歌謠, 百官進箋陳賀。

3. 태종실록 3권, 태종 2년 6월 5일 丁巳 1번째 기사 / 예조에서 의례상정소 제조와 의논하여 악조(樂調) 10곡을 올리다

聲。臣等竊觀前朝承三國之季, 因用其樂, 又從宋朝, 請用教坊之樂, 及其季世, 又多哇淫之聲, 朝會宴享, 一切用之, 無足可觀。今當國初, 不可因襲。臣等謹於兩部樂, 取其聲音之稍正者, 參以風雅之詩, 定爲朝會宴享之樂, 以及臣庶通行之樂, 具列于左。上鑑施行, 以正聲音, 以召和氣。國王宴使臣樂: 王與使臣坐定, 進茶, 唐樂奏《賀聖朝令》。進初盞及進俎, 歌鹿...

4. 태종실록 29권, 태종 15년 6월 12일 丁丑 1번째 기사 / 가뭄으로 교방에서 여악을 익히는 것을 정지하다

○丁丑/停敎坊習樂。上曰: "旱災太甚, 敎坊女樂, 姑停肄習。" 柳思訥與判書黃喜啓曰: "非是樂爲, 唯以肄習耳, 不須停之。" 上曰: "此識理者之言乎? 雖非樂爲, 當此旱災, 固非習樂之時。" 喜與思訥慙服。

5. 세종실록 1권, 세종 즉위년 10월 3일 己卯 1번째 기사 / 면복 입고 대실에서 강신제를 올리고 환궁하다

籩豆有踐, 有飶其香。奉璋峩峩, 鍾鼓喤喤。式禮莫愆, 顧予烝嘗。介以繁祉, 俾熾而昌。庶尹允諧, 民悅無疆。小子狂簡, 養於虞庠。舞之蹈之, 傒我于行。矢其文德, 稽首對揚。敎坊亦獻歌謠, 設帳殿於道傍, 上王奉老上王臨幸觀之。上至帳殿前停輦, 張衆樂雜戲, 上降輦趨過帳殿乘輦, 樂部歌舞陳於輦前。還御仁政殿, 受百官賀, 詣上王殿, 獻壽於兩上王, 極懽乃罷。

6. 세종실록 24권, 세종 6년 6월 14일 丁巳 4번째 기사 / 태종의 신주를 부묘하는 의주에 관한 예조의 계

還宮時, 義禁府、軍器監進儺禮雜戲於宗廟洞口, 成均館生徒等進歌謠於鍾樓西街, 敎坊進歌謠於惠政橋邊, 仍呈才, 又於景福宮門外左右結山臺。殿下旣還宮受賀禮如儀畢, 仍頒敎書及宥旨, 賜享官諸執事宴。【樂止】【樂止】【樂作】【樂止】【致詞官通禮門】【樂作】【樂止】【千歲】【千歲】【千千歲】【樂作】【樂止】【樂作】【樂止】

7. 세종실록 25권, 세종 6년 7월 12일 乙酉 1번째 기사 / 광효전에서 제사를 지내고 종묘에서 추향 대제를 행하다

服絳紗袍、遠游冠，乘輦還宮。結彩 棚陳雜戲，成均學生及敎坊皆獻歌謠，上御勤政殿受賀禮，仍降上尊號敎書及宥旨。其敎書：王若曰，報本莫大於尊親；爲治無加於立孝。式稽古昔，誕告臣民。恭惟我皇(妃)〔妣〕元敬王太后靜體坤元，明儷乾健。有儆戒相成之道；無險詖私謁之心。在歲戊寅，値維城之將毁，佐我皇考，集不世之大勳。逮夫正位中宮，益嚴內治，彰河洲…

8. 세종실록 47권, 세종 12년 3월 18일 戊午 2번째 기사 / 상정소에서 여러 학의 취재에 있어 경서와 여러 기예의 수목에 대하여 아뢰다

典樂，唐琵琶、牙箏、大箏、唐觱篥、唐笛、洞簫、鳳簫、龍管、笙、竽、和、琴、瑟、杖鼓、敎坊鼓、方響玄琴、伽倻琴、琵琶、大笒、杖鼓、嵇琴、唐琵琶、鄕觱篥。算學：《詳明》《算》、《啓蒙算》、《揚輝算》、五曹算、地算。律學：《大明律》、《唐律疏義》、《無冤錄》。【已上唐樂】【已上鄕樂】從之。

9. 세종실록 60권, 세종 15년 4월 12일 乙未 1번째 기사 / 예조에서 환궁하는 날에 대가를 맞는 의식을 아뢰다

軍士各具戎服如常儀。一。儀仗皷吹到興仁門外迎駕。一。留都各司具朝服，迎于興仁門外。一。車駕至學生歌謠廳，判通禮啓請小駐，學生奉歌謠函跪進，代言傳奉以進。判通禮啓請進發，至敎坊歌謠廳，如上儀畢，駕前還宮樂如常儀。一。中宮至敎坊歌謠廳，內官執事者啓請小駐，女妓奉歌謠函跪進，內官傳奉以進。內官啓請進發，駕前還宮樂如常儀。從之。

10. 세종실록 60권, 세종 15년 4월 23일 丙午 1번째 기사 / 왕이 친히 헌릉에 제사지내다

窄，命除群臣侍立。且今日密雲，若雨則門橋街巷結綵及儒生教坊歌謠，皆使除之。" 崇善承命至儒生教坊歌謠廳，習其節次，上改乘大輦，備大儀仗，入自興仁門。成均五部學生七百二十五人，獻歌謠曰：伏覩主上殿下，以神聖之資，撫盈盛之運，民安 物阜，禮備樂興，庶績咸熙，九功攸敍，尙慮萬幾之未理，常惜寸陰而勵精，聖體過於優勤，群臣請其調攝。於是時方和煦，…

11. 세종실록 60권, 세종 15년 5월 5일 丁巳 3번째 기사 / 문소전에 임금이 친히 제사를 지낼 때의 당상악의 위치에 대한 기사

唐笛、龍管、唐琵琶在右。第四行教坊鼓在中，牙箏杖鼓在左，大箏、杖鼓在右。堂下拍在中。第一行方響在中，玄琴、加倻琴在左，鄕琵琶、唐琵琶在右。第二行大笛一在左，一在右。歌二在左，二在右。第三行教坊鼓在中，杖鼓一在左，一在右。第四行方響在中，龍管、唐笛、唐琵琶在左，觱篥、簫、唐琵琶在右。第五行教坊鼓在中，杖鼓二在左，二在右。

12. 세종실록 60권, 세종 15년 5월 11일 癸亥 3번째 기사 / 안숭선에게 명하여 야인들의 마소와 재산, 최해산의 논공 문제 등을 의논하다

園、女樂八人。晟入賜第，帝特賜宴女樂錦綵銀器，又令太常教坊備樂，京兆供饌具，鼓吹以爲榮觀，後周莊宗時，平鎭州之將回來，出城迎慰，就第宴樂。古之帝王待 將帥如此其榮，今則何如?" 喜等啓曰："上王迎慰從茂於樂天亭，偶幸樂天亭，而適從茂回至耳，非欲異於廷顯也。且天下之事，時異事殊，彼唐、周之君寵待將帥者，當此之時，不如此，則不足以結其心。今日之事，…

13. 세종실록 65권, 세종 16년 7월 18일 癸巳 5번째 기사 / 관습 도감에서 어전 예연에서의 향악과 당악에 쓸 해금·아쟁 등을 청하다

鄕樂在東, 第一行嵇琴、唐琵琶、玄琴、鄕琵琶、伽倻琴各一, 第二行同, 第三行大笒四、鄕觱篥一, 第四行杖鼓四。右鄕樂內在前, 唐琵琶一、嵇琴一, 今各加一。唐樂在西, 第一行唐琵琶六、方響二, 第二行大箏二、牙箏二, 第三行觱篥六、笙和各一, 第四行龍管二、唐笛四、洞簫二, 第五行杖鼓八, 第六行敎坊鼓一。右唐樂內在前, 牙箏大箏各一, 今各加一。" 命下禮曹。

14. 세종실록 82권, 세종 20년 8월 6일 戊午 4번째 기사 / 의정부에서 도감에 소속한 악공을 증원할 것과 증원 방법을 아뢰다

○ 議政府據禮曹呈啓: "會禮軒架工人一百二十, 登歌六十四, 敎坊工人六十, 共計二百四十四人。今都監所屬樂工二百十七名, 旣爲不足, 又因雜故, 太半不足。乞加額一百二十七名, 令選補充軍及公私婢嫁良夫所生充定。" 從之。

15. 세종실록 89권, 세종 22년 4월 6일 丁丑 1번째 기사 / 왕비가 온천에서 돌아오다

至壽進坊, 敎坊獻歌謠, 奏伎引行沈香山。王妃駐輦觀之, 倡伎前導歌舞, 至勤政殿庭, 士大夫婦女沿路左右結綵幕, 自興仁門至光化門外觀者如堵墻。其歌謠曰: "車如水馬如龍, 沐溫泉而旋返。朝爲雲暮爲雨, 下巫峽而逢迎。玆深忭歡, 敢獻歌頌。" 其辭曰: "解慍薰風細, 痊痾暖溜淸。六龍回輦五雲程, 佳氣藹瑤京。綺陌香塵靜, 珠樓瑞旭明。蟠桃薦壽幾番榮, 億載贊昇平。"

16. 세종실록 92권, 세종 23년 5월 5일 庚子 1번째 기사 / 헌릉 동구에 이르러 배릉통례를 행하다

亦隨其後。駕至，望見跪謁扣頭。學生獻歌謠於鍾樓路南，教坊亦獻歌謠於輦前奏伎。自興仁門至闕門左右結彩，大小婦女爭結浮階。觀者以千萬計。是日，王妃亦還宮，教坊奉迎 ，如迎大駕，引至勤政殿而止。其學生歌謠曰：主上殿下以神聖之資，運撫亨嘉，民安物阜，禮備樂和，庶績咸熙，四方底乂，尙慮吾治之未足，每軫宸衷，不遑聖慮，過於憂勤，時方和暖，群臣請幸溫泉…

17. 세종실록 116권, 세종 29년 5월 2일 壬辰 2번째 기사 / 춘하 추동의 제향과 시속 명절의 별제에 쓰는 악기를 제정하다

"酌後錄。遣官行祭時，依文昭殿攝行例。" 從之。殿上拍、教坊鼓各一居中。左一行方響、笙、唐琵琶、牙(事) [箏] 各一，二行歌工四人，三行洞簫、唐笛、唐觱篥、龍管各一，四行杖鼓二。右一行大箏唐琵琶和方響各一，二行歌工四人，三行龍管唐觱篥唐笛洞簫各一，四行杖鼓二。殿庭拍、方響、大琴、教場鼓、方響各一居中。左一行奚琴、伽耶琴、…

18. 세종실록 117권, 세종 29년 7월 2일 壬辰 1번째 기사 / 휘덕전의 제사에 쓰이는 당상악과 당하악의 악기배치를 정하다

"輝德殿攝行祭堂上樂，第一行笙牙錚方響大錚和，第二行歌工六人，第三行唐琶琵[琵琶]、洞簫、唐觱篥、管、唐笛、唐琵琶， 第四行杖鼓、教坊鼓各二。堂下第一行鄕琵琶、玄琴、方響、伽耶琴、鄕琵琶一，第二行鄕觱篥、歌工二、大笒二、歌工二、奚琴，第三行杖皷一、教坊鼓二，第四行唐琵琶、唐笛、管、方響、唐觱篥、洞簫、唐琵琶，第五行杖鼓五。" 從之。

19. 세종실록 132권, / 五禮 / 嘉禮序例 / 樂器 / 樂器 2

◎ 樂器 2【그림】杖鼓【그림】和【해설(解說)은 길례(吉禮)에 나타나 있다.。】【그림】牙箏【그림】洞簫【그림】笙【해설(解說)은 길례(吉禮)에 나타나 있다.。】【그림】伽倻琴【그림】竽【그림】月琴【그림】玄琴【그림】鄕琵琶【그림】奚琴【그림】敎坊鼓【그림】拍

20. 세종실록 135권, / 五禮 / 凶禮儀式 / 遷奠儀

瓦方響十六、笛一、洞簫一、觱篥一、牙箏一、大箏琵一、琶一、敎坊鼓一、拍一、杖鼓一、鄕觱篥一、大笒一、鄕琵琶一、玄琴一、伽倻琴一、木工人三十三、木歌人八、彤弓一、彤矢八、笮一、甲一、冑一、干一、戈一、香爐一、香合一、食案一、瓦飯鉢一、瓦匙楪一、瓦羹楪一、瓦饌楪九、瓦炙楪一、...

21. 세종실록 135권, / 五禮 / 凶禮儀式 / 祔廟儀

禁府軍器監進儺禮於宗廟洞口, 成均館學生進歌謠於鍾樓西街, 敎坊進歌謠於惠政橋東, 仍呈才。又於光化門外左右, 結綵棚。駕至光化門外侍臣下馬所小駐, 侍臣皆下馬, 分立鞠躬, 過則平身。駕至勤政門, 樂止。判通禮進當輦前俯伏跪, 啓請降輦乘輿, 俯伏興還侍立, 殿下降輦乘輿以入, 繖扇侍衛如常儀, 侍臣從至殿庭。掖庭署設御座, 典儀設宗親及百官位, 兵曹勒諸衛...

22. 세종실록 148권, / 地理志 / 京都漢城府

廟後寢, 一遵古禮, 因名文昭殿, 移安兩殿神御。】【在崇敎坊, 廟庭有碑。置成均館學官, 敎養士子, 以二百人爲額。旁置養賢庫, 給贍學田一千三十五結。今上十三年辛亥, 加給九百六十五結。】【在白嶽山南。】【視事之所】

【受朝之所】【在勤政門外。】【在永濟橋南。】【在宮西垣內, 環樓爲池。】【在建春門之內】【周回一千】...

23. 단종실록 3권, 단종 즉위년 9월 1일 庚寅 2번째 기사 / 문종의 재궁을 현궁에 안치하다

瓦方響十六、笛一、洞簫一、篳篥一、牙箏一、大箏一、琶琵一、敎坊鼓一、拍一、杖鼓一、鄕篳篥一、大笒一、鄕琵琶一、玄琴一、伽...

24. 단종실록 7권, 단종 1년 7월 9일 甲子 3번째 기사 / 음악을 익히는 일과 악공에게 직(職)을 제수하는 일을 의정부에서 의논하게 하다

悲乎! 一國之生, 不辰也。我獨處長思, 豈敢忘二先王之志乎? 吾與判書, 三代同僚, 義當一體, 情好無間。但人生不固, 我等已老, 何日副二先王之遺志? 然時方始哀, 未暇發言, 聞昨日判書議諸政丞, 甚喜。吾與判書及朴府尹等二三舊臣所獨任者, 不可不成先志。吾意以爲, 太宗之喪, 卒哭後敎坊不廢習樂, 今當依此, 速肄《定大業》、《保太平》之舞。判書斟酌參思, 善布置焉。

25. 단종실록 11권, 단종 2년 6월 5일 丙戌 1번째 기사 / 문종을 부묘할 때 교방 가요를 드리게 하다

○丙戌/舍人黃孝源將堂上議啓曰: "世宗祔廟時敎坊歌謠, 許詡啓請停之。其時文宗傳曰: '若以戲事停之, 山臺儺禮, 亦戲事也, 奚獨於敎坊歌謠爲嫌? 然大臣之言, 不可不從。' 遂命停之。臣等以爲, 此乃舊事, 且《書》曰: '惟其士女, 篚厥玄黃。' 今文宗祔廟時, 令敎坊進歌謠。"

26. 세조실록 6권, 세조 3년 1월 13일 戊寅 1번째 기사 / 승정원에서 제사를 마친 후 가요가 있어야 한다고 하니 따르다

○戊寅/承政院啓曰:"祀罷還宮, 不可無歌謠。"上曰:"可。然敎坊歌謠必用歌舞, 十五日乃昭格殿醮禮, 齋戒不宜聽樂。"承政院啓曰:"祀天時并祭星辰, 況醮禮乃攝事, 豈可以一星而兩祭之, 又皆有齋戒歟? 非特敎坊作樂, 前後皷吹亦不可廢。"傳曰:"予亦大祀慶成, 今從卿等之言。"

27. 성종실록 72권, 성종 7년 10월 21일 辛卯 8번째 기사 / 박효원 등이 명군병·선명후암군병·현비병의 세 개의 병풍을 바치다. 병풍의 내용

專以聲色自娛。每酺宴先設太常雅樂坐部立部, 繼以皷吹胡樂敎坊府縣散樂雜戲。又以山車·陸船載樂往來, 又出宮人舞霓裳羽衣。又敎舞馬百匹銜盃上壽, 又引犀象入場或拜或舞, 安祿山見而悅之。祿山叛於范陽, 上召宰相謀之, 楊國忠首唱幸蜀之策。上然之, 獨與貴妃姊妹、皇子妃、主皇孫及親近宦官、宮人, 出迎秋門。至馬嵬驛, 將士飢疲, 皆憤怒, 陳玄禮等以禍...

28. 중종실록 12권, 중종 5년 11월 3일 乙卯 1번째 기사 / 최숙생 등이 여악 대신 남악을 쓸 것·족친 종량자의 환천을 청하다

"南宋時廢敎坊, 前期三日, 敎習男樂而用之。今亦用管絃, 不必歌舞。"特進官李蓀曰:"以賤爲良, 於法不當, 宜亟命還賤。且而羅多羅, 分置于江界, 平時羅則分置于會寧, 然防戍踈虞, 不欲令彼人見之, 火炮弓馬, 亦恐傳習。臣意以爲不必留置極邊, 分處成川、谷山等地, 何如?"淑生曰:"祖宗朝族親從良者已矣, 廢朝及當代從良者, 宜盡還賤。"仁貴亦啓之以此。

29. 중종실록 12권, 중종 5년 11월 3일 乙卯 2번째 기사 / 왜노는 내지의 깊숙한 곳에 유치할 것을 전교하다

○傳于政院曰: "倭奴分置邊郡事, 在祖宗朝, 未知何以處之。女樂事, 考禮何遲?" 承旨李思鈞啓曰: "中朝東西拘欄, 卽今之教坊, 各置衏衏二百餘人, 常時教習, 以爲內樂之用。拘欄, 卽元時所稱, 申用漑、崔世琛及譯官所聞皆同。" 傳曰: "倭奴可置之內地幽深處。"

30. 중종실록 17권, 중종 7년 10월 21일 辛酉 2번째 기사 / 조강에 나아가다

"反有優於京中, 此猥濫故也。請推之。本府又聞忠淸道節度使方輪, 試取時日, 晏在房中, 動樂飮酒, 或告以某客之來, 則輟試事, 東西追餞, 於試取時, 擧子願逆風不射者, 皆聽其任意而射之。監箭官遷射具移排, 輪恬不知怪, 便大笑以戱, 或乘醉入教坊, 其所失大矣。且聞監司之來, 留待縱酒, 擧子糧少者, 或不畢試而徑歸。節度使受國重任, 先自失道如是, 請拿問。" 皆不允。

31. 중종실록 35권, 중종 14년 1월 16일 辛亥 1번째 기사 / 조강에서 여악의 혁파 문제와 문종을 협실에 모시는 것의 가부에 대해 논의하다

"可矣。" 上曰: "何必女妓? 以各司婢子, 置諸一處, 如教坊遺事似可, 但有費用之弊耳。且以女樂, 爲: '可以奉歡慈殿' 云, 則亦末也。" 獻納丁玉亨曰: "女樂事, 須自上快斷下成命, 而內殿代用事, 從而議之可也。" 特進官許硡曰: "革之雖不難, 但以內宴事爲難斷。非必以妓樂, 奉懽慈殿, 但於內宴, 不可無聲樂故也。" 安國曰: "外方女樂雖廢, 男樂則不可無也。" 上曰: …

32. 명종실록 8권, 명종 3년 5월 6일 庚辰 1번째 기사 / 조강에 나가자 구수담이 지방의 교방에 대해 말하다

○庚辰/上御朝講。大司憲具壽聃曰:“伏見州府敎坊之設，將待成才，以備進豐呈之用，選妓習樂，以時上京。顧其成才甚難，非一朝一夕所習而致也。近來連遇國恤，久廢音樂，新習之妓，未及成就，稍解絃歌者，其數甚少。頃者功臣丘史，勿論京外，許令自占。以此成才之妓，無遺占出，致令妓生，無從傳習。至爲不當。以國家優待功臣之意，改之必以爲難矣。然許...

33. 명종실록 34권, 명종 22년 6월 12일 乙未 2번째 기사 / 환궁할 때 교방 가요를 봉축한 곳에서 연을 멈추다

宮時，儒生、老人、妓女等各備結綵棚於路傍，以奉歌謠。至敎坊歌謠奉軸處，駐輦移時。持平李友直、正言鄭琢啓于輦前曰:“雖是例事，而駐輦太久，一國臣民至爲未安，敢啓。”答曰:“多般呈技，勢自然也。”再啓曰:“一國瞻仰之地，非但未安，行祭後玉體勞動，冒暑駐輦，尤爲未安。”答曰:“呈才已畢，今將擧動矣。”【史臣曰:“亮陰之中，哀慕不寧，轉輾摧痛，至於 成】...

34. 명종실록 34권, 명종 22년 6월 14일 丁酉 1번째 기사 / 정언 정탁이 교방 가요와 관련하여 체직을 자청하다

○丁酉/正言鄭琢啓曰:“凡敎坊呈才一切雜戲，無非蕩情喪志之物，令人睇視不覺有懈慢之心，其在君上，尤所當戒。而前者自太廟還宮時，久住玉輦。當日同僚啓意，實以久住路次留神觀戲未安之意爲主，而不但爲盛暑玉體勞傷也。臣以城上所，當詳備啓達無所遺漏，而只緣兩司合啓時，憲府城上所，例爲專主啓達，故臣只計小嫌，不識大體，不得以本院同僚之意啓達聖聽，...

35. 명종실록 34권, 명종 22년 6월 15일 戊戌 2번째 기사 / 사헌부가 교방 가요와 관련하여 이우직·정탁의 파직을 청하다

"於本月十二日敎坊歌謠處駐輦時, 李友直則持平, 鄭琢則正言, 皆以城上所, 合司論啓之際, 入啓之辭, 則殊失本意, 甚爲疎略; 而出外言于書吏, 傳書朝報者, 則不失大意, 頗似無欠。臣等當初, 但見朝報, 以爲別無所失。而及鄭琢辭避之後, 始知其實, 極爲未便。此雖於倉卒未及詳察, 然不無後弊, 所關亦重。請李友直 鄭琢, 竝命罷職。" 答曰: "竝如啓。"

36. 명종실록 34권, 명종 22년 6월 15일 戊戌 3번째 기사 / 사간원이 정탁의 파직을 청하다

○諫院啓曰: "刑曹佐郎鄭琢, 前日敎坊歌謠處駐輦時, 以正言爲城上所, 入啓之辭, 旣失其本意, 及其傳言於院吏書諸朝報者, 則啓辭別無遺漏之意, 彼此各異。凡臺諫所啓, 傳播一國, 至爲關重。原其所失, 雖出於無情, 不無後弊。請命罷其職。" 答曰: "如啓。" 【史臣曰: "觀鄭琢自啓之辭, 曰: '兩司合啓, 則憲府城上所, 專主啓達。故計小嫌, 不啓院意。" 其啓...

37. 광해군일기[중초본] 9권, 광해 1년 12월 12일 己未 4번째 기사 / 부묘 때의 채붕·나례에 대해 예조에서 아뢰다

○禮曹啓曰: "《五禮儀》, '祔廟後還宮時, 義禁府、軍器寺進儺禮, 耆老儒生、敎坊, 各進歌謠, 街巷結綵, 闕門外左右綵棚'云。綵棚、儺禮則先朝命皆停止, 以今物力, 決不可爲。敎坊, 時未復設, 亦不可議。耆老儒生歌謠及街巷結綵事, 先朝亦皆設行, 似無大段措備之弊, 當此盛禮, 恐不可已。(禮文所載之事, 敢此仰稟。)" 傳曰: "允。"

38. 광해군일기[중초본] 19권, 광해 4년 7월 1일 癸巳 1번째 기사 / 한성부에서 유영경의 집을 헐어버리고 못을 파는 일에 대해 아뢰다

取考文記及(府上)帳籍, 則永慶平時所居家舍, 在於東部崇教坊, 而只有空垈及行廊十餘間, 亂後所居家舍, 在南部誠明坊, 而乃永慶妻甥前承旨黃是, 別給於柳廷亮者也。但其文記, 不爲經官(斜出), 且於丙午帳籍, 以永慶名字入籍, 至戊申永慶被罪後, 己酉帳籍, 始以廷亮名入籍。黃是於廷亮, 異姓四寸大父, 不當爲別給之文, 法典內, '父母、祖父母、外祖父母、妻父...

39. 광해군일기[중초본] 32권, 광해 7년 6월 23일 戊戌 1번째 기사 / 예조에서 부묘후 환궁시의 절목을 여쭈니 채붕이외는 전례대로 하라고 전교하다

亦只爲儒生·耆老歌謠、街路結綵矣。似當依此擧行, 教坊則前無而今有。但聞教坊歌謠, 非如儒生、耆老等, 只獻軸之比, 其間節目, 所費極多云, 以今物力, 決不可具辦, 何以爲之? 敢稟。傳曰: "綵棚, 今難爲之。他餘慶禮, 一依舊例擧行。儺禮則以天使時輪車、雜像用之。教坊歌謠工役大小, 自上難知, 詳細書啓稟處。大槪可爲之物, 某條措備, 俾無埋沒, 以侈其慶。"

40. 광해군일기[중초본] 32권, 광해 7년 6월 28일 癸卯 1번째 기사 / 장악원이 교방 가요에 대한 일을 나례청의 예에 의거하도록 할 것을 아뢰다

○乙卯六月二十八日癸卯掌樂院啓曰: "教坊歌謠事, 召匠問之, 皆言: '日期忙迫, 勢未及造'云。而渠說亦難盡憑, 當星火董役。但事出於曠世, 又無經事匠人, 其營爲節目, 茫無所倣。而大槪促督各司, 召集工匠, 非本院之力所能爲。依儺禮廳例, 都監稱號, 應行諸事磨鍊, 入啓施行。"

41. 광해군일기[중초본] 35권, 광해 8년 4월 29일 戊辰 1번째 기사 / 기로·교방의 헌축과 가로·병문 등에 결채하는 것을 거행하게 하다

○丙辰四月二十九日戊辰禮曹啓曰: "以政院啓辭, 傳敎矣。當初依戊子年例, 只以儒生獻軸磨鍊, 而今觀政院啓辭, 其於侈榮大慶, 固無虧欠。依年祔廟時, 耆老、敎坊竝令獻軸, 街路、屛門等處結綵事, 一一擧行之意, 敢啓。" 傳曰: "允。"

42. 광해군일기[중초본] 36권, 광해 8년 5월 1일 庚午 2번째 기사 / 장악원이 침향산의 보수에 필요한 물품을 도감의 이름으로 조달할 것을 청하다

○掌樂院啓曰: "謁聖後還宮時, 敎坊歌謠, 依上年祔廟時例擧行事, 禮曹甘結, 令本院妓樂、獻軸節目, 預爲措備講定矣。今若用沈香山, 則當初造作時, 或以未乾枯槎付接, 將至一年, 多有罅隙, 山色已變, 花色亦衰, 不可不修補取色。應入若干之物, 以本院號令, 決難督辦於旬日之內。況今殿庭軒架樂器, 旣已畢役入啓, 而時未啓下。尙有掌樂都監之號, 今此敎坊歌謠畢行間, ...

43. 광해군일기[중초본] 36권, 광해 8년 5월 2일 辛未 1번째 기사 / 유생·기로·교방의 가요를 환궁할 때 같이 올릴 것을 아뢰다

"(政院啓辭,) 有旨, 獻軸節次, 謁聖後還宮時爲之(事, 啓下)矣。獻軸一事, 只爲廟社大慶而設也。告廟後還宮時爲之事, 令禮官議處何如? 傳曰: '允。' (事, 傳敎矣)。戊子年前例, 儒生獻軸, 在於謁聖還宮時, 故耆老、敎坊歌謠, 亦於是日進呈(事, 磨鍊啓下)矣。今觀政院啓辭, 欲於告廟後還宮時爲之。此亦不妨, 三處歌謠, 同日俱呈宜當(之意, 敢啓)。" 傳曰: "依啓。"

44. 광해군일기[중초본] 36권, 광해 8년 5월 20일 己丑 2번째 기사 / 한찬남이 승정원을 대신해서 존호 올리기를 청하다

野感戴之心, 將何以 記聖德哉? 章甫獻頌、耆老上賀, 至於教坊迷嗇之徒, 尙知皷舞稱慶, 進軸駕前, 而在廷臣僚, 獨不上縟禮, 使聖上至德豐功, 無聞於後世乎? 況聖上之加號, 非聖上自有其功而占其美也, 乃所以上答祖宗之心, 闡揚先王之烈, 則聖上之謙讓不居, 一向牢拒, 無乃有負於祖宗之望, 重拂臣民之情乎? 目今國家多事, 凡在臣工, 所當日新勤職, 而所重在於庭請, 百僚…

45. 광해군일기[중초본] 40권, 광해 9년 7월 8일 庚午 3번째 기사 / 장악원이 장악 도감을 설치할 것을 아뢰다

○掌樂院啓曰: "今次 此冕服, 告廟親祭後還宮時, 教坊歌謠、獻軸, 依追崇時例擧行事, 傳教矣。沈香山雖藏瓦家, 而爲霾雨所褪, 多有罅隙處。當此莫重大禮, 決不可仍用。沈香山及靑白鶴等物, 所當各別修飾, 曳山軍人, 亦將調發, 而凡干號令, 若非都監, 勢難成就。依追崇時例, 因稱掌樂都監, 使之赴後役, 及期造完何如?" 傳曰: "允。"

46. 광해군일기[중초본] 41권, 광해 9년 9월 8일 庚午 1번째 기사 / 예조가 대례에 가사를 할 기생 문향을 숨긴 허함의 징계를 청하다

○丁巳九月初八日庚午禮曹啓曰: "今此告廟大禮, 有教坊歌謠、呈才事, 故平安道妓生善爲歌詞者香蘭、文香等, 各其所在官上送事, 移文矣。文香適爲上京, 避匿於前正郎許涵家。掌樂院發差督現, 則許涵杜門諱祕, 事知奴子亦不給送。本院終不能捉致, 移文於本曹。當此大慶, 士大夫畜娼者, 皆效涵而不出, 則大禮將不成模樣。許涵從重察之, 文香卽令現身, …

47. 광해군일기[중초본] 42권, 광해 9년 11월 6일 丁卯 1번째 기사 / 예조가 제사를 지낸 뒤의 여러 행사를 규례에 따라 거행하도록 아뢰다

○丁巳十一月初六日丁卯禮曹啓曰: "親祭後京外進箋、陳賀、頒教, 方物、物膳、表裏, 儒生、耆老、教坊獻軸, 街路結彩、頂香盆左右、儺禮飮福宴等事, 一依冠服時例, 次第舉行之意, 敢啓。" 傳曰: "依啓。"

48. 광해군일기[중초본] 48권, 광해 10년 10월 20일 乙亥 9번째 기사 / 종묘 제사 후 환궁할 때 교방에서 노래하고 헌축하는 절차 등의 시행을 전교하다

○傳曰: "告廟親祭後還宮時, 教坊歌謠、沈香山、獻軸節目, 依上年例, 設都監舉行。"

49. 광해군일기[정초본] 23권, 광해 1년 12월 12일 己未 3번째 기사 / 부묘 때의 채붕·나례에 대해 예조에서 아뢰다

○禮曹啓曰: "《五禮儀》, 祔廟後還宮時, 義禁府、軍器寺進儺禮, 耆老儒生教坊, 各進歌謠, 街巷結綵, 闕門外左右綵棚云。綵棚、儺禮, 則先朝命皆停止, 以今物力, 決不可爲。教坊時未復設, 亦不可議。耆老儒生歌謠, 及街巷結綵事, 先朝亦皆設行, 似無大段措備之弊, 當此盛禮, 恐不可已。" 傳曰: "允。"

50. 광해군일기[정초본] 55권, 광해 4년 7월 1일 癸巳 1번째 기사 / 한성부에서 유영경의 집을 헐어버리고 못을 파는 일에 대해 아뢰다

因承傳, 取考文記及帳籍, 則永慶平時所居家舍, 在於東部崇教坊, 而只有空垈及行廊十餘間, 亂後所居家舍, 在南部誠明坊, 而乃永慶妻甥前承旨黃是, 別給於柳廷亮者也。但其文記, 不爲經官, 且於丙午帳籍, 以永慶名字入籍, 至戊申永慶被罪後, 己酉帳籍, 始以廷亮名入籍。黃是於廷亮, 異姓四寸大父, 不當爲別給之文, 法典內, '父母、祖父母、外祖父母、妻父...

51. 광해군일기[정초본] 91권, 광해 7년 6월 23일 戊戌 1번째 기사 / 예조에서 부묘후 환궁시의 절목을 여쭈니 채붕이외는 전례대로 하라고 전교하다

亦只爲儒生·耆老歌謠、街路結綵矣。似當依此擧行, 敎坊則前無而今有。但聞, 敎坊歌謠, 非如儒生、耆老等只獻軸之比, 其間節目, 所費極多云, 以今物力, 決不可具辦, 何以爲之? 敢稟。" 傳曰: "綵棚今難爲之。他餘慶禮, 一依舊例擧行。儺禮則以天使時輪車雜像用之。敎坊歌謠工役大小, 自上難知, 詳細書啓稟處。大槪可爲之物, 某條措備, 俾無埋沒, 以侈其慶。"

52. 광해군일기[정초본] 91권, 광해 7년 6월 28일 癸卯 1번째 기사 / 장악원이 교방 가요에 대한 일을 나례청의 예에 의거하도록 할 것을 아뢰다

○癸卯/掌樂院啓曰: "敎坊歌謠事, 召匠問之, 皆言曰: '期忙迫, 勢未及造。' 云。而渠說亦難盡憑, 當星火董役。但事出於曠世, 又無經事匠人, 其營爲節目, 茫無所倣。而大槪促督各司, 召集工匠, 非本院之力所能爲。依儺禮廳例, 都監稱號, 應行諸事磨鍊, 入啓施行。"

53. 광해군일기[정초본] 102권, 광해 8년 4월 29일 戊辰 1번째 기사 / 기로·교방의 헌축과 가로·병문 등에 결채하는 것을 거행하게 하다

○戊辰/禮曹啓曰: "以政院啓辭, 傳敎矣。當初依戊子年例, 只以儒生獻軸磨鍊, 而今觀政院啓辭, 其於侈榮大慶, 固無虧欠。依祔廟時, 耆老、敎坊并令獻軸, 街路、屛門等處結綵事, 一一擧行之意, 敢啓。" 傳曰: "允。"

54. 광해군일기[정초본] 103권, 광해 8년 5월 1일 庚午 2번째 기사 / 장악원이 침향산의 보수에 필요한 물품을 도감의 이름으로 조달할 것을 청하다

○掌樂院啓曰: "謁聖後還宮時, 敎坊歌謠, 依上年祔廟時例擧行事, 禮曹甘結, 令本院妓樂、獻軸節目, 預爲措備講定矣。今若用沈香山, 則當初造作時, 或以未乾枯槎付接, 將至一年, 多有罅隙, 山色已變, 花色亦衰, 不可不修補取色。應入若干之物, 以本院號令, 決難督辦於旬日之內。況今殿庭軒架樂器, 旣已畢役入啓, 而時未啓下。尙有掌樂都監之號, 今此敎坊歌謠擧行間, …

55. 광해군일기[정초본] 103권, 광해 8년 5월 2일 辛未 1번째 기사 / 유생·기로·교방의 가요를 환궁할 때 같이 올릴 것을 아뢰다

○辛未/禮曹啓曰: "有旨, 獻軸節次, 謁聖後還宮時爲之矣。獻軸一事, 只爲廟社大慶而設也。告廟後還宮時爲之事, 令禮官議處何如? 傳曰: '允。' 戊子年前例, 儒生獻軸, 在於謁聖還宮時, 故耆老、敎坊歌謠, 亦於是日進呈矣。今觀政院啓辭, 欲於告廟後還宮時爲之。此亦不妨, 三處歌謠, 同日俱呈宜當。" 傳曰: "依啓。"

56. 광해군일기[정초본] 103권, 광해 8년 5월 20일 己丑 2번째 기사 / 한찬남이 승정원을 대신해서 존호 올리기를 청하다

野感戴之心, 將何以記 聖德哉? 章甫獻頌、耆老上賀, 至於敎坊迷嗇之徒, 尙知皷舞稱慶, 進軸駕前, 而在廷臣僚, 獨不上縟禮, 使聖上至德豊功, 無聞於後世乎? 況聖上之加號, 非聖上自有其功而占其美也, 乃所以上答祖宗之心, 闡揚先王之烈, 則聖上之謙讓不居, 一向牢拒, 無乃有負於祖宗之望; 重咈臣民之情乎? 目今國家多事, 凡在臣工, 所當日新勤職, 而所重…

57. 광해군일기[정초본] 117권, 광해 9년 7월 8일 庚午 3번째 기사 / 장악원이 장악 도감을 설치할 것을 아뢰다

○掌樂院啓曰: "今此冕服, 告廟親祭後還宮時, 敎坊歌謠、獻軸, 依追崇時例擧行事傳敎矣。沈香山雖藏瓦家, 而爲霾雨所褪, 多有罅隙處。當此莫重大禮, 決不可仍用。沈香山及靑白鶴等物, 所當各別修飾, 曳山軍人, 亦將調發, 而凡干號令, 若非都監, 勢難成就。依追崇時例, 因稱掌樂都監, 使之赴役, 及期造完何如?" 傳曰: "允。"

58. 광해군일기[정초본] 119권, 광해 9년 9월 8일 庚午 1번째 기사 / 예조가 대례에 가사를 할 기생 문향을 숨긴 허함의 징계를 청하다

○庚午/禮曹啓曰: "今此告廟大禮, 有敎坊歌謠、呈才事, 故平安道妓生善爲歌詞者香蘭、文香等, 各其所在官上送事, 移文矣。文香適爲上京, 避匿於前正郎許涵家。掌樂院發差督現, 則許涵杜門諱秘, 事知奴子亦不給送。本院終不能捉致, 移文於本曹。當此大慶, 士大夫畜娼者, 皆效涵而不出, 則大禮將不成模樣。許涵從重察之, 文香卽令現身, 以懲蔑法縱...

59. 광해군일기[정초본] 121권, 광해 9년 11월 6일 丁卯 1번째 기사 / 예조가 제사를 지낸 뒤의 여러 행사를 규례에 따라 거행하도록 아뢰다

○丁卯/禮曹啓曰: "親祭後京外進箋、陳賀、頒敎, 方物、物膳、表裏, 儒生、耆老、敎坊獻軸, 街路結彩、頂香盆左右、儺禮飮福宴等事, 一依冠服時例, 次第擧行之意, 敢啓。" 傳曰: "依啓。"

60. 광해군일기[정초본] 133권, 광해 10년 10월 20일 乙亥 8번째 기사 / 종묘 제사 후 환궁할 때 교방에서 노래하고 헌축하는 절차 등의 시행을 전교하다

○傳曰: “告廟親祭後, 還宮時敎坊歌謠、沈香山、獻軸節目, 依上年例, 設都監擧行。”

61. 인조실록 3권, 인조 1년 9월 11일 戊戌 3번째 기사 / 정경세 등이 차자를 올려 여덟 가지 일을 개진하다. 그 중 ‘중종통’ · ‘엄궁금’의 조목

終至於政由賄成, 刑以貨免。私家女僕, 留宿於大內, 敎坊女樂, 喧咽於掖庭, 百年凝嚴之地, 變爲醜穢之場。嗚呼! 尙忍言哉! 反正之初, 首聽臺諫之言, 嚴禁女人毋得出入, 悉罷選上, 各歸郡邑, 宮門肅然, 望之難近, 此正始初淸明之一大政也。曾未數月, 遽有信符通行之命, 雖知出慈殿之意, 而識者固已憂之矣。頃聞屋轎聯聯, 其從如雲, 出入翩翩, 略無呵禁。道路…

62. 인조실록 29권, 인조 12년 7월 25일 己酉 2번째 기사 / 예조가 부묘례에 대해 아뢰다

‘祔廟還宮時, 義禁府、軍器寺, 進儺禮; 耆老、儒生、敎坊, 各進歌謠, 街巷結彩, 闕門外左右, 設彩棚’云。彩棚、儺禮, 則自先朝皆命停止, 敎坊亦已罷, 今皆不可爲矣, 耆老、儒生歌謠及街巷結彩, 自先朝設行, 依此爲之似當。又《五禮儀》: ‘祔廟後受賀、頒敎, 諸道進箋。’ 又有飮福宴、停親宴, 竝依禮文擧行, 諸道方物物膳進上之規, 請依庚戌年例擧行。” …

63. 현종실록 4권, 현종 2년 6월 8일 乙酉 2번째 기사 / 예조가 부묘하고 나서 환궁할 때, 나례 등의 의식을 《오례의》에 따라 거행하도록 계품하다

○禮曹以祔廟後還宮時, 進儺禮, 耆老儒生敎坊, 各進歌謠, 街巷結綵、闕門外左右綵棚, 依《五禮儀》設行事, 啓稟, 答曰, 竝勿擧行。

64. 현종실록 19권, 현종 12년 8월 24일 壬寅 4번째 기사 / 집의 신정 등이 안주 판관 유성삼·봉교 신익상을 탄핵하니 처결하다

"安州判官柳星三居官莅民, 本無可觀, 年前與其衙客, 醉入敎坊, 謔浪淫褻, 無所不至, 至令妓輩, 懸足受杖, 旋又宰牛設辦, 自贖其罪。貽笑一道, 傳說藉藉, 請罷職不敍。" 上不從。又啓曰: "史局體例, 至嚴且重, 上下番雖有大段疾病, 不得任意闕直。如或徑出, 則政院請推牌招, 乃是流來不易之例也。頃日奉敎申翼相, 稱有身病, 終至闕直, 而政院無請推牌招之擧, 揆以事體,

65. 현종개수실록 5권, 현종 [개수실록] 2년 6월 8일 乙酉 2번째 기사 / 예조가 부묘 뒤 나례를 올리는 일 등을 시행하기를 계품하다

○禮曹以祔廟後還宮時, 進儺禮, 耆老、儒生、敎坊各進歌謠, 街巷結綵, 闕門外左右綵棚, 依《五禮儀》設行事, 啓稟, 上命竝勿擧行。

66. 현종개수실록 24권, 현종 [개수실록] 12년 8월 24일 壬寅 1번째 기사 / 집의 신정, 장령 이섬이 죄수에 대한 형벌을 아뢰다

未有甚於今日, 或至累年囚繫, 究覈無時。況當凶歲, 罪囚之瘐死獄中者, 比比有之, 實有乖於聖明欽恤之道。請令禁府、刑曹及諸道監司, 趁速處決, 俾無滯獄之弊。" 上從之。又啓曰: "安州判官柳星三, 與其衙客, 乘醉入於敎

坊, 已失古人體貌。而謔浪淫褻, 無所不至, 至令妓輩, 懸足受杖, 宰牛設辦, 自贖其罪, 貽笑一道, 傳說藉藉。請罷職不敍。" 上不從。三啓, 乃從。

67. 숙종실록 5권, 숙종 2년 8월 11일 辛酉 1번째 기사 / 예조에서 존호를 올릴 때와 하례를 받을 때의 복식과 능행 때의 곡례 등을 아뢰다

具翟衣、加首飾, 儀註則當爲臨時磨鍊入啓, 而翟衣則依前例, 以紫的造進事, 令尙方擧行何如?" 從之。禮曹, 又以前頭陵幸, 在大祥後, 請勿行哭禮, 上以雖過祥祭, 未經禫祀, 不可無哭禮, 命磨鍊擧行。又因禮曹啓稟, 祔廟後還宮時, 耆老、儒生、敎坊各進歌謠, 街巷結綵棚, 闕門外左右彩棚及進儺禮等事, 命依辛卯、辛丑兩年例, 竝勿擧行。祔廟陳賀後飮福宴, 亦令停止。

68. 숙종실록 12권, 숙종 7년 11월 6일 乙卯 3번째 기사 / 영소전 담제 뒤 풍악에 필요한 악기 명목과 전폐 진천의 악장

樂器曰殿上樂, 唐琵琶二、方響一、杖鼓二、觱栗一、牙錚一、敎坊鼓一、唐笛一、洞簫一、歌四、執拍一。殿庭樂, 鄕琵琶一、伽倻琴一、大笒二、敎坊鼓一、玄琴一、唐琵琶一、觱栗三、唐笛一、方響一、奚琴一、杖鼓二、洞簫一、歌二、執拍一、麾一。其樂章, 奠幣曰於昭之曲, 詩曰: "於昭在上, 陟降堂只。奏假無言, 承筐將只。" 初獻曰維天之曲, 詩曰: "維天生聖, 聖女作...

69. 영조실록 27권, 영조 6년 8월 27일 癸亥 2번째 기사 / 이의현이 대행 왕대비의 묘지문을 지어 올림에 첨삭하여 내려 주다

府夫人。以肅宗三十一年乙酉十月二十九日己未, 誕后于漢師崇敎坊私第, 將誕, 府夫人夢見日月并懸壁上, 覺而異之。后自幼端重, 不妄遊戲, 動止自中矩度。罕言語, 喜慍不形, 常衣弊服, 見人華飾, 無歆羡色, 性孝順。七歲遭府夫人喪, 躬參祭奠, 哀慟如成人。稍長, 每追思出涕, 雖爲府院君所鍾愛, 未嘗有驕惰之容。戊戌, 端懿王后, 以世子嬪早世, 肅宗爲景廟, 極遴...

70. 영조실록 60권, 영조 20년 10월 9일 壬子 1번째 기사 / 술과 안주를 충훈부에 내려 주고 공적 기록과 당파를 없애라는 수서를 내리다

○壬子/下酒肴于忠勳府, 又賜手書曰: 國有今日, 寔攀龍附鳳, 扈聖輸忠之功也。昔齊桓、管 子, 相戒鉤車, 晋 文遺功, 子推藏名, 雖讌法殿, 惟昔戊申, 麟閣記名, 垂之於後, 丹書鐵券, 銘功於史, 眷眷于此。特賜五樽法醞, 三盤御肴, 黃流在樽, 代以錫宴示意, 寫紙代以教坊。吁嗟! 卿等, 欽體領受, 勉飭子孫, 務以無黨。遍頒酒肴, 咸與醉飽, 噫! 今此意, 其豈淺淺乎哉?

71. 영조실록 75권, 영조 28년 1월 22일 甲申 1번째 기사 / 효순 현빈을 효장의 묘소에 부장하다

參判相伯之女。李夫 人夢, 有人授彤筆, 遂生嬪于東部 崇教坊, 寔我聖考乙未十二月十四日也。容貌端雅粹潔, 性度溫良貞一, 自幼遊戲, 異於凡兒。予卽祚三年丁未, 選爲孝章世子嬪, 雖在沖年, 其於問安侍奉之節, 必誠必敬, 我兩慈聖, 嘉之愛之。嗚呼痛矣! 嘉禮翌年仲冬十六日, 孝章夭逝, 自古豈無靑孀, 而其有如嬪者乎? 喪出之日, 委席哭泣, 勺水不入口, 予萬般開諭...

72. 정조실록 2권, 정조 즉위년 9월 30일 戊戌 1번째 기사 / 경모궁 개건의 역사가 완성되다

○戊戌/景慕宮改建之役成。上詣彰義宮, 行告動駕祭, 奉神輦還安, 行祭如儀。御齋殿, 施賞改建堂郎以下有差, 還昌慶宮。景慕宮在京城東部崇教坊, 英宗甲申春, 始建於北部順化坊, 夏移建, 號曰垂恩廟。上卽阼後, 設都監改建, 四月始役, 八月工告完, 號曰景慕宮。【御筆。】

73. 순조실록 11권, 순조 8년 12월 17일 戊申 2번째 기사 / 경기 암행어사 홍의영이 수원 유수 이집두 등 각 고을 수령의 실정을 아뢰다

地, 射帿之何處不可, 而芟刈乎先朝封植之樹, 別驍廳之廢爲教坊, 重爲遺老之咨傷。都會試之濫選常賤, 難免士林之醜談。寵妓干與政事, 而牙門之紀律顚倒, 奸裨亶弄財賄, 而營庫之儲蓄板蕩, 城神祠之創設官名, 旣自無義。而謝恩於殿牌之前, 夫何擧措之屑越? 境內民之呼訴雹災, 寧不蠹傷? 而決棍其狀頭之民, 是豈分憂之體面哉? 備局啓言: "兪漢謨則繡啓...

74. 고종실록 40권, 고종 37년 6월 19일 陽曆 4번째 기사 / 궁내부의 관제 중 개정에 관한 안건을 반포하다

宮內府官制中改正件, 以布達第五十九號, 頒布。【掌禮院職掌內, 協律課以教坊司改稱, 置提調一人, 勅任, 主事二人, 判任。典膳司增置, 提調一人, 勅任, 副提調一人, 奏任。但宴享時差出, 管理其事務。】

75. 고종실록 40권, 고종 37년 6월 19일 陽曆 6번째 기사 / 민영소 등에게 관직을 제수하다

特進官閔泳韶任典膳司提調, 特進官尹用求任掌禮院教坊司提調, 竝敍勅任官一等。 奉常司提調金思轍任宮內府特進官， 秘書丞李輔榮任奉常司提調，從二品李虎榮任中樞院議官，竝敍勅任官四等。

76. 고종실록 40권, 고종 37년 6월 21일 陽曆 6번째 기사 / 민영소, 윤용구, 서정순을 궁내부 특진관에, 민영준을 장례원 경에 임명하다

典膳司提調閔泳韶、掌禮院敎坊司提調尹用求、掌禮院卿徐正淳任宮內府特進官，竝敍勅任官一等；特進官閔泳駿任掌禮院卿，敍勅任官三等。

77. 고종실록 41권, 고종 38년 5월 15일 陽曆 1번째 기사 / 진찬소 당상을 소견하다

十五日。召見進饌所堂上。上曰："會同姑未爲之乎?" 泳徽曰："筵退後，當會同於敎坊司矣。" 上曰："應有豫爲稟定事矣。" 泳徽曰："會同後，多有稟定事，而進饌處所，不可不豫爲稟定矣。" 上曰："以慶運堂爲之。" 【掌禮院卿閔泳徽、判敦寧院事 洪淳馨、宮內府署理大臣 尹定求。】

78. 고종실록 41권, 고종 38년 6월 17일 陽曆 5번째 기사 / 이헌경과 박제빈 등에게 관직을 제수하다

景孝殿提調李軒卿、掌禮院少卿朴齊斌任宮內府特進官， 從二品洪承憲任景孝殿提調，特進官宋鍾億任掌禮院少卿，竝敍勅任官四等。特進官閔泳徽，兼任敎坊司提調；議政府贊政尹定求，兼任典膳司提調。軍部協辦李漢英，命署理大臣事務；議政府贊政李址鎔，命臨時署理宮內府大臣事務。

79. 고종실록 42권, 고종 39년 4월 13일 陽曆 2번째 기사 / 김성근, 윤정구, 김학수를 진연청 당상에 임명하다

命議政府參政金聲根、贊政尹定求、掌禮院卿金學洙，爲進宴廳堂上；尹定求，仍兼任敎坊司提調；元帥府記錄局總長李址鎔，兼任典膳司提調；宮內府特進官尹，兼任典膳司副提調；特進官金疇鉉，兼任尙衣司提調；議政府贊政成岐運，兼任水輪院總裁；警衛院總管李根澤，兼任水輪院監督。前水輪課監督大江卓，命水輪院監督，敍勅任官。

80. 고종실록 42권, 고종 39년 4월 13일 陽曆 4번째 기사 / 연회 절차에 대하여 명하다

詔曰："今番宴儀，依舊例擧行。其令掌禮院敎坊司，亦遵辛丑年例磨鍊。"

81. 고종실록 42권, 고종 39년 8월 8일 陽曆 1번째 기사 / 김주현, 이종필 등에게 관직을 제수하다

八日。掌禮卿金疇鉉、從二品李鍾弼任宮內府特進官，敍勅任官：疇鉉三等，鍾弼四等。議政府參政金聲根，兼任掌禮院卿；元帥府記錄局總長李址鎔，兼任敎坊司提調；議政府贊政尹定求，兼任尙衣司提調；度支部協辦趙重穆，兼任典膳司提調。

82. 고종실록 42권, 고종 39년 9월 25일 陽曆 2번째 기사 / 김주현을 진연청 당상에 임명하다

命特進官金疇鉉爲進宴廳堂上，兼任敎坊司提調。

83. 고종실록 43권, 고종 40년 1월 30일 陽曆 3번째 기사 / 조병식 등에게 관직을 제수하다

敍勅任官一等; 軍部大臣申箕善任鐵道院總裁, 敍勅任官二等。掌禮院卿尹容植、副詹事李相卨任宮內府特進官, 敍勅任官: 容植三等, 相卨四等。度支部大臣金聲根兼任掌禮院卿, 議政府贊政尹定求兼任尙衣司提調, 內部大臣金疇鉉兼任敎坊司提調, 特進官李載覺兼任典膳司提調。度支部大臣金聲根、贊政尹定求、內部大臣金疇鉉, 竝進宴廳堂上差下。

84. 고종실록 43권, 고종 40년 3월 6일 陽曆 4번째 기사 / 선온을 내릴 때의 전선사, 상의사, 교방사 제조 이하에게 시상하다

宣醞時典膳·尙衣·敎坊司提調以下、東宮受賀時各差備以下, 施賞有差。禮貌官副詹事尹雨植、相禮權沇、宣箋官柳寅哲、侍從鄭煥悳、左侍御金膺模· 李起元, 竝加資。

신현규(申鉉圭)

중앙대학교 교수(문학박사)
한국리터러시학회 회장 역임
현재 한국교방문화학회 회장

주요 저서로는 『조선기생 선연동연구』, 『중국창기사(번역) / 평양기생 왕수복』, 『기생, 조선을 사로잡다』, 『기생 푸르디푸른 꿈을 꾸다』, 『일제강점기 권번기생 연구』, 『기생 문화콘텐츠 관점에서 본 권번기생연구』 등이 있다.

교방문화연구총서 01

조선의 교방과 권번 기생 콘텐츠

2024년 12월 31일 초판 1쇄 펴냄

지은이 신현규
펴낸이 김흥국
펴낸곳 도서출판 보고사

책임편집 이순민
표지디자인 김규범
주소 경기도 파주시 회동길 337-15 보고사
전화 031-955-9797(대표)
팩스 02-922-6990
메일 bogosabooks@naver.com
http://www.bogosabooks.co.kr

ISBN 979-11-6587-772-9 94910
979-11-6587-771-2 (세트)

정가 18,000원